河南省高等学校哲学社会科学研究应用研究重大项目
编号2019-YYZD—05

河南省突破带动型高新技术产业创新发展研究

李新功 著

·北京·

图书在版编目（CIP）数据

河南省突破带动型高新技术产业创新发展研究／李新功著．--北京：中国经济出版社，2021.7
ISBN 978-7-5136-6531-5

Ⅰ.①河… Ⅱ.①李… Ⅲ.①高技术产业-产业发展-研究-河南 Ⅳ.①F127.61

中国版本图书馆 CIP 数据核字（2021）第 132631 号

责任编辑	贾轶杰
责任印制	马小宾
封面设计	任燕飞

出版发行	中国经济出版社
印 刷 者	北京建宏印刷有限公司
经 销 者	各地新华书店
开 本	710mm×1000mm 1/16
印 张	16.25
字 数	256 千字
版 次	2021 年 7 月第 1 版
印 次	2021 年 7 月第 1 次
定 价	88.00 元

广告经营许可证 京西工商广字第 8179 号

中国经济出版社 网址 www.economyph.com 社址 北京市东城区安定门外大街 58 号 邮编 100011
本版图书如存在印装质量问题，请与本社销售中心联系调换（联系电话：010-57512564）

版权所有 盗版必究（举报电话：010-57512600）
国家版权局反盗版举报中心（举报电话：12390） 服务热线：010-57512564

前 言

高新技术产业是国家战略竞争的重要抓手,很多国家都把高新技术产业的谋划和发展作为本国产业结构调整和技术创新能力提升的重要动力源。高新技术产业是国家层面定义的概念,不同发展程度的国家划分高新技术产业的标准也不尽相同。发达国家视为非高新技术产业的产业有可能被发展中国家列入高新技术产业的范围。但不论是发达国家还是发展中国家,都为本国的高新技术产业提供不同的优惠支持政策。中国高新技术产业的发展是从开辟高新技术园区开始的,沿着改革开放的基本思路,国家在园区内实施特殊优惠政策。随后,各地的高新技术园区就演变成为招商引资的集聚地。全国上下各级政府都设立了不同层次的高新技术园区,有国家级的高新技术园区,也有省级高新技术园区,甚至各县区也都设置了自己的高新技术园区。

国家为了规范高新技术产业发展,能够真正把属于高新技术产业的企业区分出来,就详细划分了中国高新技术产业的范围,并以"名录"的形式区分高新技术产业,其目的是实施倾斜性支持政策,引导地方政府对高新技术产业的支持。因此,中国高新技术产业发展"名录"就逐渐成为地方发展高新技术产业的指南,凡是符合国家高新技术产业名录的产业就会受到政府的大力支持,否则政府就不予支持。正是由于高新技术产业发展是政府主导下的产业发展行为,企业争抢申报,甚至有些企业恶性包装自己,弄虚作假,以此骗取政府的各项优惠待遇。与此相反,也有一些本质上属于高新技术产业的产业,具有很大的发展潜力,由于在发展初期不符合高新技术产业名录中规定的支持条件,得不到政府的政策优惠,发展受到限制。

这些现象的产生主要是由于地方政府管理部门在核准高新技术产业过程中，照搬国家的高新技术产业名录，没有分析本地区的要素禀赋条件和高新技术的潜在能力，一方面造成了大量的政府财税优惠资金没有产生积极的效果，另一方面使得一些非高新技术产业堂而皇之地享受政府的各项补贴，加剧了企业发展过程中的非公平竞争。

河南是农业大省，农村人口众多，劳动力素质相对低下，人均收入水平也相对较低，同时还肩负着国家在河南部署的六大发展战略任务，即粮食生产核心区、中原经济区、郑州航空港经济综合实验区、郑洛新国家自主创新示范区、河南自贸区、中国（郑州）跨境电子商务综合试验区。因此，河南高新技术产业发展应该具有自己的特色，特别是在落实中央提出的国内和国外双循环发展战略过程中，河南高新技术产业发展更不能照搬国家层面以及其他省份的高新技术产业名录。

本书提出的河南省突破带动型高新技术产业就是指具有带动河南省社会经济发展潜力的高新技术产业。例如，河南"三农"问题不仅是重要问题，也是特色问题，如何利用高新技术产业带动解决"三农"问题是衡量突破带动型高新技术产业的重要指标。河南人口多，社会就业和人均收入增长也是社会重要问题，突破带动型高新技术产业应该能够促进这一问题的解决。本书分析了河南社会经济发展中的基本要素禀赋，研究了河南高新技术产业发展的特点，测度了高新技术产业发展的效率，从创新战略、创新基础、创新投入和创新产出四个方面构建了甄别突破带动型高新技术产业的分析框架；在分析框架中区分了甄别突破带动型高新技术产业的评价指标和引导性指标；在引导性指标中强调了突破带动型高新技术产业的核心技术以及区域应用价值等测度指标。

在此基础上，本书提出河南省突破带动型高新技术产业创新发展的基本思路。第一，在新形势下厘清河南社会经济发展现实，思考布局新一轮的突破带动型高新技术产业，强调将当前要素和未来演变要素相互结合，构建甄别高新技术产业的机制。第二，区分突破带动型高新技术产业发展的不同阶段，分阶段实施支持高新技术产业发展的措施。如"基础研究""应用研究"和"生产发展"三个阶段，根据不同阶段的发展特点分别采用政府研发资助和金融信贷等支持政策。第三，建设河南省人才培养工程，支持突破带动型高新技术产业发展；强化大众创业作用，推进创客空间发展，积极培育突破带动型高新技术产业专业人才。第四，重视突破带动型高新技术产业的内涵发展，培育具有自主知识产权的核心技术；加强高新技术产业的知识积累评价，鼓励企业利用互联网渗透学习，打破模块设计和零部件生产的分工差异，提升企业在国际产业链条中的地位。

目 录

第一章　研究背景 …………………………………………………… 001

第二章　文献综述 …………………………………………………… 013
 一、高新技术产业与 R&D 投入研究 …………………………… 013
 二、环境规制影响高新技术产业发展研究 …………………… 014
 三、高新技术产业创新能力研究 ……………………………… 016
 四、高新技术产业创新能力评价研究 ………………………… 018
 五、创新能力评价方法研究 …………………………………… 023
 六、高新技术产业界定研究 …………………………………… 026

第三章　河南省突破带动型高新技术产业界定 ………………… 031
 一、河南省政府对高新技术产业的界定 ……………………… 031
 二、地市级政府对高新技术产业的界定 ……………………… 032

第四章　河南省突破带动型高新技术产业发展现状 …………… 039
 一、高新技术产业处于跟随型发展阶段 ……………………… 039
 二、高新技术产业同质化现象明显 …………………………… 045
 三、政府支持高新技术产业措施单一 ………………………… 047
 四、高新技术产业带动作用欠佳 ……………………………… 050

第五章　研究理论基础 …………………………………………… 053
 一、加尔布雷斯理论与高新技术产业生存和增长 …………… 053

二、熊彼特技术创新与高新技术产业发展 ……………… 057

三、纳科斯平衡与高新技术产业发展 ………………… 064

第六章 河南省突破带动型高新技术产业带动能力 ……… 074

一、高新技术产业测算 ………………………………… 074

二、河南省高新技术产业带动传统产业 ……………… 076

三、河南省高新技术产业效率测度 …………………… 083

第七章 河南省突破带动型高新技术产业甄别 …………… 104

一、突破带动型高新技术产业能力评价指标选取 …… 104

二、河南省突破带动型高新技术评价体系构建 ……… 117

三、河南省突破带动型高新技术产业能力实证分析 … 126

第八章 河南省突破带动型高新技术产业案例分析 ……… 145

一、宇通集团案例分析 ………………………………… 145

二、许继集团案例分析 ………………………………… 167

三、中铁工程装备集团案例 …………………………… 180

第九章 河南省突破带动型高新技术产业创新发展 ……… 201

一、加强高新技术产业甄别、分层次支持发展 ……… 201

二、深入思考高新技术产业发展布局 ………………… 218

三、重视内涵发展，提升突破带动能力 ……………… 228

四、建人才工程，提升突破带动型技术创新能力 …… 235

参考文献 ………………………………………………………… 240

重要术语索引表 ………………………………………………… 249

第一章
研究背景

　　高新技术产业是社会经济发展的重要力量，它不仅是技术创新的源头，也是拉动社会就业的主要力量。重视高新技术产业的培育和发展是国家战略性任务，是保障产业结构升级、推动经济增长方式转变的关键枢纽。任何一个国家都高度重视高新技术产业的发展。高新技术产业如同经济高速发展的"社会发动机"，带动传统产业的发展。中国改革开放40多年来形成的财富积累在很大程度上应该归功于制造业的快速发展，特别是高新技术制造业的发展。最近10多年制造业的发展，在一定程度上是我们提前布局，发展了一批高新技术制造业的结果。高新技术产业是国民财富积累的推进器，代表了一个国家未来产业发展的趋势，引领着众多的一般性制造业的技术创新。党的十八大以来，国家高度重视高新技术产业创新能力的提升，把高新技术产业的创新摆在了很高的地位。中央高瞻远瞩地提出科技创新是提高社会生产力和综合国力的必由之路，将企业技术创新摆在国家发展全局的核心位置。国务院2015年5月正式印发了《中国制造2025》战略规划，并明确提出了在未来的发展中要坚持"创新驱动、质量为先、绿色发展、结构优化、人才为本"的基本要求。2016年11月，国家又在"十三五"规划中将"创新"作为核心要素进一步进行了强调和要求。2017年，国务院政府工作报告又进一步把依靠创新推动新旧动能转换和产业结构的优化升级作为国家工作重点。这充分体现了国家对高新技术产业发展的重视，也说明了高新技术产业对国家创新能力提升的重要意义。

　　在国家"十四五"规划和2035年战略性新兴产业规划中，高新技术产业的发展更是涉及国家的经济环境、发展趋势、国内产业提升等重大问题。全社会对高新技术产业的发展有了更加深刻的认识，特别是中美贸易摩擦以来，政府和企业对发展高新技术产业的认识进一步提升，从不同层面对高新技术产业发展进行了思考和布局。各级政府对高新技术产业的重点发展方向进行了进一步的统筹协调，强化了政府对高新技术产业发展的顶层设计以及对发展战略的引领，在加强高新技术产业的基础创新、培育高新技术产业的创新体系、激发高新技术产业的市场活力、强化高新技术产业在技术创新中的主体地位和主导作用，以及促进高新技术产业与传统产业快速融合等方面都有新的部署。2020年，习近平总书记针对国际和国内贸易形势及时提出了内外循环、相互协调的要求，这就需要不同地区对高新技术产业发展进行合理的甄别和区分，不能像原来那样，一旦国家管理部门认定某一个产业是高新技术产业，全国各地都争相发展该产业，结果就造成了高新技术产业发展中的"一窝蜂"现象。有一些不具备该项目发展条件的地区也要强行上马，往往会造成高新技术产业在该地区的被动发展，高新技术产业也不能对当地的社会经济产生突破带动作用。这就完全违背了中央要求各地发展高新技术产业的初衷。为了响应习近平总书记的号召，各地落实在不同地区形成高新技术产业的差异化发展是做好国际国内双循环工作的具体要求。因此，甄别并区分不同地区具有突破带动能力的高新技术产业就是一项非常重要的工作。

  国家对高新技术产业发展是寄予厚望的。2010年《国务院关于加快培育和发展战略性新兴产业的决定》就明确指出，要将培育和发展战略性新兴产业作为国家加快产业结构调整、加速推进经济发展方式转变的重大举措。随后，中国工程院在2018年为了提升新形势下高新技术产业的发展质量，启动了"新兴产业发展战略研究（2035）"咨询项目，其目的就是贯彻和落实党的十九大精神，实现社会经济创新驱动的发展战略。在该项目中，中国工程院详细梳理了重点领域内的系统性技术、产业瓶颈性技术和跨领域技术等，指导开展面向2035年的高新技术产业研究。此外，在该项目中，中国工程院还对高新技术产业的顶层设计进行了重塑和再造，对高新技术产业的组织协调和研究方法进行了创新性梳理，提出了要重点研究新一代信息技术产业、生物产业、高端装备制造业、新材料产业、绿色低碳产业以及数字创意6个领域。同时，中国工程院在该项目中还提出了要对相关研究政策、组织结构管理等进行整合。这不仅说明国家层面对高新技术产业发展的重视，而且也提出了未来发展高新技术产业的方向性调整和发展方法的规范。在省域内发展高新技术产业必须要与国家顶层设计的基本精神保持一致，对高新技术产业发展进一步规范。这也是本书研究河南省突破带动型高新技术产业发展的目的。

从高新技术产业发展的重要性来分析，有学者认为，目前世界上工业化国家的60%~70%的物质财富由高新技术产业创造。也有学者提出了高新技术产业是带动传统产业发展的发动机。换句话说，如果高新技术产业不能充分发挥带动传统产业发展的作用，就没有真正发挥高新技术产业在该地区的作用。中国高新技术产业对GDP的增长速度的贡献也十分明显，据专家研究，2010年、2011年、2012年、2013年、2014年、2015年，高新技术产业对GDP的贡献率呈增长趋势，分别达到11.84%、14.76%、16.03%、23.93%、18.25%、22.9%。高新技术产业对工业增长速度的贡献率在2010年、2011年、2012年、2013年、2014年、2015年也呈现出增长的趋势，分别达到了25.83%、30.67%、37.78%、32.78%、35.6%、98.49%。这些数据说明高新技术产业对国民经济的贡献很大，对工业增长也起到了突出的带动作用。

由于国家管理部门进行的是垂直性管理，科技部制定国家高新技术产业规划要落实到各省份科技管理部门执行，因此，各省份对高新技术产业发展的理解，一般是按照国家层面的规划要求确定自己的高新技术产业。长期以来，各省份基本是在国家高新技术产业名录指导下，比照国家高新技术产业名录培育和支持本地区高新技术产业发展的。但这样的高新技术产业认定政策存在明显的不科学性，例如，河南是人口大省，农业生产在国民经济中处在比较突出的地位，同时还肩负着国家粮食安全的重担，在依照国家高新技术产业名录支持高新技术产业发展时就应该有自己的特色。然而，河南省在高新技术产业发展中并没有把自己的要素特定禀赋和高新技术产业发展融合起来，基本采用了各省份支持高新技术产业发展的一般性政策。例如，省政府对支持高新技术产业发展也制定了详细的政策，特别是利用财政和税收等各种手段对本地高新技术产业进行扶持，甚至采取的政府帮扶政策比其他省份还要优惠，但取得的成效并不是十分明显。反思各地区落实国家科技部门制定的高新技术产业发展名录的情况，一些地区明显没有充分分析当地社会经济现实状况，引进和培育高新技术产业显得比较盲目和被动。在当前世界经济发展竞争十分激烈的情况下，特别是在中央提出要具体分析各地经济形势，开展国内国际双循环背景下，发展高新技术产业尤其需要根据各地的社会经济状况精心甄别，对能够给地方经济带来突破带动作用的高新技术产业要大力支持，对一些不适合本地经济发展的高新技术产业要进行调整。

亚当·斯密很早就提出了绝对比较优势，其在代表作《国富论》中提出的社会生产力的提高是以劳动分工为基础的，认为各经济主体需要按照自己的特长实行分工，进行专业化生产，然后通过市场进行交换，这样就可以实现社会福利最大化。这在国家层面上就是要每个国家都根据自己的要素禀赋条件生产适宜本地要素的特定产品。按照这样的生产逻辑可以使生产成本降到最低，对所有国家的生产都是有利的。大卫·李嘉图也在斯密提出绝对优势的基础上完成了相对比较优势的研究。大卫·李嘉图认为，每个国家不一定要生产全部的商品，应该生产对本国利益较大或者是给自己带来的不利相对较小的商品。世界各国通过国际贸易都能获得自己所需要的低成本产品。到了 20 世纪上半叶，瑞典经济学家赫克歇尔—俄林又提出了资源禀赋的学说，认为各国之间生产要素相对差异是产生比较成本差异的必要条件。随后，萨缪尔森对赫克歇尔—俄林的要素禀赋理论做了进一步补充。这些经典理论深刻揭示了高新技术产业发展的规律，即产业的发展壮大一定要与本地区要素禀赋条件相契合。20 世纪 80 年代之后，以克鲁格曼为代表的新贸易理论所提出的比较优势，以规模经济和不完全竞争为基础扩展了比较优势理论，例如，提出了新贸易理论不一定按照本国的资源禀赋参与国际分工，认为国际分工在一定程度上是出于历史的原因或者某个偶发事件甚至是过去的政策所造成的。但是，克鲁格曼所提出的"规模报酬递增是导致国家贸易的根本原因"也还是企业的衍生性要素优势。20 世纪末，新兴古典贸易理论提出内生比较优势理论。例如，以杨小凯为代表的新兴古典贸易理论将比较优势划分为内生比较优势和外生比较优势，认为斯密提出的绝对比较优势是内生比较优势，而李嘉图提出的相对比较优势是基于技术差距的外生比较优势。杨小凯将交易费用的效用函数和边际产出的递增生产函数、时间和预算约束函数都考虑在内后，发现分工前可能并没有优势或劣势之分，但由于其规模报酬递增的生产函数，在投入不变时，则产量大于分工前，这就形成了内生分工优势理论的思想。这说明高新技术产业发展必须要适合要素禀赋条件，否则就不能形成持续发展。

通过比较经典的优势理论演变过程可以看出，以上的比较优势理论是从国家层面分析形成的基本认知，能够很好地解释在农业生产时期国家之间的贸易问题。随着世界经济的发展，跨国公司不断出现，企业层面的比较优势问题十分突出。林毅夫在国家层面的比较优势基础上又提出了企业层面的比较优势战略。他将一国的产业结构和一国的技术结构有机地联系起来，认为企业层面的改革带动了资源配置制度的改变，按照比较优势原则发展企业生产，促进了中国财富积累，特别是中国最早在资源禀赋结构基础上发展了劳动密集型产业，这是非常正确的选择。即先以引进技术为主，通过出口贸易实现资本积累，然后在资源禀赋结构实现升级时再致力于产业升级和技术升级，进而提高产业结构和技术结构。然而，这一理论仍然没有摆脱要素禀赋条件制约，也就是说，截至目前的比较优势理论告诉我们，不论是国家发展高新技术产业还是高新技术产业自身的发展都需要考虑要素比较优势问题。也就是说，高新技术产业发展要和当地的社会经济发展现实相互契合，才能够形成持续发展的能力，否则，高新技术产业发展就像是苗圃中的美丽鲜花一样，只好看不实用。或者说，看起来美丽，但不能持久。

高新技术产业与高新技术企业不是同一个概念，高新技术产业是一个相对中观的概念，而高新技术企业则是一个微观的概念。或者说，高新技术产业是国家层面的定义，它在不同国家定义的范畴和类别都是不一样的，例如，发达国家定义的高新技术产业和发展中国家定义的高新技术产业是不同的，这种差异是由不同国家的发展程度造成的。在发达国家被称为传统产业，到了发展中国家也就成了高新技术产业了。高新技术企业是一个微观个体的概念，它与国家层面所定义的高新技术产业不同。例如，某一个整体产业在不同的国家产业名录中具有不同的竞争力，但是，如果单指这些产业中的个别企业，则并不能说这个产业中的企业都是没有竞争力的。又如，美国的电影产业在世界电影产业中具有绝对的优势，但是美国电影产业中的艺术片却没有欧洲的强。因为企业具备自身的动态能力，在现实中高新技术企业都有自己的技术领域，能够在市场中做出能动反应。

企业动态能力理论认为，企业在本质上是一个能力的合体，任何一个企业都是相关资源的组合体，企业能力的大小取决于这样的资源组合体内部，不同的企业有着不同的资源组合体。企业的能力是组织性的，其能力发展的潜力取决于企业的组织形式和结构。钱德勒认为，19世纪晚期，当以科学为基础的技术出现后，生产组织向管理型大企业的过渡创造了西方工业强国的组织能力基础，由此而发展起来的组织能力是企业和一国经济持续竞争优势的源泉和持续经济扩张的动力，决定了企业和国家的兴衰。企业的组织能力的生成和发展来自组织的学习，它是企业在一个相当长的时期里积累起来的具有连贯性的企业内部政策的体现。企业的组织学习是一个社会和集体行动的过程，依赖于对理解和解决复杂问题的共同努力。当前的高新技术企业就是具有高度组织学习精神的特殊组织。高新技术企业不仅有着学习的自主性和能动性，而且不断地调整着自身学习的基本条件和内容。研究高新技术产业必须与高新技术企业密切结合起来。换句话说，一个地区有几家高新技术企业并不意味着这个地区能够发展这样的高新技术产业。因为产业是需要整体要素禀赋条件的，而高新技术企业可以利用自身的动态能力暂时弥补整体要素禀赋的缺陷。例如，河南洛阳有不少军工企业，其技术能力是比较先进的，但这些企业在洛阳大多没有形成一定规模的高新技术产业。

不同地区所选择的产业对区域发展至关重要，如果省域内各级政府所支持的高新技术产业不具备区域内的要素禀赋条件，就会影响省域社会经济发展。例如，日本的土地稀缺且以小农为主，同时劳动力价格又非常昂贵，日本如果发展劳动密集型的农产品就不具备比较优势，日本农场要生存下去，就只能依靠政府的财政补贴和关税保护，而不能开放农产品的自由进口。同理，一个正处在经济转型时期的省份，资金相对稀缺，劳动力相对集中，再加上相关资源的使用受到约束，这样的省份如果发展重工业就不具有比较优势，相关高新技术产业的发展就会受到一定的限制。如果不适当地引进了脱离地区要素禀赋条件的产业，就必然会导致该地区利用原来的农工产品的价格剪刀差，将分散的剩余劳动集中起来用以投资周期长和规模大的资本型项目，同时该地区的金融服务行业还需要压低利率以降低这些项目生产和建设的融资成本。这样的高新技术产业在该地区就不具有可持续发展的特性。真正可持续发展的高新技术产业必然是在地区内具有比较优势，其产品和技术结构都内生于该地区的要素禀赋条件的产业。相反，假设一个地区的高新技术产业发展偏离禀赋条件，而追求与发达地区相似的产业、产品和技术，就会导致该地区的高新技术产业缺乏自生能力，以致无法在开放竞争的市场中生存。正是基于这样的逻辑，我们才提出要依据河南省要素禀赋条件对高新技术产业进行甄别。

鉴于政府在高新技术产业发展过程中的作用，特别是政府对高新技术产业的财税支持的力度一般都比较大，要甄别突破带动型高新技术产业，只有因地制宜地实施财税政策才有真实的效果。在当前中美贸易出现摩擦，政府加强"一带一路"建设的背景下，由于传统产业与"一带一路"国家的基础产业基本相似，也就是说，我们的传统产业与"一带一路"国家的主要产业相互重叠，而我们的传统产业生产的产品并不能反映中国技术要素的真实水平，所以在"一带一路"建设中做出的贡献有局限性。在"一带一路"的开放市场中，高新技术产业产品的价格能够反映国际市场的价格，投入要素的价格反映了要素禀赋结构中投入要素的相对稀缺性，高新技术企业为了追求利润最大化，会自发地按照比较优势来选择技术和生产产品。更为重要的是，高新技术产品能够反映中国技术创新能力，对落实"一带一路"倡议起到举足轻重的作用。目前地方政府推动"一带一路"倡议实施的主要手段是凭借其管理优势收集高新技术产业发展的各方面信息，并以产业政策的形式免费提供给所有企业，此外，政府还可以使用产业政策，协调不同产业和部门的企业，实现产业和技术的升级，帮助高新技术产业充分利用区域内的人力资本、金融制度以及贸易安排等政策供给项目。另外，政府要对那些响应产业政策的高新技术企业以提供贷款担保的形式进行支持。政府对高新技术产业的多方面支持实际上是违背市场经济发展规则的，但是鉴于高新技术产业发展的特殊性，即政府对高新技术产业发展寄予厚望，需要超常规发展，这就越发需要政府认真梳理清楚哪些是高新技术产业中的突破带动型产业，以保证政府所付出的管理成本与未来收益间的对称性。

本书所提出的河南省突破带动型高新技术产业是在国家高新技术产业名录中存在的，并能够适合河南省要素禀赋条件，对河南省社会经济发展起到突出带动作用的高新技术产业。河南省是中原地区大省，人口多，资源比较缺乏，工业制造业发展起步晚，与沿海地区发达省份相比具有一定的滞后性。同时，国家对河南省社会经济发展又有明确的定位，提出了河南省社会经济发展的国家六大战略，即粮食生产核心区、中原经济区、郑州航空港经济综合实验区、郑洛新国家自主创新示范区、河南省自贸区、中国（郑州）跨境电子商务综合试验区。河南省高新技术产业必须要围绕国家六大发展战略谋篇布局。

2009年8月，国家发展改革委推出了《国家发展改革委关于印发河南省粮食生产核心区建设规划的通知》，将河南省正式确定为全国第一产粮大省。河南省的粮食生产不仅关系到国家的粮食安全，也与省内社会经济发展密切相关。也就是说，河南省只有稳住了粮食生产，稳定了涉农产品生产，才能满足河南省自身发展的需要。2011年10月，国务院又正式出台了《国务院关于支持河南省加快建设中原经济区的指导意见》。该意见主要是要求河南省在稳定粮食生产的前提下，实现新型工业化、新型城镇化和农业现代化的"三化"协调。2012年11月，国务院正式批复《中原经济区规划》(2012—2020年)，将河南省郑、汴、洛形成的都市区作为发展核心，以中原城市群发展为支撑，把这一区域打造成为国家层面的经济区。这就为河南省高新技术产业发展设定了方向。2013年3月，国务院批准《郑州航空港经济综合实验区发展规划（2013—2025年）》，把河南省作为国家的临空港试验区进行建设，把河南省打造成为国家第一个航空港经济综合试验区，并作为国家推进内陆地区进一步对外开放的战略要地。郑洛新国家自主创新示范区以及跨境电商综合试验区等的建设发展，是国家在河南省落实的发展战略，规定了河南省高新技术产业发展的范围。特别是国家对跨境电商综合试验区的批复，预示着河南省将在信息、物流以及跨境电商新型监控服务方面率先垂范。这就要求新兴的信息服务产业必须有跨越式发展。

河南省委省政府为落实国家在河南省的六大发展战略，结合习近平总书记原来提出的打好"四张牌"的要求，正在奋力建设经济强省，打造中西部地区科技创新高地、内陆开放的高地和全国重要的文化高地。因此，河南省发展高新技术产业必须要有自己的特色，即把河南省自身的要素禀赋条件和国家发展战略相互结合。进一步说，只有将河南省发展高新技术产业的内涵和自身的要素结合，才能衍生出属于河南省的可持续发展的高新技术产业。

河南省突破带动型高新技术产业既要落实国家部署的六大发展战略，又要符合河南省社会经济实际发展现状。这样的高新技术产业不仅要适应河南省的内生要素禀赋，而且要适应国家对河南省社会经济发展的战略定位。目前，河南省对高新技术产业的界定基本是根据国家高新技术产业发展名录展开的。例如，河南省在界定本省的高新技术产业文件中，仍然沿用国家出台的关于重点支持高新技术产业的相关内容，将那些能够开展持续研究开发并能够将技术成果进行转化的企业或者是能够形成企业核心自主知识产权，而且能够以此为基础开展商业经营活动，并在中国大陆地区（不包括港、澳、台地区）注册超过一年的居民企业都称为高新技术产业。国家界定的高新技术产业是非常宏观的概念，例如，文件中规定，大陆企业近3年内通过自主研发、受让、受赠、并购等方式，或通过5年以上的独占许可方式，能够掌握企业的主要产品（服务）的核心技术，或者是具有一定自主知识产权的，或者原产品（服务）属于《国家重点支持的高新技术领域》规定的范围的，也在高新技术产业名录当中。国家在界定高新技术产业时对高新技术企业员工的学历水平也有要求，规定高新技术企业具有大学专科以上学历的科技人员占企业当年职工总数的30%以上，其中研发人员占企业当年职工总数的10%以上。在对高新技术企业知识能力的要求方面，还规定了为获得科学技术（不包括人文、社会科学）新知识，能够创造性运用科学技术，或能够围绕实质性的改进技术、产品（服务）而开展持续性研究的企业也属于高新技术产业。

国家对高新技术产业的界定依据的是国家未来发展的整体战略，并制定了产业名录，制定这些名录的目的是便于从大量的具有一定科研能力的企业中进行筛选。因此，国家的高新技术产业名录就不能完全地概括河南省高新技术产业发展的现状。例如，在国家层面，政府根据国内外产业技术发展现状，考虑到国家之间的产业竞争，甚至是国家之间的政治较量等因素，提出中国高新技术产业要重点发展的八个领域，即中国的电子信息技术发展、生物与新医药技术的发展、航空航天技术发展、新材料技术的发展、高技术服务业的发展、新能源及节能技术的发展、资源与环境技术的发展以及高新技术改造传统产业的突破等。国家将这八项产业规定为国家高新技术产业并进行重点支持，是考虑到国家在未来产业发展中占领国际产业制高点的需要。这充分显示了国家层面通过制定高新技术产业认定政策引导企业进行技术创新，从而加快企业结构调整，走企业自主创新、持续创新的发展道路，激发企业自主创新的愿望，并尽快提高科技创新能力的战略规划。当然，国家也是希望通过制定高新技术产业政策，能够推出一批中国制造品牌，达到提升企业品牌形象的目的。同时，国家制定高新技术产业发展政策还是为了更好地为高新技术企业提供资源等方面的配套支持，特别是通过优惠政策措施激励高新技术企业快速发展。例如，国家在《高新技术企业认定管理办法》中，就明确提出依据本管理办法被认定的高新技术企业，可以依照企业所得税法和相关的实施条例，以及《中华人民共和国税收征收管理法》等政策规定，申请享受相应的税收优惠政策。

  河南省针对国家高新技术产业指导规定也出台了《河南省人民政府关于促进高新技术产业开发区发展的意见》，提出要落实党中央、国务院要求的深化科技体制改革，加快国家创新体系建设的意见。与此同时，河南省针对这一意见，以红头文件的形式下发了《中共河南省委 河南省人民政府关于深化科技体制改革推进创新驱动发展若干实施意见》，该文件被看作河南省委针对河南省高科技技术创新发展的最高级别的文件。该文件不仅要求河南省发展自主创新产业，而且还提出了发展高新技术产业，特别是利用现代科技手段转变河南省经济发展模式，提升河南省传统产业结构，为河南省经济发展方式转变、产业结构升级提供有力支撑，实现新型工业化、信息化和城镇化的协调发展。为此，河南省提出了近期的工作重点是尽快聚集一批技术创新资源，围绕河南省在新的经济形态下需要重点发展的产业，提升技术创新在企业发展中的重要地位。河南省特别提出了要围绕河南省社会经济发展重点领域和关键环节开展自主创新研发攻关，抢占世界产业发展的制高点，还提出要促进河南省关键产业依靠自主创新能力突破一批技术瓶颈，利用政策扶持和金融信贷的力量，带动高新技术企业的自身研发投入，争取能够获得一批科研突破项目，并具体指定了政府支持的政策措施。例如，对于那些企业研发投入占产品销售收入比例达到3%以上的企业，要鼓励它们成立自己的企业研发中心，并鼓励这些企业尽快与同类企业形成技术创新战略联盟，在市级统筹机制基础上形成一批战略性新兴产业和高新技术产业。河南省出台的相关政策充分表达了尽快实现河南省战略性新兴产业和高新技术产业成为主导产业的愿望，力求通过鼓励新的产业业态的发展，凸显河南省产业结构优势，推动河南省产业链条升级。

河南省在推动省内科技成果转移转化方面也提出了办法，首先制定并落实河南省关于科技人员成果转化的股权、期权激励和奖励等收入分配办法，让科研人员能够安心进行科学研究，实施基础创新和技术创新。对高等院校、科研机构的科技人员的职称评聘问题，河南省提倡将科研成果评审和科技成果转化两方面结合起来，并允许高等院校科研人员和其他科研机构的科研人员到企业兼职工作，保留本人在原单位的工作档案，保证本人在原单位的各项工作福利和待遇不变等。同时，兼职的科研人员所获得的科研成果可以作为本人加入企业股份的资质，这对科研人员是一次重大的政策支持。这充分说明河南省对科研院所技术成果的高度重视。

河南省对高新技术产业发展进行支持的决心是很大的，不仅出台了一系列支持政策，而且出台了支持高新技术产业发展的组织措施，加强了组织保障能力，构建了推动高新技术产业发展的体制机制等。但是，在制定政策过程中对河南省的基本要素禀赋和高新技术产业承载国家六大发展战略的能力论证不足。这就造成了河南省基本是按照国家高新技术产业发展名录中的规定来支持产业发展，没有认真区分哪些产业是真正适应了河南省经济和社会发展禀赋条件，对河南省社会经济具有突破带动型作用的产业，哪些产业虽然是国家指导名录中规定的高新技术产业，但并不适用于河南省这样的资源禀赋条件，却得到政府的充分支持。由于河南省对高新技术产业甄别相对比较滞后，曾一度出现各类企业争相申报成为高新技术企业，有些企业还制造一些临时材料申报高新技术企业，以此来获得政府对高新技术产业的财政和税收等方面的支持。事实上，一旦申报企业获得了相应的省级高新技术企业的称号，就可以得到可观的财政支持，这种现象不仅浪费省级财政支持高新技术产业发展的资源，而且造成了真正的高新技术企业难以得到财政支持的后果，长此以往，河南省企业的技术创新能力就会严重滞后。

事实上，虽然河南省工业近些年增长比较迅速，但河南农业大省的地位还是非常突出的。党的十八大以来，河南省制造业取得了突飞猛进的发展。2016年，河南省工业增加值为16.8万亿元，同比增长8.0%，高于全国平均水平2.0个百分点，工业经济总量稳居中部省份第一，全国第五，河南省已经成为名副其实的制造业大省。目前河南省也面临制造业大省向制造业强省的转变。2016年2月，河南省发布《中国制造2025河南省行动纲要》；2017年10月，河南省工业和信息化委、财政厅、科技厅、发展改革委四部门联合公布了首批河南省制造业创新中心培育名单，这标志着河南省制造业提升技术创新工作步入"快车道"。2018年1月召开的河南省工业和信息化工作会议确立了把技术创新作为制造业发展的主引擎，面向海内外搭建高水平要素整合平台、引领性创新平台，以此来提升产业集中度、开放度和核心竞争力的总体目标。国家六大战略之首是河南省作为全国的粮食生产核心区，要确保全国的粮食产品供应。因此，河南省突破带动型高新技术产业甄别不仅要看到河南省工业的迅速发展，更要看到国家对河南省赋予的重任。

在此背景下，我们以河南省高新技术产业为研究对象，深入研究河南省制造业技术创新效率问题，结合河南省的社会经济现实甄别出在河南省具有突破带动能力的高新技术产业，可以为全面提升制造业技术创新能力提供可行的政策支持，为河南省实现经济社会全面振兴提供能力保障。

| 第二章 |

文献综述

研究高新技术产业创新的文献资料相对比较少。因为地方政府在执行国家管理部门的政策时往往是按照文件要求认真落实的,学者研究政府投资效率的文献比较多一些,此外,学者研究较多的还有政府研究与试验发展(Research and Development,R&D)的投入以及财税政策支持效果等。

一、高新技术产业与 R&D 投入研究

高新技术产业的风险性与 R&D 投资是该领域内研究较多的问题。一般学者都分析到了高新技术产业发展的高风险性以及由谁投资的问题。针对中国高新技术产业的发展,学者较多地分析了高新技术产业的区域分布问题,认为中国存在高新技术产业发展不均衡的现象,而这种不均衡也是国家 R&D 投资的倾向性所致。学者认为中国东部 R&D 投入力度大,因为东部沿海地区经济发展比较早,目前已经达到了一定的经济实力,因此,东部沿海地区在 R&D 投入中居于优势地位。持这种观点的学者一般是以柯布—道格拉斯生产函数模型为基础得出的结论。他们认为研究 R&D 投入是分析高新技术产业发展的主要抓手。多数学者是利用中国 31 个省份的面板数据,根据资本要素、劳动力要素、R&D 投入的变化分析影响中国高新技术产业的产出弹性系数,进而研究 GDP 变化。例如,蔡晓慧、茹玉骢等研究发现,中国的 R&D 投入虽然在总量上有了大幅提高,但其占 GDP 的比重依然非常低,不同省份的 R&D 活动的分布也极不均衡。高新技术产业 R&D 主要集中在东部沿海地区,同时不同省份还存在产业发展水平的不平衡现象,这就导致了 R&D 活动在产业间有较大的差异。从整体上看,中西部地区 R&D 投入对高新技术产业发展所做出的贡献,即弹性系

数比东部地区的 1/2 还小。东部地区 R&D 投入对高新技术产业发展的贡献最大。学者认为资本要素和劳动力投入要素在高新技术产业发展中处于微弱显著的地位。有一些欠发达地区的劳动力要素对高新技术产业发展影响基本不明显。例如，在中西部地区，R&D 投入贡献较大，而劳动力投入要素在促进高新技术产业发展中却处于不显著位置。

学者普遍认为政府的 R&D 投入与资本要素和劳动力要素引起的产出增长具有明显的区别。政府的 R&D 投入比其他生产要素投资的回报率更为可观。在高新技术产业中，政府的 R&D 投入与高新技术企业市场价值以及创新绩效具有显著正相关关系。政府影响 R&D 投入的主要因素是财政激励政策、政府的各项补贴以及税收政策和高管激励机制等。如蔡翔、崔晓兰、熊静研究认为，政府的财政激励政策要比税收优惠政策能够更加有效地促进高新技术产业的产出增长，而政府的税收激励政策又比各种补贴的作用要好。目前，国内普遍认为中国 R&D 经费投入占国民经济总产值的比重比发达国家低，同时，高新技术产业投入的资源浪费现象普遍存在，而且不具有连贯性，还普遍存在行业之间的差异。政府 R&D 投入在一定程度上延缓了高新技术产业发展的进度，因为高新技术产业本身存在高度不确定性，政府 R&D 投入容易导致企业的依赖性。有关中部地区 R&D 投入对高新技术产业发展影响的研究，更多地集中在对高新技术园区的研究上。宁连举、李萌认为，中部地区高新技术产业主营业务收入在 2000 亿~10000 亿元的省份有 4 个，分别是河南、江西、湖北、湖南。这些省份在 R&D 投入对高新技术园区的影响上基本与整体高新技术产业发展趋势一致，即东部沿海地区排在第一位，中部地区排在第二位，西部地区排在第三位。中部地区目前仍然依靠 R&D 投入来推动高新技术产业发展，而且政府 R&D 投入所占比重相对较高。这说明中西部地区高新技术产业发展还没有走上良性循环发展轨道。

二、环境规制影响高新技术产业发展研究

学者从环境规制与产业竞争力的关系着手，重点研究了环境规制与技术创新、环境规制与国际贸易的关系问题。该领域研究内容一般是将环境规制与技术创新关系的研究落脚在全要素生产率上。总体来看，学者研究的结论并不统一。Barbera 和 McConnel 利用美国制造业相关数据进行检验，

发现环境规制总体上不利于提高企业生产效率,这一观点被许多国外学者所认可。而"波特假说"的提出对这些观点又形成了挑战,"波特假说"认为环境规制与企业生产效率能够实现双赢。原毅军、陈喆等研究发现,严格的环境规制反而会促进企业进行绿色技术创新,并认为绿色技术创新与制造业转型升级呈"U"形关系。他们分别研究了东部地区和中西部地区企业技术创新状况,发现东部地区技术创新和中西部地区技术创新都处在"U"形曲线的左侧,进一步分析发现,随着绿色技术创新的不断实施,中西部地区可能比东部地区还能更早地到达"U"形曲线的"门槛值",从而实现制造业转型升级。

在环境规制与国际贸易的关系研究方面,张济建、李香春在原来 HOV 模型的 11 个资源禀赋变量的基础上加入环境规制,检验其对污染工业品贸易的影响,发现两者之间关系并不显著。罗大千等发现受环境规制影响较大的行业恰好是资本或资源禀赋要求较高的行业,环境规制相对要素禀赋的影响而言是弱小的,很难显著改变污染密集型产品的贸易流向。近年来,国内也有不少学者研究环境规制与产业竞争力之间的关系,例如,孙道军、王栋等采用省际数据测度环境技术效率,研究资源、环境和工业增长之间的协调性,认为改革开放前期环境技术效率和工业增长呈正相关关系。也就是说,早期的粗放式经营的确推动了工业化发展,但是进入 21 世纪后,环境受到社会重视,环境规制与工业增长之间呈现负相关,即环境规制管理越好的地方,工业增长速度越快。张同斌、高铁梅从环境成本内部化、成本和产品差异化两方面分析环境规制对产业国际竞争力的影响,认为环境成本越高的企业实施技术创新动力越强。他们将技术创新引入 Robert 模型,研究环境规制对创新存在的激励作用,发现环境规制执行可以部分或全部抵销实施环境规制的额外成本。陈四辉、王亚新等利用国家层面的面板数据,研究了环境规制对污染性企业的影响,认为环境规制并没有影响污染密集型商品的比较优势,相反积极应对环境规制的变化,可以促进企业下决心采取措施提升技术创新能力。胡求光、李洪英采用微观企业数据对环境规制是否影响企业生产率进行研究,发现两者确实存在显著的正向关系,环境保护和生产率提升能够实现"双赢"。当前研究环境规制的文献较多,但观点并不一致,甚至存在争议,主要集中在环境规制对某个经济因素的影响或某些变量对制造业国际竞争力的单向效应的影响上，没有将技术创新、社会资本深化与高新技术制造业的国际竞争力结合研究。

环境规制与区域要素禀赋结合研究需要深入，因为国内工业粗放型增长特征依然没有根本性转变，经济增长过度依赖要素投入，企业技术创新能力薄弱，致使要素投入与环境的矛盾日趋尖锐。当前，各地区将环境保护提到重要工作日程上，在保证产业竞争力提升的前提下，抑制进而扭转环境不断恶化的趋势，必然要考虑要素禀赋的条件。对那些不具备要素禀赋优势的产业，要从环境规制的角度，研究它们可持续发展的可能性。

三、高新技术产业创新能力研究

高新技术产业创新能力是国内外学者研究的重要问题，例如，Burgelman 和 Maigigue 研究认为，高新技术产业的创新能力是实现企业愿景、实现技术创新战略的基础条件，也是企业体现差异特性的重要条件，同时，也决定着企业是否能够配置资源，它还包括企业对于所处行业或产业发展的把握能力以及对未来产业内部技术的掌控能力等，因此，高新技术产业创新能力是企业竞争核心能力的体现。Prahalad 和 Hamel 认为，技术创新是高新技术产业竞争力的关键要素。技术创新不仅可以解释优秀企业能够长期保持竞争优势的原因，而且提出了技术创新并不是简单地开发新产品或使用一项新的技术等。技术创新的核心内容是高新技术产业在生产过程中能够不断产生"新的概念"。他们认为高新技术产业创新的主要内容是创新观念的产生。观念是由人的思想所决定的，左右着企业的生产、销售等全过程。后来的学者多次对这一理论进行阐释，并用这些理论作为基本要素研究高新技术产业创新发展的路径。Salton 等把高新技术产业创新能力看作一种可以重复利用的资源，认为高新技术产业创新不仅包括企业组织对所处环境的把握，而且还包括企业组织结构的变化和企业开拓性战略能力的提升。Leonard 等从企业技术创新为主体的思维逻辑出发，针对企业的研发人员素质、技术与管理系统的能力以及企业文化等进行研究，发现企业的价值观念是影响产业创新发展的重要因素。Guan 等发现产业的创新能力是由七个方面的因素组成的，包括技术因素、产品与工艺因素、知识因素、经验因素与组织因素等，这七项因素是企业具有的非常特殊的资源，决定着产业的持续发展过程。Burgelman 在研究产业创新过程中，把企业的技术创新能力提升到组织战略的重要位置，认为技术创新能力是支撑产业实现愿景的核心能力，并认为技术创新能力是产业综合性特征中，一系列能力中的核心能力。

我国学者远德玉等认为，高新技术产业创新主要是过程创新。按照产业技术创新过程分析，他认为过程创新包括工艺过程的创新和管理组织结构的创新等，同时认为，不同的企业使用的技术创新资源一般是相同的，然而，创新结构却有所区别，原因是不同企业使用创新资源的现状不同，不同企业可以利用创新资源制造出不同的样品、设计出不同的技术系统、选择不同的市场机会等，这些都是产业创新过程中不同企业使用创新资源的方法和措施等必然出现的现象。傅家骥教授1998年研究企业技术创新的性质和整个过程，认为企业技术创新的过程中，其技术创新能力的形成可以分为几个不同的阶段，即先有技术创新的倾向，然后才有技术创新投入，再者就是有形成技术创新的管理能力，以此形成技术研发能力、产品生产能力和产品的营销能力等，最终形成整个产业的创新发展。鞠晓峰等从市场行为出发研究产业创新能力，提出了产业内技术创新能力的形成，主要是利用现有的资源进行科研攻关，或者是通过引进国内外先进技术和生产工艺，能够给市场提供需要的新产品的过程。这就是说，产业内技术创新能力的高低，最后要接受市场对产品的需求的检验。创新产品得到市场的承认才是真正的技术创新，这也是一般产业遵循的基本规律。许庆瑞教授等研究了产业内企业技术创新形成的过程，认为企业的创新决策能力、生产产品能力和技术转化能力是技术创新能力的主要因素。杨东奇、杜军等提出了产业创新能力形成的三个主要方面，即技术创新投入、技术研发、技术转化过程，并以装备制造业为例分析了中国装备制造业技术转化不理想，导致装备制造相对滞后的主要原因是技术研发和技术转化方面滞后。

陈力田从企业的资源视角、知识基础视角、吸收能力视角和动态能力视角等出发，研究产业技术创新能力，并提出了技术创新能力的内涵要素，认为技术创新能力内涵包括产业内的搜寻能力、识别判断能力、获得外部新知识的能力，或者是发现已有知识的新组合能力，也可以是发现知识的新应用能力等，在此基础上产业内产生的能够创造市场价值的，具有内生性的，能够适应新知识所需要的一系列战略构想、组织结构、技术供给和市场的能力。此外，刘昌年、马志强等从全球价值链的视角研究产业创新能力形成过程，提出了产业的发展是技术创新能力的外在表现的观点，认为产业当前的技术知识存量在很大程度上决定了企业技术创新能力。罗洪云、张庆普等从知识管理的视角出发，研究创新科技型小企业能够形成突破性技术的过程及特点，发现科技型小企业的技术突破主要依靠模糊前端的创意生成能力、产品的研究开发能力，中间的试生产能力、产品的商业化能力和形成新技术标准推广能力。李晓莉和于渤研究了产业技术创新的动态演化能力，提出了产业的技术创新行为在于技术创新战略的形成，战略决定了技术研发行为，因此，认为产业的技术创新能力应该包括技术创新战略能力。

从以上学者对有关产业创新内涵的研究可以发现，多数学者对产业的核心竞争能力来自技术创新能力这一基本观点都是认同的，不过是从不同的角度进行表述而已。大家公认的是基本的技术创新能力应该是产业对技术创新要素的整合能力、技术产品的商业化能力以及技术创新的协同能力。能力是经过系统综合性整合而形成的，因此，一个地区发展高新技术产业带动整个产业发展的能力也需要进行整合。或者说，一个地区发展哪些产业要看这些产业是否能够整合社会经济要素，能否提升全要素生产率应该成为重要判断指标。企业带动产业发展的能力是建立在技术创新基础上的，整合了各种社会经济要素，并能够激活区域内知识，融合冒险精神，再将知识、研究和资本、市场相互转化，最后形成全社会综合协同发展的能力。

四、高新技术产业创新能力评价研究

关于高新技术产业创新能力评价问题的研究主要是讨论选取的指标差异，由此衍生出了不同的创新评价体系。一般认为创新能力评价体系就是将能够组成技术创新能力的一些基本因素，按照合理的次序进行组合，形成相关技术创新研究的基本步骤。不言而喻，不同的评价指标体系对技术创新的能力测度是不完全相同的，不仅如此，不同的观点所关注的评价过程也不完全一样，但是基本的评价要素是大致相同的。例如，学者所选定的创新能力的主要要素以及技术创新的系统等基本一致。高新技术产业的创新能力基本是通过高新技术企业的技术创新能力具体反映的。

（一）有关技术创新评价的要素观

多数学者认为企业是否具有技术创新能力，主要看企业是否能够聚集技术创新所需要的基本要素，包括基本要素的数量和质量等。那么技术创新的基本要素又包含什么内容？一般是指技术人员数量、知识积累程度、资金设备等。例如，Guan 和 Ma 就是从"人力资源要素、资金资源要素、设备条件要素"等主要方面来衡量企业技术创新能力的。陶长琪、周璇在这方面研究中，将这些基本要素归结为"人员创新能力、设备条件能力、信息提供能力和组织反应能力"四项关键要素，认为这四项要素基本可以形成企业技术创新能力评价的基本指标。在对高端装备制造企业的技术创新要素研究中，研究内容主要是市场对高端装备制造产品的需求量，这是决定高端装备制造业产品技术创新的需求方，也是拉动高端装备制造业产品发展的重要环节。刘志彪认为，在中国改革开放前30年，政府基于出口换汇驱动，促使终端生产环节大量使用国外进口装备制造业产品，严重抑制了中国装备制造业发展。陈伟认为，随着"十三五"规划的实施，国家进一步加大力度支持高端装备制造业发展，产业开放发展步伐和发展速度不断加快，市场规模不断扩大，年销售收入不断增长。但是，与工业发达国家相比，我国高端装备制造业差距明显：一是产业自主创新动力不足，开放式创新能力不强，技术进步的基础薄弱，产业配套能力较弱，产品附加值较低，核心关键技术难以突破；二是主动"走出去"的国际化发展的信心不足，整合全球创新资源的能力不强；三是行业领军企业欠缺，品牌知名度低，市场影响力不强；四是产业领军人才和专业人才短缺，整体缺乏创新型技术管理人才，产业发展面临人才瓶颈制约；五是制度供给不足，政策措施有待完善，产业法规体系建设滞后；六是集群化程度较低，产业开放创新网络脆弱，未形成以核心企业主导的具有国际竞争力的高端装备制造业集群。

总之，学界认为国家高端装备制造业技术创新能力代表了当前企业技术创新能力的风向标。高端装备制造业普遍存在创新开放度还不高、产业开放式创新能力还不强、国际竞争优势还不明显的劣势，一些领域核心技术仍然受制于人，呈现高端产业、低端制造的特征，面临长期被"锁定"在全球价值链低端环节的风险，创新发展迫在眉睫。学者提出推动高端装备制造业发展的措施是大力推进开放式创新发展战略，紧紧依靠创新驱动，确保走创新驱动发展的道路，不断提升产业创新能力。之所以强化技术创新，是因为国家提出的增强产业国际竞争优势的"五大发展理念"，即创新、协调、绿色、开放、共享中，创新处于首要位置和核心地位。

近年来，学者们开始从创新驱动角度对产业发展进行研究。肖永红、张新伟、王其文分析了创新驱动产业发展的作用机理，认为创新驱动产业升级的过程是以技术研发为始、以产业化为终的发展过程。任淑荣认为战略性新兴产业应该实施开放式创新，并对其开放式创新模式进行了深入研究。绍波、任家华和田敏探讨了开放式创新对装备制造业创新升级的作用机理，从吸收能力视角提出了装备制造业创新能力升级的路径。盛朝迅认为创新驱动产业升级是由工业化发展阶段、创新要素、创新成果、市场需求、创新生态五个因素共同推动的。潘雄锋、刘清、彭晓雪分析了创新驱动对产业转型升级的引领作用，探讨了不同区域特征下创新驱动我国产业转型升级的路径与政策建议。赵丹、孙冰、易英欣提出我国战略性新兴产业应建立全球开放式创新网络的发展思路，构建战略性新兴产业全球开放式创新模式。谷炜、杜秀亭、卫李蓉分析了高端装备制造业开放式创新能力的影响因素，针对我国通用航空制造业，提出了产业转型升级的技术路线、市场路线和基于全产业链的创新发展路径。

综上所述，高端装备制造业创新驱动产业发展成为学者们关注的热点问题。因为高端装备制造业代表了一个国家最为先进的生产能力，按照马克思的理论界定，第一部类的生产起到决定社会发展水平的作用，因此在技术水平评价中选择装备制造业是有一定道理的。我们是在现有研究的基础上，基于要素禀赋基本理论，围绕高新技术产业创新发展的内涵和路径，探讨河南省高新技术产业创新发展过程中创新政策制定、创新集群打造、创新网络构建和人才战略实施等问题。

（二）有关创新能力培育过程的研究

有关技术能力培育过程的研究主要集中在企业技术创新过程的产生、演变和趋势等上面，以此探索企业技术创新能力以及创新的持续性问题。多数学者认为企业技术创新不是增设一个组织机构或者增加资金投入就可以成功的事情，它应该包括企业发展过程中的方方面面，任何一个环节都可以影响到企业的技术创新能力。因此，这方面的研究内容主要是针对企业发展过程中的各环节细分其功能作用。如果企业的每一个环节都能出类拔萃，企业的技术创新能力就自然会增强；如果个别环节出现问题，或者不是十分突出，就会影响企业整体的创新能力。Reddy 认为企业的技术创新中的 R&D 人员和 R&D 经费的投入是创新的主要环节，同时把创新产品能否出口销售作为创新的主要环节。他认为技术创新能力比较强的企业一般是在三个环节中做得比较突出的，即人才集中、研发投入充分以及产品市场扩大。因此，高新技术产业引进和培育需要从多方面着手，而不是只抓一点不讲其他。汪志波、Lee 和 Keng-Boom 等把企业创新资源的投入、R&D 经费投入、组织管理投入、市场营销投入、生产投入、产出数量等作为评价企业技术创新能力的环节，认为组织的管理投入、市场营销投入、生产投入这几个环节是技术创新过程中的关键环节。此外，蔡晓慧、茹玉骢、孙丽艳、苗成林等则把创新活动投入、研发经费投入以及创新产出作为评价企业技术创新过程的主要方面。李新功把高新技术企业技术创新分为三个阶段：第一阶段是技术准备阶段，这是高新技术企业技术创新的概念产生或初级研发阶段；第二阶段是企业的试生产阶段，产品技术处在不稳定阶段；第三阶段就是产品技术成熟阶段，产品批量生产，预示着产品技术的变革。这三个阶段高新技术企业技术创新具有不同的特点。第一和第二阶段企业生产技术都存在很大风险，需要政府跟踪服务。第三阶段企业生产技术成熟，政府也应及时退出技术扶持。

综观学者对高新技术企业技术培育过程的研究文献，发现企业发展过程中最为重要的创新环节就是企业因资源要素不同采取不同的投入环节。例如，有的企业重视研发资金投入，有的企业重视科研人员的投入，还有的重视组织管理。这些企业也都能取得相应的技术创新成果。这说明企业技术创新过程并没有固定的模式，需要因地制宜，根据实际情况设计自己的创新过程。

也有学者将技术创新要素和技术创新的过程结合研究，把技术创新环节和系统的思维方法引入技术创新研究过程中。这些学者的主要观点是，企业技术创新应该是一个系统工程，创新的过程不仅是程序问题，还受到各个系统中不同要素的影响，因此，分析企业技术创新，首先要弄清楚创新的系统问题，然后再探究各系统中的要素对创新的影响。世界经济合作与发展组织（OECD）最先提出了这一观点，该组织在1992年推出了一个《奥斯陆手册》，其中就提出了要引入技术创新环境因素。在之后的研究中，西方学者率先将环境因素引入技术创新过程中。例如，Kaihua C. 就把企业的技术创新看作一个具有网络功能的循环系统。他们在研究中主要选取了创新的投入、创新的流程、生产的产品以及企业战略，通过对四个方面综合评判，分析企业的技术创新能力。此外，Sebastián Lozano 和 Jasinskas 等通过研究企业的战略管理，提出了技术创新能力主要看其对技术的掌握能力，对知识资源的学习和运用能力等，通过这些能力传递组织管理能力和企业对产业发展的判断能力，最后形成企业的综合创新能力。吴延兵、刘满凤、李圣宏等研究中国企业技术创新问题，引入了企业不同所有制指标，分析了不同所有制下企业技术创新能力的差异问题，同时还考虑到用创新系统中的知识信息和专利数量等指标衡量高新技术企业技术创新能力。

综合以上研究文献发现，学者对技术创新能力的研究比较多见，他们从不同视角、不同要素，甚至从系统过程等领域对高新技术企业创新能力进行探究，目的是寻找企业技术创新的真正途径。尤其是学者提出的把企业环境指标引入企业技术创新过程的分析，更是将技术创新问题研究引向较深层次。然而，略显不足的是，还较少有学者将社会经济禀赋作为对企业技术创新的影响因素进行深度分析。高新技术产业技术创新过程应该依据社会经济发展环境，同时，高新技术产业发展又对社会经济具有明显带动效应。针对这些领域的研究显得比较欠缺。我们认为社会经济禀赋对高新技术产业技术创新存在影响，当一个地区教育落后，享受高等教育的人口比例较少，或者说，本地区教育资源不能满足社会对高等教育需求时，就必然会影响到企业对技术创新人员的需求，技术创新能力就直接受到影响。

同理，我们认为企业技术创新的适应性研究，不仅要看技术本身所生产的产品的市场需求份额，还要看这类技术对本地区的企业是否具有带动效应。这是我们研究突破带动型高新技术企业技术创新的初衷，也是破解高新技术产业如何带动区域经济发展的关键。所以，在测度企业技术创新能力过程中，我们综合考虑了技术创新能力形成过程与实际社会经济禀赋相结合的因素，在选取研究指标对创新能力进行评价时，也重点考虑了社会经济禀赋条件因素。

五、创新能力评价方法研究

高新技术产业创新能力评价主要是对指标体系的区分，由于对指标体系选择的差异性，学者对技术创新能力评价的方法也各有不同。学者采用的方法主要有层次分析法（AHP）、模糊综合评价法、熵值法、数据包络分析法（DEA）、因子分析法、BP神经网络法。Hill Stephen提出的层次分析法，是将与决策有关的元素进行分解，从目标、准则、方案三个层面入手，进行定性和定量的分析。刘善庆、吴永林、高洪深、林晓言等以要素观为基础，构建了包含实体资源、人力资源、组织资源在内的10个二级指标，运用层次分析法，分析赣、粤、闽三省陶瓷产业的技术创新能力。肖永红、夏恩君、邓倩、张明等使用了层次分析法和模糊综合评价方法等对中国54个地区的高新产业园区的技术创新能力进行评价。Reddy P.和刘继兵、王定超以科技型小微企业为研究对象，从过程观的投入产出视角构建指标体系，运用层次分析法对指标体系中各因素的权重进行了测算分析。

Lee V. H.和Capaldo等基于组织资源配置的基础理论，提出使用模糊逻辑方法来评价企业技术创新能力。Jasinskas E.和Chen构建了高新技术企业技术创新能力的层次结构模型，并且采取了一种非线性的模糊积分的方式，对企业的技术创新能力进行了评价，在实证研究的过程中充分验证该方法的重要性。孙凯、鞠晓峰、吴永林等在评价技术创新能力时，采用了多级模糊评价方法，构建评价体系对技术创新能力进行评价。石薛桥、齐晓秀、王文亮等运用模糊评价法分析了企业的持续创新能力。他们通过研究创新主体间的协同合作和整合共享创新要素的方法，选取了开放式创新社区，利用社区网络创新能力对技术创新进行评价，根据该评价指标体系建立了模糊综合评价模型。宁连举、李萌、赵丹等运用模糊综合评价法对2008—2012年黑龙江省装备制造业自主创新能力进行研究，认为装备制造业自主创新能力受到市场一定的制约。

原毅军、吕一博、苏敬勤等利用熵权TOPSIS方法在国家层面重点讨论了37个行业中的大中型制造业企业的技术创新能力，认为大中型制造业企业技术创新过程中，大型企业占据优势。因为大型企业资源丰富，创新能力强。夏维力、吕晓强采用神经网络方法进行测度，并提出了一种分析行业技术创新能力变化的分类矩阵。杜娟、霍佳震、任淑荣采用数据包络分析法和熵值法对企业技术创新能力进行了区域性评估，并建立了区域技术创新评价体系，用于评价不同区域内企业技术创新能力问题。王丹和潘雄锋等从创新环境、创新资源、创新成果和创新品牌四个维度，建立基于企业层面的区域创新能力分析框架，并引入全局的思想，构建了全局熵值法模型，对京津冀地区、东北地区、长三角地区和南部沿海地区技术创新能力进行评价与分析。石薛桥、齐晓秀从四个维度构建了技术创新评价指标，如企业制度保障能力、企业研发投入能力、企业生产制造与营销能力以及技术创新产出能力，并对熵值法进行了改进，运用改进的熵值法对区域内的上市公司进行了创新能力评价，结果与企业的实际发展基本一致。

Robert 等构建了基于数据包络分析法的企业技术创新能力与核心竞争力之间关系的模型。官建成和余进从投入和产出角度选取 R&D 人员、R&D 经费作为投入指标，专利、论文、出口贸易作为产出指标，运用数据包络分析法中的 BCC 模型，对 G7 国家的技术创新能力进行评价。孙凯和鞠晓峰针对传统数据包络分析法的 CCR 模型存在的无法对有效的决策单元加以区分以及输入和输出指标权重分配不合理的问题，引入两个虚拟决策单元，建立了区分有效决策单元的改进 DEA 模型，对工业企业技术创新能力进行评价。杜娟和霍佳震将技术创新过程分为人才培养和科技创新两个阶段，运用两阶段的 DEA 模型对国内 52 座重点城市的总体和单阶段的创新能力进行了有效评价和区分。这些学者都从不同角度研究了高新技术企业的创新能力，虽说研究的方法不尽相同，但基本结论大致相同，即高新技术企业技术创新能力提升是综合性指标在起作用，其中的社会环境和要素禀赋也发挥着重要作用。

在使用因子分析法的学者中，吕一博和苏敬勤通过探测性因子分析，构建了中小企业创新能力的评价模型，对"创新绩效"和"创新过程"两类视角的企业创新能力评价研究进行了对比研究，提出了将定性指标和"创新过程"类评价方法结合起来，更适用于对中小企业的创新能力评价。宁连举和李萌等通过研究因子分析法，构建了能够对大中型工业企业创新能力进行评价的模型。缪根红等分析了影响工业技术创新能力的内部外部创新因子，利用因子分析法对制造业企业的技术创新能力进行评价。谷炜等运用因子分析法对不同所有制工业企业的技术创新能力进行评价。

在采用神经网络法的学者中，夏维力、吕晓强构建了包括组织管理能力、营销能力在内的指标体系，从BP神经网络的输入层、隐含层和输出层出发，对企业技术创新能力进行评价。陈芝等运用BP神经网络法对中小企业技术创新能力进行评价。张永礼、武建章对非线性BP神经网络进行了改进，并用该方法对工业企业技术创新能力进行了评价。

此外，一些学者还综合运用上述几种方法对企业技术创新能力进行评价。例如，周毓萍首先运用层次分析法对企业技术创新能力进行综合评价，再应用BP神经网络法进行一致性试验。王丹的研究方法是先用熵值法找到评价结果，然后结合DEA模型的计算结果对传统评价结果进行合理的修正，用修正后的结果考察不同投入规模单元之间产出绩效的比较分析。白杨敏等先采用层次分析模型构建评价指标体系，再利用DEA模型对企业技术创新能力进行评判，发现不同地区的企业技术创新能力存在一定的差异。对此，学者们总结出了企业技术创新能力分布特征，提出了技术创新区域差异化战略和创新辐射型模式。例如，赵丹基于知识流动视角，综合运用熵值—模糊综合评价法，构建装备制造业技术创新能力评价模型。

通过上述文献研究可以发现，国内外学者对技术创新能力的内涵、评价体系、评价方法做出了大量研究，为区分突破带动型高新技术产业类别提供了理论基础。但从研究现状看，前人的研究主要集中于单个企业，对区域内产业技术创新能力的研究较少，而且大部分研究都停留在单一角度的分析，不能对技术创新能力进行综合全面的分析，这样就难以准确找出具有突破带动能力的企业技术创新发展的因素。以往的研究对数据获得的准确性不能保证，使评价结果难以客观可信。

本书以河南省突破带动型高新技术产业发展为研究对象，重点选择制造业进行技术创新能力评价，从制造业技术创新过程角度出发，结合环境因素构建甄别河南省突破带动型高新技术产业的评价指标体系，采用因子分析法从省际层面对2014—2016年河南省制造业技术创新能力进行评价。

在此基础上，以河南省制造业 26 个细分行业为比较对象，以 2014—2016 年指标数据为基础，深入研究各个行业间技术创新能力差异。通过最终评价结果，发现河南省突破带动型高新技术产业，为河南省技术创新能力的提升提出切实可行的发展建议。

六、高新技术产业界定研究

（一）高新技术产业与高技术产业的区别

学者认为国家层面的高新技术产业就是一个整体概念，它是指一系列高新技术企业形成的产业群体，因此，高新技术产业不单指企业的高新技术。所谓企业高新技术，是指能够科学反映企业所处地域的资源禀赋，采用比较适合企业发展战略的管理措施或生产程序等。例如，企业生产过程中的一些技术环节在同行业中处于领先地位，或者企业管理者具有独到的管理能力，这些都可以称为高新技术。所以，目前所谓的高新技术必须具备两个条件：一是基本适合本地区经济发展禀赋，能够在该地区长期稳定地生产；二是企业在该地区生产过程中要具备一定的相对先进性。

学者认为高技术产业可以理解为那些具有现代科学技术支撑的先进企业所组成的群体。这些企业对国防和社会经济发展具有很大的战略支撑作用，同时，还应该在产业发展过程中拥有相对先进的技术或者尖端性的技术。由于高技术产业具备技术先进性，所以高技术产业应该具有产业衍生能力，这主要是指在个别生产环节或产业链条内比较容易产生新的业态。例如，5G 网络的构建本身就具有先进性，同时，由于地区覆盖了 5G 网络，必然会产生与 5G 网络相关的新产业，类似终端消费、物联网应用以及物流产业的形成等。

高技术产业能够推动经济的超常规发展甚至是跨越式发展，对地区社会经济发展具有重大意义。世界经济合作与发展组织（OECD）研究认定高技术产业具有如下特征：一是研究与开发（R&D）投入强度大，对政府具有战略意义；二是产品和工艺老化快，资本投入大、风险高；三是研发成果应用及国际贸易具有高度国际合作与竞争性。例如，日本就把高技术产业定义为能够节约资源和能源，技术密集度高、技术创新速度快的产业。高技术产业增长能力强，因此，高技术产业在将来会拥有一定的市场规模，并且能对相关产业产生较大波及效果。目前世界上已经把技术集约程度的高低作为划分高技术产业的主要依据。综合世界上多数国家和区域机构对高技术产业的划分趋势，OECD 列出了属于高技术产业的类别，包括制造业中的电子通信、航空航天、医药制造和科学仪器四个行业。

国际通认的高技术产品是指符合高技术领域，运用尖端技术生产的产品。根据这一界定，可以看出高技术产品比高技术产业涉及的领域要宽泛。但由于技术领域分类与行业分类、产品分类不衔接，在高技术产品统计的操作上有一定难度。中国确定的高技术领域涉及了国民经济信息化、传统产业改造、发展新兴产业等诸多方面，例如，制造业中的电子通信、航空航天、医药制造和科学仪器等。所谓新技术，是相对而言的，新技术只存在于一定时期和一定范围。因为在市场竞争机制的作用下，企业开发与使用新技术是一种普遍现象，不能因为一家企业在生产产品或提供服务的过程中使用了自己认为新的技术就将其列入高新技术产业。依据开发或使用新技术划分出的高新技术产业范围会很宽泛，这就会造成一些地方的多半制造业都可以归为高新技术产业的现象。从国家角度讲，新技术产业是不存在的。国家是出于提高整体层面的国际竞争力和国际比较的需要，在制定战略政策过程中使用了高技术产业分类，目的是适应研究制定国家跨越式发展战略的需求。新产品定义为应用新的原理、采用新的设计、应用新材料和新工艺制造的全新产品，或是功能增加、性能提高的产品。新产品涉及的行业极为广泛，几乎涉及制造业的所有行业。新产品的开发应该是企业行为，在市场竞争机制下，企业开发新产品是企业赖以生存和发展的前提。然而，应该指出的是，新产品的开发并不代表企业已经拥有了自主知识产权。因为，在当前不少企业依靠模仿别人的技术也能实现新产品开发的环境下，新产品这一指标并不能切实反映企业的市场竞争力。企业新产品开发密度也不应成为划分高技术产业的一个具体标准。

学者对高技术产业和高新技术产业进行了区分，例如，叶威、王作东、刘燕等按照划分标准、可操作性、分类特点、分类范围以及可比性区分高技术产业和高新技术产业，见表 2-1。

表 2-1　高技术产业与高新技术产业的区别

比较范围	高技术产业	高新技术产业
不同的划分标准	技术资源密集度	以"新产品"为标志
不同的可操作性	可以用定量的办法进行分类	不容易用量化办法划分
不同的分类特点	技术资源的密度显著高	对象的特征不明显
不同的分类范围	所涉及的行业很少	是各国竞争的焦点,涉及众多行业,也包括一些传统产业
不同的可比性	技术的通用性,可作国际比较	各国标准不同,进行比较有一定限制

资料来源:通过整理文献而得。

同时,学者也对高技术产业和高技术产品进行了明显的区分,从划分标准、反映准确度、时效性、可操作性、可比性 5 个方面比较,发现高技术产品和高技术产业有着明显差异性,见表 2-2。

表 2-2　高技术产业和高技术产品的差异性比较

比较范围	高技术产业	高技术产品
不同的划分标准	按技术资源密集度划分	按技术领域划分
不同的反映准确度	反映高技术产业状况较粗略	反映高技术产业状况较准确
不同的时效性	能满足当前宏观管理需求	需要较长时间做准备
不同的可操作性	是在调查基础上加工形成的	需要布置专项的调查
不同的可比性	具有一定的国际可比性	国外尚无统一的产品目录

资料来源:通过整理文献而得。

所以,有学者认为高新技术产业就是一个综合概念,并不一定是指高技术产品。在一定程度上,也可以说一些传统制造业属于高技术产业。例如,一些农产品制造业出于生产要素禀赋的原因,在一些区域也起到了高新技术产业的作用。有学者认为国家对高新技术产业的界定出于三方面的考虑:一是使高新技术产业能够进行量化管理。国家层面可以充分利用有关的科技统计调查资料,能够测算国民经济各行业技术密集度,也可以跟踪各行业科技进步状况,动态反映产业技术密集度的变化情况。二是使高新技术产业考核容易操作。高新技术产业涉及的行业较少,较易实施统计调查,并减少资料整理的工作量。三是方便核算高新技术产业对国民经济的带动作用。国家层面可以充分利用相关行业的统计资料,从生产、科技、劳动、投资等方面,多方位反映高新技术产业的发展状况及对整个国民经济的带动作用。

通过以上对相关文献的整理，发现高新技术产业、高技术产品以及高技术企业之间存在着相互联系又有区别的关系。例如，高技术产品本身就是高新技术产业的组成部分，但是，高技术产品不能替代高新技术产业。因为产业是整体，而产品是局部。同理，高技术企业也不一定就是高新技术产业。高技术企业是微观层面的个体，而高新技术产业相对则是宏观整体。因为高新技术产业代表了社会经济发展的综合内容，是一个地区技术创新、产业创新能力等综合素质的体现，高新技术产业与地区要素禀赋条件密切相关。例如，地区的劳动要素投入、研发经费投入、环境资源利用等综合影响到高新技术产业创新发展。反过来，高新技术产业的技术进步对当地的劳动力就业、资源因素的拓展等方面起到积极的带动作用，否则，就会出现违背社会经济禀赋条件的现象，大量投入要素资源却难以促进企业的技术创新，或者说，企业技术创新能力提升耗费的成本相对很高。这就不符合我们提升企业技术创新能力的初衷，也就有可能会回到原来的粗放经营老路上去。

（二）高新技术产业新发展

高新技术产业是国家层面的定义，它也会随着国家对外经济贸易的变化而变化。中美贸易摩擦导致中国对外出口受限。2020年初暴发的新冠肺炎疫情使国际贸易受到了重创。2020年7月21日，习近平总书记在北京主持召开企业家座谈会，会上提出了内外双循环基本战略，这引起学者的热议。中央提出的双循环思路就是要求各地甄别各自的发展特点，抓住自己有利的发展优势，采取突破发展的措施形成特色经济，然后在国内形成产品贸易的良好环境。同时，以国内循环为主的贸易环境主动对接国外贸易，这样就可以形成国内贸易为主、国外贸易为辅的良好循环。双循环的基本要求是国内不同地区要有自己的差异性产品，特别是在高新技术产业发展中各地区不能完全类同。这就是说，政府在今后支持高新技术产业发展时要采取不同的措施，有区别地对待高新技术产业的发展，对一些不适合本地区发展的高新技术产业不能一味地投资，对一些适合本地区社会经济发展的高新技术产业要加大投资力度。

河南省在改革开放进程中，一直强调要融入发达国家支配的全球产业链的分工体系中，要加入国际大循环中。这在之前的发展进程中是科学的，可以在全球产业链条中获得自己发展的机会，接受发达国家的技术转移。在这个过程中，河南省融入得很好，也取得了很多的成果。但是应该看到，河南省在融入国际产业生产链的过程中也付出了不小的代价，例如，资源产品出口导致生态环境破坏，过分依赖国外消费市场，必须按照国外进口商的要求使用国外终端制造机器，抑制了自己的装备制造业技术创新，还使自己的制造业技术创新陷入难以自拔的陷阱，同时，也存在不少产业链条在对外循环过程中劳动密集型生产难以淘汰的现状，长期抑制了制造业产业升级。在当前的背景下，河南省需要反思自身的优势和短板，认真研判河南省要素禀赋条件，找到填补国内产业链、供应链空缺的机会。

第三章
河南省突破带动型高新技术产业界定

河南省高新技术产业是在国家高新技术产业名录指导下,依据河南省社会经济发展现实提出的能够带动社会经济发展的产业。突破带动型高新技术产业的带动能力主要表现在社会就业增加、工业产值增长比例明显以及衍生新业态的能力较强等方面。河南省高新技术产业中哪些属于具有突破带动能力的高新技术产业是本书研究的重点内容,也是政府期待了解并需要采取积极措施大力支持的产业。

一、河南省政府对高新技术产业的界定

河南省政府早在 1998 年 11 月就对高新技术产业进行了界定,具体表现在河南省政府印发的《河南省扶持高新技术产业发展的若干规定》(以下简称《规定》)中。《规定》不仅包括对河南省高新技术产业的界定,还包括最后的实施措施等,总共有 20 条,其中还提出了科技经济一体化发展高新技术产业的机制,即通过科教兴豫战略深入实施,加快高新技术研究开发与产业化,形成以市场为导向、以企业为主体,产学研相结合,科技经济一体化的发展机制。其具体内容包括:河南省高新技术产业发展要结合河南省的技术优势和资源优势,围绕新材料、电子信息、生物工程、节能与环保等重点领域发展新兴支柱产业,改造传统产业,提高国民经济的整体素质和运行质量。同时,《规定》明确了实施高新技术研究开发与产业化的重点项目认定制度,指出了河南省参照国家产业政策和有关规定,结合河南省实际,由省高新技术产业发展领导小组定期颁布河南省鼓励发展的高新技术产业和产品目录,认定"高新技术重点项目"。

《规定》中还宣布:凡经省内认定的"高新技术重点项目",可享受本规定的优惠政策。当然,在《规定》中明确了省政府支持高新技术产业发

展的资金来源，即为了增加对高新技术产业的资金投入，多渠道筹集资金。《规定》要求各级财政部门确保全年预算执行结果实现科技拨款增长高于财政经常性收入增长，并要求进一步落实《河南省科学技术进步条例》，到2000年省级科技三项费用和科学事业费占财政预算支出的比例达到6%。1999年起，省财政要调整支出结构，每年安排专项资金，用于"高新技术重点项目"。1999年至2000年每年安排5000万元，2001年至2002年在此基础上视财力逐年增加。专项资金使用办法另行制定，并要求各市地要结合当地情况增加科技投入，有条件的要设立专项资金，重点支持高新技术及其产业的发展。《规定》强调要将基本建设、技术改造投资和科技经费向高新技术及其产业倾斜。河南省经济技术开发公司等省级投资公司要积极筹措资金，调整投资方向，每年拿出一定的额度支持"高新技术重点项目"的实施。《规定》指出各金融机构对高新技术重点项目要择优扶持，加大投入力度，对符合条件的项目要建立主办银行制度。各有关部门要积极争取国家对河南省高新技术研究开发与产业化的支持和投入。

河南省政府的20条规定基本明确了高新技术产业的认定办法，具体提出了河南省要发展的新材料、电子信息和生物工程等高新技术产业，也提出要发展新兴支柱产业，改造传统产业。分析河南省政府的通知内容，本书认为河南省所界定的高新技术产业与国家高新技术产业名录中列举的基本一致。事实上，由于当时中央政府尚没有对河南省社会经济发展提出具体明确的发展要求，河南省高新技术产业也只能依照国家名录执行。随着社会经济发展，河南省承担了国家部署的"六大发展战略"的任务。这是国家对河南省社会经济发展的新要求，也是河南省社会经济未来发展的基本方向。这就使得河南省在1998年所制定的高新技术产业发展20条规定相对滞后。河南省需要根据国家布局对发展战略进行及时修正，针对河南省的社会经济发展实际制定高新技术产业发展规划，同时，也需要对高新技术产业发展提出新的政策支持措施。

二、地市级政府对高新技术产业的界定

河南省高新技术产业发展是从创立国家级高新技术园区开始的，至今已有30年的实践历史，这其中有经验、有成效，也有困惑和问题。河南省

通过建设国家级和省级的高新技术园区，对高新技术产业进行集中管理，并形成集聚效应。地方政府支持的方式主要表现在土地使用、税收优惠等方面，这在20世纪90年代产生了积极效果，然而，随着全国范围内普遍建立高新技术园区，地方政府的土地和税收优惠措施逐渐失去吸引力。河南省地市级政府不同层次的产业园区也相继出现了引资困难，一些产业园区曾经出现很少有企业落户投资的现象。这说明河南省地方政府原有的支持高新技术产业发展的方式已经不适应经济发展新模式，社会资源也难以得到高效配置。新时代经济发展从高速增长转向高质量发展，以科技创新和技术进步推进高新技术产业的发展，实现转型升级成为河南省各地落实新时代发展高新技术产业的着力点。地市级政府积极探索采用新的方式支持高新技术产业发展的途径，利用地方国有资本（地方财政和政府投资公司）的支持是其中非常重要的方面。地市级政府探索支持高新技术产业发展的创新模式和体系建设，以不断推动技术进步和产业转型升级。因此，地市级政府也迫切需要区分突破带动型高新技术产业，这对地方国有资本推动高新技术产业发展将起到重要的作用。

地市级政府将高新技术产业的重点发展和培育提高到本地区产业结构调整和产业升级的高度，对高新技术产业带动传统产业改造特别寄予厚望。这就需要推进信息化与工业化深度融合，着力培育战略性新兴产业，大力发展服务业特别是现代服务业，积极培育新业态和新商业模式，构建现代产业发展新体系。

目前，地市级政府关注的高新技术产业主要是前沿科技的研发和发展高端技术产业集群，包括大数据、云计算、"互联网+"、3D打印、物联网等新兴产业和业态，也包括工业制造中的人工智能，以及新一代信息技术、高端装备、新材料、生物、新能源汽车、新能源、节能环保、数字创意等战略性新兴产业，还涉及大规模定制化生产、精准医疗、金融服务、现代科技农业等新型业态。党的十九大报告强调，要把提高供给体系质量作为主攻方向，要加快发展现代制造业，推动互联网、大数据、人工智能和实体经济深度融合，促使新业态、新产业持续快速成长。随着地市级政府支持高新技术产业发展实践的探索逐渐深入，当前地市级政府支持高新技术产业发展的途径也从单纯的硬性扶持投入逐渐转向通过政策扶持和地方政府投资公司市场化支持兼顾的方式。国有资本主动向高新技术产业倾斜，给予高新技术企业产业政策支持，涉及载体提供、服务配套、运行补贴、金融支持、人才服务等。这一方面承载产业园区建设运营，另一方面以地方国有投资公司为主体，以"债权+股权"模式，通过科技金融手段帮助高新技术企业推进科技创新、技术转化和实现产业化。地市级国有投资公司与产业化公司共同出资设立项目公司，带动形成产业生态圈，促进高新技术的突破。例如，2017年河南省地市级新增投资有65%以上投向战略性新兴产业、先进制造业、现代服务业、基础设施和民生保障四大领域。

地市级政府支持高新技术产业发展体现了政府指导、协调和规划高新技术产业发展的方向。地市级政府对高新技术产业的支持主要体现在资源类支持（土地、房产、补贴、财税减免等）和金融类支持（专业金融服务平台、风险投资、产业投资、担保贷款、银行贴息等），并贯穿产业项目实施的全过程。具体形式包括产业园区载体建设及提供优质高效的园区配套服务、产业生态圈打造、金融类资金支持、协同产业上下游生态圈建设、高端专业人才及人力资源服务等。党的十九大以来，政府在支持产业发展的新策略和新路径方面进行了诸多探索和尝试，更加注重对战略性新兴产业和高新技术中小企业的支持以及产业生态系统的打造。政府资源从线上线下多渠道与高新技术企业建立合作关系，整合集聚区域内的各类服务要素，形成平台化、圈层化的形态，与高新技术产业共同发展。

突破带动型高新技术产业不是泛指所有的高新技术产业，而是根据地市级政府的经济要素禀赋条件，按照产业发挥带动作用的程度划分的。在国家高新技术产业名录中被认定的高新技术产业，如果在不同的地区缺乏发展这类高新技术产业的禀赋条件，或者该产业在该区域不能有效带动经济和社会发展，对于该地区来说都不能算是高新技术产业。

河南省地市级政府对突破带动型高新技术产业的认识来自社会经济发展的现实状况。早在2004年3月的十届全国人大二次会议上，国务院在政府工作报告中就对河南省社会经济发展有明确要求。其中首次明确提出了"促进中部地区崛起"的理念，这为中部地区的发展提供了重要的政策机遇。河南省人口占全国人口的8%左右。在中部六省中，河南省的地区生产总值占全国GDP的5%左右。而且，河南省在人口增长率、财政收入增长率以及资本形成增长率上也有明显优势。河南省处在黄河经济带和长江经济带范围内，就城市化发展实力和潜力来看，中原城市群以郑州为中心，也是中部崛起战略中的重要城市群。21 世纪以来，河南省经济飞速发展，占全国 GDP 的比重越来越大，对全国经济增长贡献越来越大。河南省经济在中部乃至全国地位不断上升。

但是，"三农"问题是河南省面对的突出问题，也是河南省未来提升综合经济实力的支点。目前，河南省农业生产普遍存在着低水平、阶段性的相对过剩，在国际市场竞争中尚不具备价格优势。农业生产面临着结构调整，走优质化、产业化开发的路子。一是调整农业布局结构，压缩劣质粮食的种植面积，发展国外、国内两大市场上适销对路的多样化农产品。二是调整农业品种结构，引进和推广优良品种。三是调整大农业内部结构，不能以牺牲生态环境为代价来发展粮食生产。从现有的产业基础分析，河南省各地的产业大多数还是以资源型为主，必须推进经济结构的战略性调整，即必须大力发展河南省的第三产业，加快发展物流、金融、信息、房地产等现代服务业和新兴服务业，改造传统服务业，培育文化产业和旅游产业等新的支柱产业。河南省发展壮大优势产业，促进生产要素向优势企业、优势产业和优势区域集中，通过集群、集约，提高经济支柱的增长质量。

河南省各地加快城镇化发展已经成为一种大趋势。2003 年，在中共河南省委制定的《河南省全面建设小康社会规划纲要》中，提出了中原城市群的概念，并作为实施中心城市带动战略的重要发展思路进行布局。中原城市群以省会郑州为中心，包括洛阳、开封、新乡、焦作、许昌、平顶山、漯河、济源，共 9 个省辖（管）市，土地面积 5.87 万平方公里，人口 3872 万，是河南省经济发展的核心区域。加快中原城市群发展是符合河南省经济发展实际的重大战略决策，具有十分重要的意义。

此外，河南省受自然和社会经济条件的影响，劳动力资源的分布极不平衡。豫北和黄河以南、京广线以东地区，由于地势平坦，耕作便利，劳动力资源相对密集，在土地面积不足全省 41% 的土地上，集中了全省 48% 的劳动力资源，人口密度高达 280 人/平方公里以上。而在土地面积占全省 43% 的豫西山区，劳动力资源却仅占全省的 32.5%，人口密度为 180 人/平方公里。全省农村剩余劳动力占农村劳动力的 30%，其中有大约一半从事公交、建筑、第三产业以及外出务工，还有约一半的农村剩余劳动力被禁锢在有限的土地上而亟待转移，而且每年新增的劳动力也大部分来自农村。河南省的人口素质虽然有所提高，但农村基础教育堪忧。河南省的教育事业还比较落后，这种落后状况在农村更为严重，人口素质结构在城乡发展中极不平衡。地市级城市作为地区的政治、经济、文化中心，聚集了河南省绝大多数教育科研机构，吸引了大量的科学技术人才。省内城市拥有本科文化程度的人数相当于农村的20倍，中专和高中文化程度的人数也分别相当于农村的5.5倍和2.5倍。各类专业技术人员的城乡分布也很不平衡，每万人拥有的专业技术人员数量中，城镇是农村的3.5倍。从近几年的发展情况看，这种差别不仅没有缩小，而且还有明显的扩大趋势。地市级数量有限的农村高素质人才也集中在县城，在乡镇以下的就非常少。农村文盲和半文盲的人口占了绝大多数，中小学辍学率偏高。这种情况不利于农村科学技术的普及，不利于农村产业结构调整，不利于农村经济的发展。

根据河南省社会经济发展的现状，结合国家高新技术产业发展名录，河南省突破带动型高新技术产业有以下特点：

首先，不能是重复引进和技术严重模仿型企业。因为改革开放以来，河南省每次出现经济过热的现象都与企业盲目扩大生产和重复引进密切相关，这段时期也是企业低水平仿制与低端技术产品迅速扩散时期。这一时期，参与技术创新和技术引进的大部分企业因缺乏科学的论证，盲目引进外部资金，忽视自身优势。而经济紧缩时期，大批企业的仿制产品因无市场需求而闲置积压，从而导致经济出现周期性的波动。当前，许多大中型企业出现亏损，技术创新工作进入了步履维艰阶段，也是重复引进、盲目上项目造成的。统计局的资料显示，对省市亏损企业的调查发现，近80%的亏损是经营管理不善、技术严重模仿甚至盲目引进导致的。

其次，河南省突破带动型高新技术产业要符合社会经济发展现实。河南省工业化发展与国内发达地区相比存在明显滞后现象。河南省的科学教育还处在"三无"阶段，即无重点院校、无学部委员、无尖端研究。河南省人还受因循保守的思想影响，由于观念落后，科技意识不强，省内企业的科技进步内在需求机制严重缺乏。许多企业不注重技术改造和产品更新，只注重粗放式、外延式再生产，铺摊子、上规模，通过增加人力和设备来达到发展经济的目的。这些因素导致了 R&D 投资占固定资产投资的比例增长较慢。统计表明，河南省企业 R&D 经费，平均占销售收入比重不足 0.5%，而发达国家为 3%~5%，世界著名大企业占 5%~10%。在对待科技人才方面，河南省也明显表现出人才竞争意识不强。例如，国有企业在奖金的分配上，高级工程师与副科级干部等同，工程师与科员等同，由此而造成的科技人才外流当然也就在所难免。

再次，河南省突破带动型高新技术产业不能只是高技术的应用者。高技术转移的主渠道在企业与企业之间，高技术企业和大跨国公司是主要的技术源。据统计，高技术贸易的 80% 是在高新技术企业和跨国公司之间进行的。而河南省企业目前还只是技术的应用者，企业虽然有 R&D 机构，但并没有充分利用起来，只能从事一般性的技术工作。

最后，河南省突破带动型高新技术产业要选择与河南省经济发展匹配的项目，河南省目前的项目选择还不能满足技术创新的需求。在企业技术创新机构的建立和完善中，创新的项目堪称关键，因为只有选择高质量和高市场潜力的项目，才会有相应的资金、人才和设备的引进，也才会有技术创新各个环节的协调衔接。地市级政府原有机制的不完善之处也只有在项目运作时才能充分暴露。但是不少企业家认为在企业技术创新存在问题中第一位的不是创新项目，而是缺乏创新资金，这是传统企业家的生产与创新观念形成的。研究表明，对于项目选择起决定作用的是专业技术能力，其中大学文化的分值为 9.2，而大学以下的分值仅为 3.2。企业家调查系统数据显示，河南省地市级青年企业家有大学以上文化程度的不到 30%，而其中真正从事技术工作，能称为技术专家和管理专家的更少。因此，河南省在突破带动型高新技术产业项目选择方面需要有技术能力的企业家根据河南省要素禀赋条件决定，而不是由政府官员认定。

综上所述，河南省地市级政府对突破带动型高新技术产业界定还没有形成固定的认知，甚至还处在被动应付上级督查、盲目引进项目、凑数量阶段。这其中也有地市级政府管理人员不懂得哪些属于高新技术产业的因素。2019 年 11 月，中央电视台报道的中国科技大学阻燃漆现象就反映了典型的地方政府不懂得什么才是高新技术企业的问题。阻燃漆看起来类似油漆，是科学家经过长期试验研发的高新技术产品，它在 1000℃ 的高温下不燃烧，涂在木质或其他物体表面都可以形成很好的防火保护层。这在古建筑保护、公交车辆安全、公共场所的防火等领域具有巨大的应用潜力。然而当中国科技大学教授找到地方政府，想要投入生产时，却受到政府管理部门的质问，甚至还被怀疑用一般的油漆冒充高新技术产品。地方政府不敢按照高新技术企业优惠政策实施奖励措施。这个例子充分说明了政府管理者不懂得什么是高新技术产品。中国科技大学教授好不容易找到了一个地方政府愿意提供帮助，然而，在获得政府对高新技术企业支持时，政府管理部门又认为教授们是在实验室完成的产品，没有重型装备设施，不符合高新技术产业支持的条件而拒绝给予相应的优惠支持。据统计，2018年全国高等院校科研团队研究成果与企业签订的转让合同价值达到370多亿元，但是能真正形成高新技术企业的，远低于发达国家的水准。这就说明地方政府对高新技术产业的甄别机制还存在明显问题。

第四章
河南省突破带动型高新技术产业发展现状

河南省突破带动型高新技术产业发展虽说在政府的推动下取得了一定的成绩，但整体上还处于起步阶段。由于政府对高新技术产业的突破带动作用没有足够的认识，地方政府并没有形成突破带动型高新技术产业发展的思维模式，基本上还是按照笼统的高新技术产业的界定方式进行管理和支持。

一、高新技术产业处于跟随型发展阶段

河南省发展高新技术产业与全国的做法基本一致，基本是由政府设立高新技术开发区，以实现高新技术的产业化。在国家层面，北京、上海、武汉以及苏州等地先后建立了国家级高新技术开发区，主要采用优惠政策、政府采购、研发投入等措施支持高新技术产业发展（见表4-1）。

表4-1 典型区域支持高新技术产业发展的主要做法

高新区	重点高新技术产业	支持高新技术产业发展的主要做法
北京中关村	互联网+、移动互联网和新一代移动通信、卫星应用、生物和健康、节能环保以及轨道交通等6大优势产业集群；集成电路、新材料、高端装备与通用航空、新能源和新能源汽车等4大潜力产业集群	采用优惠政策、政府采购、研发投入等多种形式；以基础研究为主，同时注重成果的转化，建立了产学研紧密合作的创新模式；促进人才的引进、培养与激励，出台了一系列政策措施；对风险投资从政策、资金等方面给予了大力支持，设立有创投基金和专项资金奖励创业投资机构
上海张江高新区	集成电路、软件、生物医药	做好园区知识产权保护工作；提供金融资本，促进金融机构及资本集聚；加大债权融资力度；创造最佳软环境，提升园区服务能力；集聚研发机构、研发组织、科技型企业总部及研发中心领衔的科技高地和创新集聚地

续表

高新区	重点高新技术产业	支持高新技术产业发展的主要做法
武汉东湖高新区	光电子信息、生物医药、新能源环保、高端装备制造、高新技术服务业	大力推进先行先试，加快建设自由创新区；提升创新引擎动力，实施光谷合伙人计划；加速天使投资发展，建设科技金融特区，鼓励和支持众创空间发展，持续举办各类创新创业活动；弘扬创新创业文化，营造创新创业土壤和生态；促进人才、技术、资本等要素自由流动和高效配置，全面提升科技创新体系效能
苏州高新区	新一代互联网技术、云计算、物联网技术、知识产权服务、教育培训、创意办公等现代服务业	集聚高端人才和科技资源，增强支撑力和驱动力；人才集聚、领军人才引进、人才资金投入、创业创新载体建设；加大财政投入，不断增强科技创新对经济社会发展的支撑力和驱动力

资料来源：通过整理文献而得。

1991年3月，河南省创建第一个高新技术产业开发区，即郑州高新技术产业开发区。随后，河南省不断加大高新区的建设力度，陆续在郑州、洛阳和新乡等地建设了多个高新技术开发区。特别是2016年，河南省新设立了郑州金水、长垣、汤阴等11个省级高新区。截至2017年，河南省拥有32个高新技术开发区，其中，国家级高新技术开发区7个，省级高新技术开发区25个，基本涵盖了河南省的所有地市。高新技术开发区的布局基本形成规模。2016年4月5日，郑州、洛阳和新乡国家自主创新示范区获批，简称郑洛新国家自主创新示范区。2016年5月27日，河南省委、省政府印发《郑洛新国家自主创新示范区建设实施方案》，定位郑洛新国家自主创新示范区为引领带动全省创新驱动发展的综合载体和增长极。省政府谋划郑洛新成立开放创新先导区、技术转移集聚区、转型升级引领区、创新创业生态区，并提出了"一中心四区"的自主创新示范区发展格局。省政府还谋划将郑洛新示范区建成具有国际竞争力的中原创新创业中心，并上升为示范区的总定位和建设的总体目标。河南省的"四个具体"定位体现了高新技术产业发展路径和模式，为河南省高新技术产业发展指明了方向。

纵观河南省高新区的发展，依次经历了土地开发、政策优惠等依靠要素驱动的起步阶段。近年来，河南省委、省政府把高新技术开发区作为发展高新技术产业的重要载体,并作为推进产业集聚,促进产业转型升级,从而实现经济发展方式转变的抓手,无疑提升了高新技术产业发展的层次。总体看,河南省高新技术产业涉及领域较广,目前已经涵盖了电子信息、智能电网、新能源汽车、生物医药、新材料、节能环保等众多领域,同时,河南省高新技术产业的影响力也有了大幅的提升,比如取得了超大断面矩形盾构机、高压大容量柔性直流输电装备、小麦新品种"矮抗58"、甲型H1N1流感病毒裂解疫苗等一批在全国具有重大影响的科技成果,实现了粮食作物主导品种新一轮更新换代。2015年全省高新技术企业总数达到1353家,是2010年的1.6倍,规模以上高新技术产业增加值达到5376亿元,占规模以上工业增加值的33.3%。2016年4月,郑洛新国家自主创新示范区正式获批后,河南省已经成为全国第12个拥有国家自主创新示范区的省份。目前已有个别领域进入国家前列。郑洛新国家自主创新示范区是河南省高新区协同创新、融合发展的一个缩影。在国家政策引导下,河南省大力推进协同创新工作,先后遴选了33个河南省高校协同创新中心,其中国家级的1个,省级的32个。这些协同创新中心会聚了一批创新人才和创新团队,初步实现了创新主体、创新平台、创新载体、创新人才和创新机制等各类技术创新资源要素的整合。目前,河南省建立省级以上产业技术创新战略联盟92家,其中国家级产业技术创新战略联盟4家。联盟成员单位包括了1100多家省内外企业、高等院校和科研机构,其中,有900余家企业参与,有70余家高校参与,有130余家科研机构参与。近年来,河南省加快了大学科技园建设步伐,一批大学科技园应运而生。大学科技园与河南省高校协同创新中心、河南省产业技术创新战略联盟等,作为产学研协同创新的重要平台,促进了创新创业主体间的合作,初步实现了创新资源的融合,为高新技术产业的健康快速发展奠定了坚实基础。

河南省的高新技术产业与其他省份的高新技术产业基本一样,主要集中在医药制造、航空航天及设备制造业、电子及通信设备制造业、计算机及办公设备、医疗仪器设备及仪器仪表制造业等领域。2015年,河南省又新增了4个国家级高新技术产业基地,分别是许昌电力电子设备、洛阳高端装备制造、新乡制冷和信阳绿色建材。截至目前,河南省国家级产业基地数量已经达到23家,在中部地区的排名比较靠前。从河南省高新技术产业的规模来看,2015年高新技术企业数量达到1176家,主营业务收入达到6653.76亿元，实现的利润总额为408.30亿元。2011—2015年，河南省高新技术企业数量以及高新技术产业的主营业务收入和利润总额都有了大幅度的提高。

目前河南省从事高新技术产业的人员数量也不断增加。2015年从事高新技术产业的人数达到567026人，比2010年增加了1.46倍，比2014年增加了87140人。从河南省高新技术产业创新投入产出水平来分析，2015年河南省高新技术产品研发经费投入为40.55亿元，R&D经费内部投入是43.91亿元。高新技术研发人员折合全时当量数达到20524.90人。在产品研发经费中新产品研发经费投入占到R&D经费内部投入的92.35%。这说明河南省在新产品研发方面的投入增长还是很快的。同时参与高新技术产业的研发人员数量也呈现不断增长趋势。2010年河南省高新技术人员387385人，到2015年高新技术研发人员达到了567026人，2015年比2010年研发人员增加了179641人，增长了46%。

随着河南省高新技术产业区的不断增加以及科技创新要求强化，省域内的科技机构数量也不断增加，创新投入水平也有了很大的提升。2015年的高新技术企业为1176家，研发机构为310家，分别较2011年增加了453家和120家，分别是2011年的1.63倍和1.64倍。2015年高新技术专利申请数量为2174件，是2011年的1.35倍。与此同时，河南省2015年实现新产品销售收入2894.51亿元，是2011年的21.22倍，新产品销售收入实现了爆发式增长。这些成绩是河南省跟随全国其他省份高新技术产业取得的，是在全国大规模招商引资阶段形成的阶段性成绩。

以濮阳为例分析高新技术产业发展存在的明显跟随性。濮阳市2014年高新技术产业总产值320亿元，增速24%，高新技术产业增加值达到150亿元，占规模以上工业增加值的23%。在全球经济放缓的情况下，濮阳高新技术产业能够增长这么快，显得有些"雨后春笋"的势头。然而，濮阳原来的工业基础并不突出。濮阳市在2014年一年内就依托高新技术企业实施了7项重大科技专项，投入科技经费365万元，带动企业投入科技研发资金1.2亿元。项目完成后，预计实现销售收入2.8亿元，利税6000万元，给人的感觉是临时上阵，没有认真分析和研究社会经济状况。例如，濮阳惠成电子材料股份有限公司的"氢化双酚A的研究开发项目"采用新型催化剂和新的工艺路线，研究确定最佳提纯工艺和设备，可以解决催化剂的回收利用问题，提高产品纯度，使得工艺无残留。此外，中原特车有限公司的数字化控制同步往复式丛式井钻机，提高了钻机搬迁速度，提高自动化、智能化水平，可替代国外技术。濮阳的这些高技术产业在同行业中都不是最先进的，基本是从外省引进来的技术。濮阳市政府也坦言，实施"自主创新体系建设工程"，通过建设工程技术研究中心完善高新技术企业科技基础设施，是通过引进了一批科技创新团队，增加了企业技术研发人员完成的，并不是企业自身发展形成的科研实力。濮阳还依托河南省君恒实业集团生物科技有限公司组建"河南省长链二元酸工程技术研究中心"，有效集聚了科技研发资源，充分发挥了高等院校、科研机构的科技优势和人才优势，提升了企业的综合研发能力，依托科技企业孵化器和入孵企业建立公共技术服务平台，为科技型中小企业快速成长提供技术支撑。

从整体上看，濮阳高新技术产业的发展是跟随先进省市高新技术产业而引进的技术，缺乏本地培育高新技术产业的能力。因此说高新技术产业的冒进容易引起技术和资源的不匹配，不能在本地区形成突破带动能力。之所以能够短时期内引进大量高新技术企业，是因为政府提供了多种优惠政策。濮阳市强调为300家科技型中小企业落实创新发展的优惠政策，强化对各县区科技局、高新区管委会的工作指导，把对市、区政府优惠措施分解成年度工作目标，落实工作责任，突击性地让全市科技型中小企业申请高新技术企业，每年都要认定一批企业，复审一批企业，储备一批企业，保证整个城市的高新技术企业的数量能够快速增长。

河南省高新技术产业跟随发展最为典型的就是开封市尉氏县引进皓月集团的例子。皓月集团原来是属于吉林省的高新技术企业，主要生产牛羊肉加工产品，在国内外都有一定的声誉。开封尉氏县在招商引资过程中和皓月集团有了接触，随即产生了将皓月集团引进开封的想法。2005年，河南省把引进皓月集团作为"十一五"省级重点项目督办，省长亲自抓这项工程，还将其定为省内十大工程之一。开封市更是将引进皓月集团作为高新技术产业发展的标志性工程，尉氏县全力以赴做好具体联络和基础性工作，包括前期的征地、通路、通电以及安全保卫等。河南省把中原皓月集团作为省内食品工业重点规划项目，河南省百户重点工业企业，国家民委、中国人民银行、财政部指定的国家少数民族特需商品定点生产企业项目。经过省市县三级政府的不懈努力，皓月集团答应在尉氏投资。双方协商的结果是：成立中原皓月清真食品工业有限公司，占地2663亩，总投资是6亿元。公司主要从事集良种牛繁育、肉牛饲养、屠宰分割、熟食生产、饲料加工、有机肥生产、活畜交易、物流配送、旅游观光等为一体的现代肉牛产业综合加工项目。公司将依托中原地区丰富优质肉牛资源优势和长春皓月集团现有成熟稳固的营销网络，并结合现代先进的屠宰技术，采用"幻觉引导、激光点穴、阿訇主刀、旋转定位、机械剥皮、自动劈半、分级预冷、骨髓分离、胆汁提取、肠衣制作"皓月特有的专利屠宰技术，在屠宰、分割整个过程中采用低温无菌技术，使牛肉低温保鲜期延长到100天。项目产品为低温冷鲜部位牛肉、冷冻部位牛肉、中式腌制肉制品等200个生品、熟品、副产品。企业建成后，可年屠宰肉牛20万头，生产高档分割牛肉及普通分割牛肉4万吨，熟食制品2万吨，生化制品200吨。预期可以实现销售收入30亿元，利税3亿元。这样的项目在河南省这一农业大省对相关产业的带动作用确实不能低估。

然而，令很多人没有想到的是，长春皓月集团并不看好在开封尉氏县投资这样一个牛羊肉加工生产基地，因为河南省已经有一个"双汇"集团公司，与皓月集团存在严重的产品可替代性，而且河南省作为一个内陆省份缺乏大量饲养牛羊等食草家畜的条件。皓月集团认为，在企业的发展上，河南省无法提供充足的牛羊供应，长期看违背了河南省社会经济发展要素禀赋规律。因此，这一项目在尉氏县迟迟不能开工。2011年7月10日下午，开封市委书记带领一班人到尉氏县河南省中原皓月清真食品工业有限公司调研，特别强调定了的事就立即做，要时不我待抓投产。市委书记实地察看了中原皓月项目生产线，听取了企业负责人对企业发展有关情况的汇报，了解了影响企业投产的原因，指出中原皓月清真食品工业有限公司的投产关系到企业信誉，关系到政府形象，要求公司抓住目前有利的市场机遇，遵循市场规律，尽快制订一揽子计划，拿出正式的投产方案，把准备工作做扎实，多管齐下，力争早日投产，同时要求积极与各方协商，拓宽融资思路，妥善解决资金瓶颈问题，还指出了要立足自身实际，培养好自己的采购团队，准确把握市场信息，保证稳定的牛源供应，把企业做大做强。遗憾的是，该高新技术产业项目直到现在也没有投产。政府征收的土地、前期的各项投资全部闲置。

这个例子说明河南省在高新技术产业方面存在着明显的跟随发展的现象，不少高新技术产业不是本地衍生出来的，而是引进来的。不少被引进的公司从根本上就与河南省的社会经济发展现实不符合。

二、高新技术产业同质化现象明显

河南省社会经济发展得益于高新技术产业的发展。河南省的工业整体水平不高，在众多传统中小企业难以维持生计的情况下，一些具有高新技术特色的大型企业为河南省经济发展做出了贡献。据统计，2016年全省高新技术产业的增加值增长了15.5%，比全省规模以上的工业增速还高了7.5个百分点。全年高新技术产品出口总额达到1879.28亿元，比上年增长了8.7%。高新技术产业发展在一定程度上带动了整体经济发展，例如，2016年河南省高新技术产业实现生产总值40160.01亿元，比2015年增长8.1%，增长速度高于全国平均水平1.4个百分点。2016年河南省第一产业增加了4286.30亿元，增长率为4.2%；第二产业增加了19055.44亿元，增长率为7.5%；第三产业增加了16818.27亿元，增长率为9.9%。河南省服务业所占的比重和贡献率都有所提高。服务业中采用高新技术的企业数量明显增加。2016年服务业总额占GDP比重达到了41.9%，对GDP增长贡献率达到了49.3%，成为全省经济增长的主要拉动力量。统计数据显示，2016年4月，河南省国家级科技企业孵化器总数达到24家，省级以上各类创新创业孵化载体达125家。但是，河南省高新技术产业"趋同"现象比较明显。综观河南省高新技术产业发展情况，我们认为河南省高新技术产业发展质量不高，辐射带动作用不强，创新型产业集群的数量偏少，而且创新型企业的影响力也不大。有些高新技术园区只是围绕一两个产业进行发展，这样就违背了发展高新技术产业园区的初衷。例如，民权高新技术开发区的制冷产业以及中牟高新技术开发区的汽车产业等。虽然说这些高新技术产业园区的产业定位比较清楚，但是由于关联产业较少，企业之间相互学习以及开发新产品的能力大打折扣。这种高新技术园区内只有少量高新技术产业的现象并不是少数，据统计，在全省有三个或三个以下产业的高新技术区占80%，这样不仅不能形成有效的企业关联度，而且不能形成覆盖产业上游、中游、下游的完整产业链。河南省的高新技术产业主要集中在装备制造、新材料、生物制品、电子信息等领域。由于技术供给不足，产业转型升级进展缓慢，甚至导致了新的产能过剩。再加上区域内的经济互补性弱，缺乏有效协同，企业协同创新就成了空话。

河南省高新技术产业发展缺乏资源要素支撑。高新技术产业主要集聚在高新区。高新技术产业的发展普遍存在着产业定位与现有的大学资源、科研院所资源不衔接的现象。具体讲就是地方政府在确立高新技术产业发展方向时，没有对区域内的人才、技术平台、矿产资源、农业资源、工业类型等各种创新发展要素进行结合研究。地方政府缺乏对区域内发展高新技术产业的优势、劣势以及外部的机遇、威胁等进行的全面、系统、准确的分析。因此河南省高新技术产业发展缺乏应有的依托和支撑，更没有充分利用河南省的高校科研机构的合作优势。尽管河南省也搭建了协同创新中心、产业技术创新战略联盟、大学科技园等重要平台，但产学研协同创新的"壁垒"依然存在。因为，协同创新中心由高校牵头，主要目的是着力推进高校之间，高校与科研院所、企业、政府部门及国际社会的深度融合，探索建立适应特定需求、形式灵活多样的协同创新模式；而产业技术创新战略联盟则是由企业牵头，与高校、科研院所或其他社会组织一道，以企业的发展需要和相关方的共同利益为基础，以提升创新能力为目标，以具有法律约束力的合同协议为保障，形成优势互补、合作共赢、风险共担的技术创新合作组织。两者之间没有真正的交集，企业和高校之间也没有产生共鸣。高等院校的科技园是由科技、教育部门批准认定的科技创业服务机构，主要包括国家级和省级两类。大学科技园是大学推进行业科技进步和区域经济发展的重要创新源泉，是实现服务社会职能和产学研合作的重要平台。由于高校数量较少，科研院所与企业研发相互脱节，所以河南省高新技术产业发展普遍存在同质化现象，即一项技术成果同时在几个地方筹资办厂。

河南省的协同创新中心、产业技术创新联盟以及大学科技园这三家平台从职能上看是把产学研协同创新作为重要职能。但是，企业、高校、科研院所等创新主体之间的壁垒依然存在，例如，目前实际上的人员身份固化、职称评审羁绊等"后顾之忧"依然存在。这就导致了企业、高校、科研院所等创新主体之间故步自封，呈现出明显的单打独斗现象，还没有形成协同创新的合力。从本质上讲，河南省在推进产学研协同创新的过程中，影响科研成果转化的各种"障碍"必须要消除。目前河南省的大学及科研院所的科研情况一般可分为三类：第一类是做基础研究，占比达到20%；第二类是做应用基础研究，占比25%；第三类是做应用研究，占比在20%左右。其他都是从事日常的教学工作。大量的高校教师都是从事教学工作，占教师的30%多，从事应用基础研究的人员和做应用研究的人员加起来也不到50%，而且这些人员是河南省产学研合作的中坚力量。然而，他们的科研成果基本是"半成品"，绝大多数是不能拿来就用的，原因在于目前的政策设计以及管理措施与产学研协同创新的要求不一致。我们的科研管理的制度只是要求科研人员将项目做完，也就是说只要做到能够结项、鉴定、评奖就可以。这种科研成果距离拿出去实践应用还差很远。企业要应用这些没有完成的科研成果就显得十分困难，绝大多数企业不愿意去给自己找麻烦，因此，科研人员的研究就成了无用的废纸。

三、政府支持高新技术产业措施单一

河南省高新技术产业跟随全国发展，特别是郑、洛、新三地联合成为国家高新区以后，高新技术产业发展逐渐向规模化方向演变。统计显示，目前郑、洛、新三地的国家高新区研发投入占生产总值的比重已经达到5%，带动郑、洛、新三市研发投入占生产总值的比重达到2.5%；郑洛新高新技术示范区科技进步贡献率达到60%左右，带动全省科技进步贡献率达到50%左右。2016年，河南省每万人有效发明专利拥有量达到15件。同时，郑洛新高新技术区还建设了一批具有国际竞争力的创新平台，培养了一批科技创新领军人才，出现了一些创新团队和科技创新创业人才，形成了一批高水平的科技创新成果，也有一批创新能力强、特色鲜明的战略性新兴产业示范基地和园区逐步成形。郑洛新高新技术区的研发投入占生产总值的比重（R&D/GDP）不断提升，2015年R&D/GDP仅为1.19%，远低于全国平均水平，到2020年基本达到2.5%。应该指出的是，河南省高新技术产业中的能源、原材料工业占工业经济总量的60%左右，初级加工和中间产品比重大，产业链条短，中高端产品较少。例如，2006年河南省高新技术产业总产值与增加值分别占到工业总产值与增加值的3.3%和3.5%，而广东省高新技术产业总产值和增加值分别占工业总产值与增加值的29.0%和24.1%，江苏省高新技术产业总产值和增加值分别占工业总产值与增加值的18.2%和16.0%。

河南省高新技术产业的规模小，难以改变河南省的经济发展方式，不仅如此，河南省高新技术企业生产过程耗费资源的数量巨大。例如，2006年，河南省每万元工业增加值的能源消耗为3.78吨标准煤，比广东的1.51吨标准煤多2.27吨标准煤，比江苏多2.21吨标准煤。河南省每万元GDP能耗为1.34吨标准煤，比广东多0.57吨标准煤，比江苏多0.45吨标准煤。2006年河南省农业产值占GDP比重仍然高达16.4%。科技对粮食生产的贡献率和科技成果转化率分别为45%和40%，贡献率低于江苏的50%、广东的60%。整体分析，河南省科技进步对经济发展的贡献率只有43%，低于广东的50%和江苏的45.9%。另外，河南省工业中有自主知识产权的知名品牌较少，以企业为主体的自主创新体系尚未完全建立，还有相当一部分重点企业没有建立研发中心。河南省的原始创新、集成创新和消化吸收再创新能力都较弱。2006年，河南省研发投入占生产总值的比重仅为0.48%，相当于全国平均水平的1/3。每万人中从事科研活动人员为15人，大大低于全国43人的平均水平。从2006年河南省高新技术企业发展数据中看不出政府对高新技术产业支持的具体措施。鉴于政府在高新技术产业管理中的作用，我们认为政府的管理不到位是造成高新技术产业相对滞后的主要原因。

从当前河南省突破带动型高新技术产业发展状况看，地方政府尚没有真正考虑哪些高新技术产业能够为地方社会经济发展带来更多效应的问题，表现在地方政府一厢情愿地实施资源配送，尚没有对高新技术产业需要的资源进行细致的研究。因此，政府支持高新技术产业的方式具有一定的局限性，支持方法固化，也缺乏创新方法，支持的效应不高，资本的价值效用发挥不充分。河南省高新技术产业科研投入虽说逐年增长，但整体投入量不足，由此导致技术创新能力有待提升。例如，2004年河南省高新技术产业基本建设投资和更新改造投资为22.79亿元，占工业投资的6.1%，比2003年增长9.0%；研究与实验发展（R&D）经费内部支出为13536万元，比2003年增长3.0%，低于投资的增长速度。河南省高新技术产业的科技投入主要集中在产出较少的化学化工制造业。河南省高新技术的龙头产业医药和电子及通信设备制造业的科技投入仅与化学化工制造业相当。这说明高新技术科研投入结构还存在不合理现象。研究开发投入经费不足，导致河南省高新技术企业缺乏自主知识产权，技术创新能力较差。2004年河南省高技术产业从业人员为109391人，其中工程技术人员10711人。河南省316家高新技术企业中，只有37家设有独立的科研机构，企业全部科技活动人员9638人，占从业人员的8.8%。2002年河南省高新技术产业专利申请数仅为27件，专利授权数为15件，居全国高新技术产业专利授权数第18位，仅为广东省专利授权数的1/83。

突破带动型高新技术产业一般在知识积累达到一定阶段才能出现，而且突破带动型高新技术产业一旦技术有所突破，其技术的迭代也快。政府需要抢抓机会，更要通过多方面的持续投入来实现量变到质变的跃升。目前政府的支持手段以配送资源、补贴资金、税费减免等直接方式为主。这样的静态支持成本过大，成效也不显著，国有资本的增值效用也不能显现出来。此外，政府的支持存在着支持体系点多面广的问题，在企业发展前期有过多的直接扶持和前期集中投入，就必然导致高新技术企业有依赖思想，创新的积极性和主动性相对缺乏，政府的支持效率低下。政府的支持还存在着体制机制没有随着产业的发展和技术水平的提升适时调整的问题，如国有投资公司的深化改革不到位，很难在后端实现与企业"共生"，投资效应没有发挥出来，也不能实现投资公司与产业红利共享机制。

造成这些问题的原因在于：一是观念陈旧。传统的观念只是关注于眼前和当下的政策支持情况，政府的扶持手段局限于补贴方式，而现有的经济形态已经由传统的高速增长向高质量增长转变，政府支持高新技术产业需要有新思维、新理念，需要与前沿科技的理念、自主研发的理念、技术革新的理念以及改革创新的理念相匹配。二是支持模式单一。政府在支持路径和模式选择上同质化现象比较明显。各地政府的支持手段没有变化，扶持方式都是单纯的硬投入和普惠性的政策支持。这样的支持模式试错的能力较弱，不能与转型期经济发展的需要相适应。政府与企业合作的方式停留在资金合作的层面上，没有形成催生企业内生性技术创新的模式。特别是政府投资机构没有与产业形成共生模式，不能与产业共享收益红利，很难培育出技术领先、拥有创新原动力和新动能的优质高新技术企业。三是国有资本的管理机制不能发挥支持效应。现有的国资监管方式与高新技术产业的技术创新项目需求已经不相适应，例如，国有资本投资的机制问题、国有资本投资的授权问题、国有资本的股权结构问题、国有资金进入和退出的机制问题以及国有资本的激励与约束问题等。由于国有资本在投资高新技术产业的过程中受到各种监管方式的约束，给地方国有投资公司在支持高新技术产业发展的过程中带来困扰，不能有效发挥支持高新技术产业创新作用。

四、高新技术产业带动作用欠佳

河南省的高新技术产业发展肩负着带动传统产业改造的重要任务。河南省利用高新技术产业调整和优化经济结构，也是突破带动能力的具体表现。从装备制造业领域看，河南省的综合实力相对较低，仅处于以机械化为主的单机自动化、刚性自动化阶段，数控机床拥有量仅占机床总量的0.7%，产品技术平均落后15~20年，严重制约了河南省产业结构调整。由于河南省传统产业的综合实力不强，也制约了高新技术在传统产业中的运用，不仅严重影响传统产业的改造升级，也严重阻碍了高新技术产业市场的扩大。由于河南省人口多，劳动力多，而劳动者素质偏低，只有大力发展劳动密集型的传统产业才能解决就业难题。否则，不仅会影响河南省经济社会大局的稳定，而且会影响河南省居民的收入增加。低收入进而影响到教育的投入、人口素质的提升以及消费结构的改善等，最终会影响到高新技术产业发展。目前河南省的传统产业仍是河南省的主要产业，支撑着河南省社会经济发展，因此，高新技术产业带动传统产业发展是河南省面临的重点问题。否则，河南省的传统产业会在质量、规模、效率和核心技术等方面与全国以及世界水平进一步拉大差距，失去原有的比较优势。

河南省高新技术改造传统产业是社会经济发展的必然要求。2005年初，河南省统计局对2004年企业经营和科技活动情况进行了调查。数据显示，全省高技术产业实现增加值51.39亿元，总产值达到160.62亿元，出口交货值17.96亿元，分别比2003年增长18.2%、19.0%、78.1%，略高于同期全部国有及规模以上工业的增长速度。高技术产业增加值占全省国内生产总值（GDP）的0.8%左右，占全部国有及规模以上工业增加值的3.6%，占全国高技术产业增加值3769亿元的1.4%，总量居全国第16位。利用高技术产业产值占制造业的比重衡量制造业产业结构优化程度，发现高技术产业总产值、增加值占制造业的比重均为5%，高技术产业的利税占制造业的比重为4.9%。2004年的高技术产业总产值、增加值以及高技术产业利税占制造业比重分别比全国平均水平低10.3个、9.3个、5.4个百分点。

　　河南省高新技术产业难以带动传统产业还在于其规模总量偏小。河南省高新技术产业主要集中在医药和电子及通信设备制造业，这两个产业的经济产值总量占全省高新技术产业的85%以上。例如，2004年高新技术产业利税额为14.75亿元，医药制造业利税额为7.75亿元，是高新技术产业创造利税的第一大户，占高新技术产业利税总额的52.54%。河南省电子及通信设备制造业利税额为4.87亿元，占高新技术产业利税总额的33.02%，是高新技术产业利税的第二大户。医药、医疗器械及仪器仪表制造业产值利税率在10%以上，高于整个制造业9%的水平。

　　在高新技术产业产品销售收入总额方面，2004年河南省的高新技术企业316家，总销售收入为152.48亿元，只有广东的1/28、江苏的1/12、山东的1/4。如果与2003年的中国普天信息产业集团公司销售收入的77亿美元、联想集团的39亿美元相比，河南省的高新技术产品销售收入存在很大差距。例如，2006年，洛阳市共有省级高新技术企业348家，高新技术产品744种。2006年洛阳规模以上高新技术产业实际工业总产值只有200亿元。尽管洛阳在全省的高新技术产业发展规模中排名第二，2006年销售收入比上年增加70亿元，高新技术产业销售收入约占全市规模以上工业增加值的14.8%，但仍然难以带动传统产业结构调整。2007年洛阳高新技术产业实现工业总产值320亿元，实现增加值95亿元，利税28亿元，出口创汇6.2亿元，分别比2006年同期增长60%、32%、28%、25%。洛阳的装备制造业、新材料、电子信息和生物工程与制药等高新技术产业领先其他城市。由于把大量的低端化、小规模、弱关联的高新技术企业都计算在内，直到2020年洛阳的高新技术产业带动传统产业发展仍不能令人满意。

　　洛阳的高新技术产业低端化，主要表现在洛阳统计的高新技术产业大多属于加工型企业，在拥有自主知识产权方面明显不足。用2008年国际新颁布的《高新技术企业认定管理办法》对照洛阳的高新技术产业，洛阳在2008年只有68家高新技术企业通过认定。这一结果说明，洛阳这样的工业城市在高新技术企业核心竞争力方面太弱。所谓洛阳的高新技术产业的小规模，主要是指洛阳的高新技术企业大多数隶属于国家部属科研院所。2006年，洛阳348家省级高新技术企业共完成产值200亿元，其中的12

家原部属科研院所，技工贸总收入 86 亿元，例如"七二五""六一二"等高科技企业，比较好的企业年产值也就 10 亿元。2006 年郑州全市高新技术工业总产值相对好一些，达到 746 亿元。2007 年郑州高新技术工业总产值达到 1000 亿元，当年销售收入超亿元的高新技术企业有 61 家，其中的宇通和中铝河南省分公司的年销售收入超百亿元。

所谓洛阳高新技术企业的弱关联，就是说洛阳的企业之间关联度弱。2006 年的统计数据显示，洛阳所拥有的 348 家高新技术企业广泛分布在机械、电子、化工、生物制药等十几个甚至几十个领域，呈现出较明显的弱关联特点。2008 年 2 月，国家发展改革委为了促使产业集聚，对高新技术产业发展具有优势和特色的地区授予高新技术产业基地之名。河南省南阳市被授予新能源产业基地，郑州被授予生物技术产业基地，而科研条件优越、行业优势明显的洛阳却榜上无名。这就充分说明洛阳的高新技术产业关联度弱，集聚效应不明显。由于规模小、企业关联性弱，洛阳的高新技术产业缺乏竞争力。洛阳统计局的数据显示，2006 年洛阳 800 多种高新技术产品中，没有一个是国际品牌，在国内知名的品牌也不足 10 个。从整体看，洛阳是河南省的工业大城市，但分析洛阳产业发展的结构可以看出，洛阳还没有形成相互关联、相互促进的产业链，不仅个体企业与外省相比存在差距，关联企业与外省比较也存在很大缺陷。由于高新技术产业与本地传统企业关联性弱，洛阳的科研优势并没有发挥带动作用。例如，洛阳在国家的西气东输、南水北调、鸟巢、水立方、国家大剧院、神舟飞船等工程项目中都有技术贡献，然而，这些技术成果并没有在洛阳发挥带动作用，相反在其他省市形成了技术优势。

第五章
研究理论基础

河南省高新技术产业发展面临生存和增长两个突出问题。从生存的角度分析，高新技术产业普遍存在引进和消化吸收的问题，即在本省高科技成果相对缺乏的背景下，如何引进外部高科技成果落地到河南省并成为自己的高新技术产业。从增长的角度看，高新技术产业面临着如何利用河南省的要素禀赋条件不断发展壮大自身的问题。本书依照经济增长的相关理论，分析河南省高新技术产业创新发展问题，可以为探索高新技术产业创新提供良好的思维方法，也是探讨如何破解高新技术产业创新发展难题的依据。

一、加尔布雷斯理论与高新技术产业生存和增长

加尔布雷斯理论的主要内容是探讨企业的发展问题，认为企业发展过程中追求的目标有两个：一是企业的生存；二是企业的增长。加尔布雷斯指出，一般学者认为企业发展过程中的一切行为表现，就在于企业试图最大化地追求其利润实现。这样的判断在市场化的部门中可能是正确的，因为在市场化的部门中，小企业所有者不可能与市场对立，必须顺应市场发展，因此会积极管理他们的企业以适应市场变化。但是一般学者不能解释那些在生产社会中最大企业存在更为重要的计划部门的情况。因为在计划部门中，企业的所有权和控制权是分离的。大型企业的所有者是数百万普通股的持有者，然而，这些普通股的持有人对公司的运营并没有实际的控制权。相反，企业的控制权由技术专家团体掌握着。技术专家团体是由那些行政人员、经理、工程师、科学家、产品计划者、市场研究者、市场营销人员等专业精英团队所组成。对某一个特定公司的表现不满的或者不高兴的股票持有者并不拥有解雇管理层的选择权。实际上，他们能够采取的

办法就是卖掉这个公司的股票而去选择购买其他公司的股票。加尔布雷斯认为，将技术专家团体的动机假设为将数百万不知名股票持有者的收益最大化是不现实的。事实上，这些技术专家团体追求的是更为复杂的两个目标，即保护性目标和积极性目标。

加尔布雷斯认为企业的保护性目标就是生存。企业的生存目标可以转化为获取足够利润，以使大多数股票持有者相对满意并能够提供足够的留存收益用于投资和增长。使这种低于最大化水平的利润能够得到保证的一种方式就是使产品价格免予竞争。这样做既可以采取直接固定价格的形式，也可以采取行业内部非正式价格协议的形式。这并非新古典经济学模型所暗含的固定价格以限制产出和最大化联合利润的目标。相反，这个目标是保证竞争企业获得一个满意的利润水平，从而使它们能够实现其保护性目标并且追求其积极性目标。

加尔布雷斯认为企业的积极性目标就是增长。企业的产出、销量和管理手段的提升，都是为了实现积极性目标。因为只有企业的增长能够为技术专家团体的成员提供更大的就业安全性和财务回报。寡头垄断理论认为，实现企业利润要靠寡头垄断，即独家占有市场，拥有独立定价权，然后才能实现寡头垄断产品的利润最大化。加尔布雷斯认为，寡头垄断理论是企业通过限制产量以提高产品价格从而增加利润。加尔布雷斯对此提出"最为新古典经济模型接受的观点是垄断价格比社会理想价格高，而产出却比社会理想产出低，公众会成为受害者。正是由于这种剥削，寡头垄断是邪恶的"。在加尔布雷斯理论中，寡头垄断者将价格固定在较低的水平上——能够获得最低利润并且总产出和销售量有扩张的余地。加尔布雷斯提出，如果企业目标是依靠寡头垄断获得增长，那么巨额的广告支出、赢取市场份额的各种活动、竞争性和非竞争性企业之间的非营利性并购等就都是有意义的。之后的学者按照加尔布雷斯的观点描述了一个"新古典经济学模型"，即较高的寡头垄断会垄断价格，同时会限制企业的产出。之所以如此，是因为它假设了一个并不被追求的目标，也就是利润最大化。

通过对加尔布雷斯理论的分析，我们看到他的理论包含着一些十分有趣的政策含义。一是传统的反托拉斯的努力应该被抛弃。他说"迄今为止还没有发生任何限制技术专家团体发展和成长的事情。大企业的成长是因为技术上的优势存在使之发展成为势在必行的事情"。二是企业的规模主要是由规模经济导致的，由巨额的研发预算和吸收新技术的能力形成的。三是试图通过公共政策限制垄断和遏制企业规模壮大是不可行的。

加尔布雷斯进一步研究认为，社会不应该仅仅追求自由放任的政策。他在《经济学与公共目标》（*Economics and the Public Purpose*）一书中提到，如果任凭企业垄断发展，那么经济发展可能除了对强势企业有利外，不会产生最优结果。他说，尽管对消费者的剥削并不是现代资本主义的问题，但是，计划体系对权力的使用确实产生了其他严重问题。公众必然通过政府从技术专家团体的手中夺取对经济中计划部门的控制权，以确保它为公共目标服务。这种控制权应该采取几种形式。例如，一个永久的公共价格和工资机构应该控制经济中最大的那些公司的价格，并且确保在集体谈判中的工资收益没有超过全国生产率的增长。他还提出应该成立一个公共计划当局，以联合主要的公司和工会来计划和协调经济活动，这个计划同时还必须与其他工业化国家协调经济计划一致。

加尔布雷斯理论对高新技术企业的发展同样适用。高新技术企业发展的首要目标是生存，因为高新技术企业风险高，解决生存问题是其最为关键的一步。河南省作为农业大省引进的高新技术企业的生存就是一个突出问题。从目前河南省制造业发展的特点看，制造业以农产品加工为主的现象仍然比较突出。从制造业数量看，2005年规模以上的制造业企业数量有13510家，到2016年制造业数量就达到了23679家，10年间增长约75.27%，平均每年增长7.527%。在企业数量增长的同时，制造业产品的质量也在不断提升，河南省的企业经济实力不断增强。制造业企业总产值从2007年的20100.82亿元增长至2016年的79404.82亿元，增长了约295.03%，年均增长约29.5%；主营业务收入由2007年的18936.82亿元增长至2016年的79657.15亿元，增长约320.65%，年均增长约32.07%；获利能力不断增强，利润总额从2007年的1941.51亿元增长至2016年的5240.61亿元，增长约169.92%，年均增长16.99%。

制造业行业分布集中。河南省制造业主要集中在煤炭、非金属矿物制造、通用设备等产业。据统计，2016年河南省制造业企业数量排名前十的行业分别为非金属矿物制品业4041家、农副食品加工业2115家、专用设备制造业 1343 家、化学原料及化学制品业 1321 家、通用设备制造业 1274 家、金属制品业 1064 家、食品制造业 982 家、电气机械及器材制造业 928 家、纺织业 908 家、橡胶和塑料制品业 847 家。这些行业企业合计 14823 家，占全省制造业企业总数的 66.46%，其中非金属矿物制品业和农副食品加工业的企业数量远超其他行业，分别占比 18.12% 和 9.48%。

从从业人员来看，2016 年河南省制造业的期末从业人员超过 30 万人的行业，有非金属矿物制品业，农副食品加工业，计算机、通信和其他电子设备制造业，专用设备制造业，纺织工业，化工原料及化学制品制造业，通用设备制造业，食品制造业，共吸收劳动力 328.71 万，占整个制造业期末从业人数的 52.9%。

从产值分布来看，2016 年河南省制造业产值排名前十的行业分别为非金属矿物制品业 9478.62 亿元，农副食品加工业 6830.48 亿元，有色金属冶炼及压延加工业 5350.12 亿元，化学原料及化学制品制造业 4355.69 亿元，专用设备制造业 4012.28 亿元，计算机、通信和其他电子设备制造业 3873.05 亿元，黑色金属冶炼及压延加工业 3640.4 亿元，电气机械及器材制造业 3540.01 亿元，通用设备制造业 3463.49 亿元，食品制造业 3229.61 亿元，共计 47773.75 亿元，占制造业总产值的 65.78%。在利润总额方面表现较为突出的是非金属矿物制品业、农副食品加工业、食品制造业、化学原料及化学制品制造业、电气机械及器材制造业 5 个行业，共实现利润总额 2159.23 亿元，占制造业营业利润的 42.29%，其余 84% 的行业实现制造业利润总额的 57.71%，具体如图 5-1 所示。

从以上企业个数及产值分布来看，非金属矿物制品业、农副产品加工业、汽车制造业等产业占据主导地位，制造业企业发展依然表现出强烈的资源依赖性。

河南省制造业发展主要依靠丰富的矿产资源和劳动力资源。例如，金属冶炼、煤炭制品等一般依赖资源禀赋，而专用设备制造业以及计算机、通信和其他电子设备制造业，航空航天及其他运输设备制造业等基本上依赖人力资源丰富的禀赋条件。制造业中对技术创新能力要求较高的行业发展依然落后，因此，河南省的技术创新能力的提升仍然迫在眉睫。

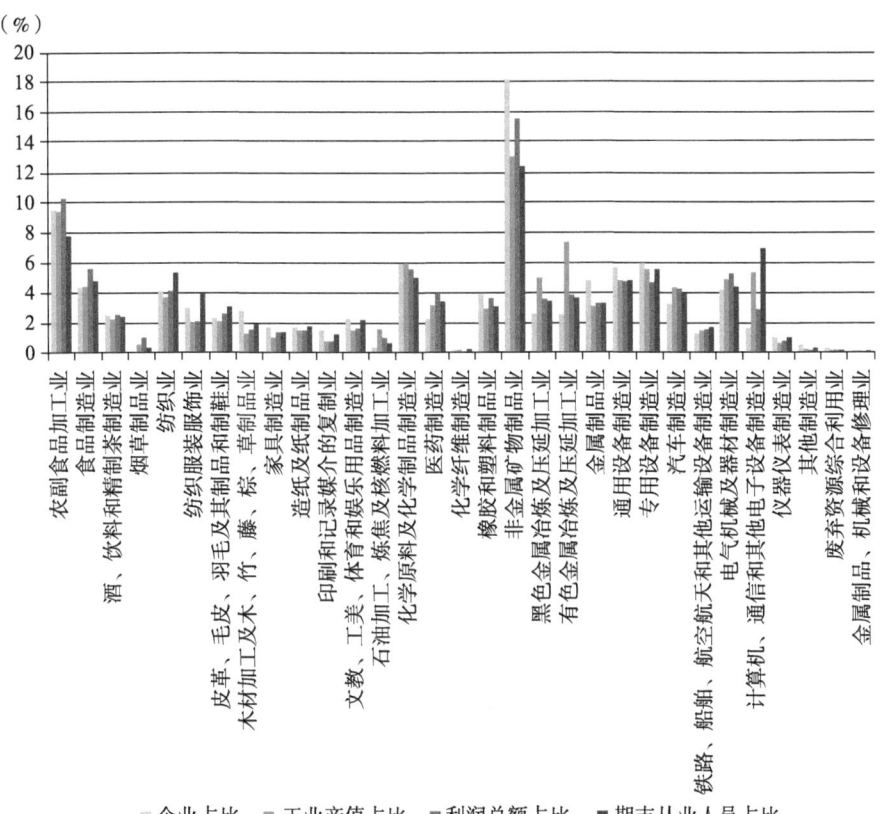

图 5-1 2016 年河南省制造业行业分布情况

二、熊彼特技术创新与高新技术企业发展

熊彼特被称为企业技术创新理论的鼻祖，在研究经济增长周期过程中发现技术创新对经济增长周期性变化的重要影响。熊彼特的技术创新理论主要是构建了一个理论框架用来解释经济周期和经济发展现象。他认为人类在经济发展进程中，经济增长变化的关键过程是技术创新，而最重要的创新要素是企业家。熊彼特把创新定义为提供商品方式发生的变化，例如，引入新的产品或者新的生产方式，或者是打开一个新的市场，或者是控制原材料或半成品的供应，或者是实行一种新的产业组织等。他特别指出创造一个新的垄断或打破一种垄断等也是创新。熊彼特认为创新不仅仅是指发明创造，他认为如果一项发明在开始的时候就失败了，或者说，一

项发明成果没有被应用，这样的发明就不能认为是创新。只有当一项发明被应用于工业过程中的时候，才能被称为创新。

熊彼特是重视企业家精神发展的主要学者之一。熊彼特创新理论提出企业家是那些执行新的组合、引入创新的人，不是所有的企业领导者、管理者或实业家都可以称为企业家，他们中的有些人可能在从不尝试新的思想或者新的做事方式的情况下经营企业，这些人顶多可以称为企业管理人员。企业家不应该是创新风险的承担者，企业家在创新中的风险应该由股东承担，股东通常是资本家或者是社会大众，而不是企业家。企业家可能与个人企业只有暂时的联系，作为其融资者或者发起人，但是在引入新的产品、新的生产过程和新的企业组织形式，或者在进入新的市场方面，企业家应该始终是开拓者。企业家是具有特殊能力的人，能够把握其他人忽视的机会，或者能够通过他们自己的勇气和想象力创造机会。

熊彼特认为创新应该是社会经济发展的主要内容，如果社会没有创新，社会经济生活将会达到静止均衡，并且年复一年的经济循环流动将会沿着大体相同的路径进行。利润和利息将会消失，财富的积累也将会停止。正是通过创新寻求利润的企业家，能够将这种静态的情况转化为动态的经济发展过程。企业家将会打破这种循环流动并且将劳动力和土地转移到投资中去。因为由循环流动产生的储蓄是不充足的，所以企业家依靠信贷为他的企业提供生产资料，由此所导致的经济发展来源于经济体系本身，而不是由外部强加的。熊彼特技术创新理论对企业的能力给予高度赞赏，认为它是社会经济发展的中坚力量。因此，一个地区或者一个国家拥有企业家精神就成为创新的重要指标。

熊彼特同时认为创新不会连续不断地发生，但是会聚集发生。最具有进取心和冒险精神的企业家的活动会创造一种有利的氛围，其他企业家会追随他们。当创新即将来临的时候，社会信用扩张，价格和收入上升，繁荣会普遍盛行，但这样的创新不会永远进行下去。经济繁荣会产生对其持续发展不利的因素，价格的上升会阻碍投资，新产品与旧产品的竞争会导致企业亏损。当企业家开始清偿债务时，社会经济出现通货紧缩的状况会进一步加剧，萧条将会取代繁荣。因此，经济波动代表了对创新的适应过程。经济体系将趋向于均衡，除非创新能经常打破这一趋势。熊彼特认为经济发展的过程也产生了经济波动，每一次萧条都代表着向新的均衡的艰难移动。

　　熊彼特技术创新理论之后，不少人提出了技术创新"线性模型"，即推动企业技术创新需要加大研发投入，增加高新技术产品的社会需求，依此规律可以拉动企业技术创新。如果深入探讨"线性模型"的来源，就要从1945年美国战时研究与发展局主任布什（Bush）递交给美国总统关于战后科技发展与美国竞争力关系的报告说起。1945年，美国总统根据该报告对美国科学、军事与工业界的一系列相关政策进行了调整。调整后的政策重点强调科学进步对美国赢得战争以及建设国家竞争力的重要性，在具体的实施过程中延续并发展了美国在战时依靠科技投入来赢得力量的做法，确立了美国在战后的企业生产、军事应用和科学研究紧密结合的体系。今天人们通常所指的"高新技术产业"，如电子工业及医疗卫生工业等，大部分都是布什报告中美国政府所特别强调的新兴产业。这份报告也被人们认为是创新的"线性模型"在政策实践中的重要起源，但后者已广泛地为学者们所批评，认为它与技术及工业的发展实践并不相符，更不应该用于指导发展政策。创新的线性模型认为科学发现可以直接导致技术创新，而技术则自然带来工业发展。在1945年报告中，布什认为进步依赖于新的科学知识，而基础研究则引领新的知识。后者被认为是"科学资本"，是工业发展的决定性因素。从当时的历史阶段来说，布什对基础研究的强调有其合理性，因为在第二次世界大战之前美国长期依靠从欧洲学习并引进的新知识和新技术，而第二次世界大战使欧洲变成一片废墟，令这种模式丧失了可持续性。因此对基础研究和前沿科技的强调，事实上是因为美国必须得转变模式，补上为本土绝大部分工业供应新知识、新技术这一环，这是维持其高速发展的根本。

　　应该说，布什及其追随者们的政策思想恰好符合了美国当时经济发展的需要，但是这一理论如果推广到更一般性的背景则是不科学的。从广义上来说，知识是社会与工业长期发展的核心推动力，但"线性模型"的问题并不在于知识是否重要，而在于对知识如何产生以及科学发现如何有效地工程化与商业化这些机制的认识。这一机制牵涉复杂的、系统性的技术因素、组织因素、制度因素和国际竞争因素，以至于整个创新过程都充满了不确定性，人们无法准确地预知某项创新是否会成功、在什么时候成功、以怎样的方式成功等。例如，布什强调了电子工业作为科学推动型高新技术产业的重要性，但晶体管刚开始被发明时，人们认为它只可能对提高助听器的效果会有所帮助，也就是说，晶体管的绝大部分功用并不是它的发明者最初所能预料或者计划的，而是在脱离最初的基础研发后被人们在不同的场合、为了不同目的开发出来的。还有大量的科学发现，即便人们做出大量的努力，也依然无法把它们成功地大规模商业化。例如，燃料电池发明于1839年，在过去将近200年的时间里，它在不同的时代里作为清洁和便携的动力模式被人们反复尝试，但依然没有被有效地大规模商业化。科学发现并不会自动转变为工业创新。

事实上，直接由科研组织进行"工业化活动"推动商业化的成功例子也是少有的。这并不是说科学发现或者高新技术突破没有意义，而是说创新——从知识的生产到其有效的工业化——其本质带有不确定性，其过程具有积累性。创新是一个连续积累的过程，往往需要与产业链、消费者多方互动；创新需要多种不同形式，来自不同主体的投入，还需要组织集体性的战略性学习，而不仅仅是个别科学家、发明家的科学发现或发明创造。同时，大量的创新活动所涉及的并不一定是新知识，而很可能只是对旧知识的首次应用，或者对旧知识的新组合。例如，电动车的框架在19世纪末已经发明，人们今天在电动车上所做的各种创新是把电动车的设想与各领域内的技术进行结合，不断完善以追求更好的效果。因此，创新并不必然依赖于科技发现以及前沿技术发明，技术进步对经济发展的作用机制与"线性模型"的描述并不相符。

在实践中，同样也有不少成功获得创新发展的国家并未出现过由"线性模型"主导的科技政策，或者采用过由"高新技术产业"驱动的工业政策，如日本在"二战"后显然是采取了一种以复合性的工业需求为中心驱动的模式，并以此来动员资源和社会参与。事实上，美国自身的工业发展实践也并不是按照"线性模型"展开的。例如，美国在"二战"后最关键的新技术之一计算机技术，就没有直接由实验室装备变成大众化消费品或者工业设备。相反，计算机技术是在满足军事和科研的短期目标后，由各种各样的工业机构和研究主体在不同的工业领域中通过漫长的开发过程逐步完善和发展起来的。在这个过程中，参与者从基础研发和军事项目中获得了一定的知识溢出，但他们在竞争中的研发投入和互相学习才是计算机技术演化发展过程的主体。即便如此，经济学家们还是抱怨，计算机这个自"二战"结束后的"明星技术/产业"直到 20 世纪 80 年代末，都没有如人们所期望的对生产率增长做出显著的贡献。而只有当计算机技术被拓展为大量与其最初（作为计算导弹弹道的大型仪器）的实验室形象截然不同的应用（如收银机、驾驶培训器和个人桌面电脑等），在包括传统产业在内的广泛领域得到普及后，它对经济发展的贡献才得以凸显出来。

"线性模型"之所以错误地把所有的知识都归为由科学发现，与"二战"结束时布什及其追随者为科研部门争取更多经费、强调科研部门在整个国家中的重要性的意图是分不开的。如果创新发展所需的知识都归因于基础科研，那么实现创新发展的政策手段就应当是投入大量的研究经费，或者支持基于科学的高新技术产业。正因为"线性模型"无法解释复杂的创新机制和创新过程，所以它的支持者们往往片面夸大那些简单易测量的变量对于整体经济发展的作用，如 R&D 投入、科技人员比例以及专利等，而并不论及组织、制度等变量，更不关注高新技术产业与传统产业的关系。因此，对"线性模型"的支持就成了对这些常见指标的支持。最后，这种"高新技术产业短视"片面地把大项目、高 R&D 投入、高科研人员投入或高专利申请量当作了"成功的创新"本身。尽管如此，创新的"线性思维"依然出于一些特殊的原因而为不少西方政策制定者所吹捧。公司资本主义（Corporate Capitalism）的崛起使得不少西方经理人青睐这种指标化的发展计划。而美苏军事对抗，尤其是苏联 20 世纪 50—60 年代在人造地球卫星等太空探索的重大科技项目上的领先，使得科技领域的"战争"主宰了西方国家的政策思维。而后，新兴的"美—欧—日"角逐又使得"高新技术产业短视"继续赢得市场，尽管这一政策思维的缺陷早已为大量学者所认识。

河南省低端制造业仍然占据重要的份额，企业技术创新应该走循序渐进的发展路径，从创新基本要素的积累到技术萌发需要长期的演变，因此，不能急于求成，更不能贪大求功。在河南省发展高新技术产业不能简单视为"线性模型"，只管大量投资就可以了，必须从人员、组织、政府支持等多方面着手，共同推动高新技术产业发展。

河南省存在潜在的突破带动能力。河南省虽然在完成国家指定的农业发展规划后，大力发展制造业，出现了一批如双汇集团、宇通客车制造、许昌继电集团这样的高新技术制造业，带动了河南省整个社会经济领域发展,然而,河南省的自我发展能力不足,很大程度上依赖外部经济技术。例如,河南省本土成长起来的企业是有限的,发展能力也是有限的。不少在河南省生产的企业是通过招商引资过来的,特别是高新技术产业更是依赖省外投资,甚至是来自国外的投资,例如,电子产品制造、生物科技等领域基本依靠省外资本和技术的注入。随着日常消费产品的销售日益呈现买方市场优势,河南省的传统制造业产品已经逐渐丧失了国内市场,更不用说去占领国外市场了,加上近几年劳动力成本提高,传统的制造业产品的成本优势也将荡然无存。随着中美贸易摩擦的日益加剧,不少在河南省投资的国外跨国企业为了保证廉价的劳动力,也为了分散汇率变动的风险,不断从河南省向东南亚国家转移投资。因此,提升河南省的企业技术创新能力就显得日益迫切,特别是在国家提出调整经济结构、经济增长动力换挡转型的过程中,如果河南省的技术创新能力不能得到有效的提升,企业的技术知识产权仍然不能掌握在自己手里,那么,河南省经济将在省内外投资者完成资本转移后越来越衰落,河南省的整体经济发展将会受到比较严重的冲击。

之所以说河南省存在潜在的突破带动能力,是因为河南省在国家重点工程项目中也发挥了重要作用,在某些领域能够起到突破带动作用。例如,我国2008年的"神舟七号"飞船成功发射,河南省参与了部分零部件的设计和制造。河南省的许继集团在高压变电设备研究方面在同类制造产品中位于世界前列,是国家先进制造业的楷模。此外,河南省的盾构机械设备制造享誉全球,河南省的电解铝生产也是具有一定竞争优势的产业。另外,河南省郑州、开封、洛阳、新乡、焦作等城市围绕河南省自贸区建设,大力发展创客空间,例如,郑州、洛阳和开封在近两年内发展创客几千个,仅开封就有300多个创客,其中也有一部分创客提出了很好的创意,特别是一些学者和大学毕业生在创新创业中提出了不少的技术创新方案,这些都是河南省产生突破带动型技术创新企业的萌芽。

河南省产学研联动形成突破带动能力的体系滞后。河南省高等院校一般都是省管高校,科研院所也是省级管理的为多,看起来高校和科研院所的技术开发能力有限,但是河南省已经拥有了与教育部管理的高等院校齐名的学府和专业,例如,郑州大学的化学化工、医疗卫生,河南大学的生物环境等,已经具备了产学研合作的基本条件。这些学校和专业建立的实验室，基本上拥有国家高层次实验设备，完全可以满足企业在这些领域的实验要求。也就是说，河南省还没有真正实现高等学校科研设备的全社会共享。这主要表现在由政府牵头搭建高校科研单位与企业交流的合作平台，在努力增强高校、科研单位与企业的合作研发等方面做得还不够。此外，产学研合作过程中相应的金融配套工程有待完善，学校和科研院所以及企业之间如果能够以政府担保的方式到银行融资，构建产学研合作研发的启动资金，对产学研合作将是很大的鼓励。因此，河南省需要进一步改善政府职能，由单纯的管理职能向积极服务产学研合作研究方向转变。

河南省的企业往往认为本土的研究机构层次低，不愿意与之合作。实际上，产学研合作成果表现在企业管理、技术创新等多方面，即便技术创新没有获得重大突破，研究机构也能在企业管理、绩效考核等方面出谋划策，让企业管理步入科学的轨道，这也是产学研合作的重要成果之一。目前，企业对产学研合作的理解仍是"有问题找专家"，没有问题不需要专家指导。企业家与科研院所专家之间尚没有实现定期的交流。河南省企业与科研院所没有形成深度合作机制。企业对科研院所承担的政府纵向课题漠不关心，也不能积极争取政府的有关创新项目。河南省企业在与国际企业的合作中基本上是购买人家的设备和技术，对如何形成自己的知识产权没有更深入思考，更加缺乏品牌意识。河南省的企业之间的科技文献共享服务平台还没有真正构建起来，无法实现技术共享、资源共用的局面，企业在技术创新科研活动中所必要的技术专题知识门户建设、基于学科的资源组织与服务的科研环境建设也没有完成。技术专题知识门户建设是通过建设学科馆员制度，对重点院所科研人员以及科研团队实施科技信息跟踪，及时为企业提供技术信息支持，便于企业进行技术创新时查询所需要的文献资料。技术专题知识库建设是河南省突破带动型高新技术企业诞生的主要策源地。

技术专题知识库建设是要按照科学研究工作流程，通过信息梳理将科技文献资源转化为信息服务体系，使信息服务体系成为一般知识化的内容，提高技术信息服务对用户需求和用户任务的支持强度。河南省技术创新需要联合开发信息体系，便于企业对所需要的相关知识，如科技论文、技术引文、技术机构、科技基金等的收集和利用。同时，这也为更科学地评价河南省技术成果提供了依据。技术成果评判需要有规范评价的知识链接数据库、技术统计等各种类型文献计量指标。这是甄别河南省科技成果优劣好坏的重要数据库。

产学研合作还包括高等院校开放对外服务接口。当前是互联网时代，高等院校的图书资源和科技文献资源是河南省重要的技术创新文献资源，也是能够为企业提供科技服务的最重要的资源。高等院校的图书资源要尽快开放，实现省内企业科研机构的资源共享。目前河南省在科技文献资源共享服务活动中取得了一定的进步，仍需要不断完善。

河南省在产学研结合开展技术创新过程中，还要充分激发基层员工的技术创新活力。海尔集团的技术创新大多来自企业班组、车间员工。创新文化渗透到企业的各个方面，员工天天想着创新，这样的技术创新是最有生命力的。实践表明，能够发动全员参与技术创新，社会和企业收获的将不仅是效率的提高和成本的降低，更会带来社会风尚的改变和企业凝聚力的增强。

河南省的基层创新力量还没能被很好地发掘，其主要原因是河南省处于内陆地区，小农意识深重，人们满足于温饱型生活方式。中小企业对基层员工的工作定位比较狭窄，对基层员工的技术创新能力认识不足。河南省要采用多种多样的灵活方式，挖掘蕴藏在一线员工中的创新潜力，例如，可以先通过建设学习型班组，形成稳定、持续、有效的创新集体；也可以模仿海尔的做法，要求企业员工重点思考三件事：工作、技术和创新。

三、纳科斯平衡与高新技术产业发展

纳科斯的平衡理论认为，贫困地区的发展必须依靠工业化，而不是依靠出口原材料。他发现世界上比较贫穷的地区一般是非工业化地区，由于它们之间的贸易往来很少，收入也相对比较少。与之相反的是，世界上较为富有的地区一般是工业化地区，它们之间的贸易频繁，人均实际收入比较高。纳科斯发现尽管世界上比较富裕的地区收入表现出急速的增长，但是它们并没有通过对初级产品需求的同比例增长将自己的收入增长率传递到世界其他地区。这主要有六个方面的原因：第一，这是工业发展转型问题造成的，即在发达经济体中，工业生产正在从"重"工业转向"轻"工业（如工程与化学等），因此，对于产成品生产而言所需要的原材料比原

来减少了。第二，随着世界上比较富裕地区在服务领域的需求越来越多，富裕地区的服务领域发展相对比较迅速，也变得越来越重要。这些地区的原材料需求滞后于它们的国内产品的增长。第三，随着社会经济的发展，消费者对许多农产品需求的收入弹性并没有变大，仍然处于较低的状态，导致非工业化地区收入不能随社会经济发展而提升。第四，农业保护主义者趋向于减少工业化地区对初级产品的进口，也是导致非工业化地区收入减少的原因。第五，由于工艺技术发展，一些技术变化可以替代原来需要自然资源的工艺，比如出现了电解镀锡和金属的技术系统的恢复，就可以减少大量的原来使用自然资源的工业化工艺。因此，一些原来依靠资源出口的地区收入就减少了。第六，由于化学和化工技术发展，工业化地区日益倾向于用人工合成材料来替代自然原材料。这些都必然会导致非工业化国家的收入大幅度减少。

纳科斯认为，如果出口的初级产品的生产不能为本地区的经济扩张提供有吸引力的机会，那么另一种选择就是实现工业化。工业化有两种类型：第一种是将生产制成品出口到工业化国家，然后获得的收入用于满足低收入国家的工业化发展的需要。第二种是将工业制成品出口到非工业化国家，与这类国家农业形成一种互补性发展。第一类工业化和第二类工业化过程都不需要放弃或缩减一个国家自然适合生产的原材料的出口。

纳科斯认为生产制成品出口到工业化国家几乎没有成功的希望。因此，低收入地区应该扩大制成品的国内市场。但是，市场的规模取决于生产的数量，即如果低收入地区的产品供给大，市场规模就可能变大，然而，低收入地区市场规模变大也是有困难的，主要在于其自身较低的生产力和收入，贫困的农业人口无力购买销售的制成品，本国经济也无法提供维持新的产业工人生存所需要的食物。因此，为了扩大国内市场对工业产品的需求，这些低收入地区需要加快农业生产力的发展，增加低收入地区的农业人口收入，使之与工业化产品需求保持同步增长。

同样的原理也适用于工业生产领域。就某一生产本身而言，单一的产业或者产品不能为其自身的产出创造出足够的需求量，因为在新的产业中工作的人们并不想将他们的全部收入都花费在自己的产品上。这与农民没能生产出可以进行买卖的剩余产品，或者因为太穷而购买不起工厂生产出的产品是一样的道理，这样的工业制造业作为一个整体有可能会因为产品没有销路而失败。由于工业生产缺乏来自农业和工业中的其他部门的支持，制造业中的单个部门同样可能失败，即由于缺乏市场，生产无法继续。简言之，在市场中存在着积极部门倾向于向前拉动被动部门的现象，这种现象是社会经济发展的基础。这是一些"非平衡增长"的倡导者所认可的。同时，也应该看到被动部门将倾向于阻止积极部门的前进。如果社会上每一个部门都能同时前进的话，从发展的角度分析，可以认为这是在一定层次上的"积极的"效应。各个部门都能积极前进，而不是被动等待其他部门的拉动，这种情况是更好的状态。如果存在这样的更好状况，那么价格激励和约束将仅被用来使每一个部门的前进速度与社会的需求模式保持一致。平衡增长原理可以被看作提高产出增长总体速度的一种手段。

纳科斯考虑到对产出的多样化存在种种限制，认为必须维持一个有效率的工厂规模是重要的实际考虑。有效率的工厂规模会经常限制某一个地区中产业的多样性。因此，在发展中地区为国内市场而进行的生产还必须包括为出口到另一个市场而进行的生产。这对于那些购买力较低的地区来说尤为重要，它们可以从发展中地区之间的关税同盟中获得许多收益。

纳科斯认为，经济进步不是自发的或自动的，相反，系统内的各种力量倾向于使之稳定在一个既定的水平上。然而，一旦经济停滞的恶性循环被打破，循环关系趋向于导致累积性的进步，在许多产业中的同步资本投资将扩大它们所有的市场，尽管单独考虑每一个产业对投资都显得不具有吸引力。从相互提供市场这一意义上来说，满足大众消费的大多数产业都是互补的。资本的社会边际生产力在本质上高于其私人的边际生产力。

纳科斯相信，在低收入地区要打破控制经济停滞的力量必须通过某些中央指令或集体企业加以精心组织。尽管国家可能会实行强制储蓄然后协调投资，但是实际投资可以由私人企业来进行。对资本需求的不足，只会出现在经济的私人部门。当然，对于作为整体的经济来说，不存在这种不足。因此，大多数发展地区需要私人与政府联合行动进行储蓄与投资。每一个国家必须按照其特殊的需要和机会设计出其自身的联合行动方式。

对于今天那些贫穷的新兴国家来说，平衡增长提供了迈向经济进步的一种可能路径。这一方法的困难之处在于它需要大量的资本，而贫穷地区却难以获得。有些地区提出并实行了另一种选择，即通过进口替代来促进增长。如果一个国家已经在进口制成品，它可以设立进口壁垒并且在国内进行这些产品的生产，而不需要平衡增长。另一种选择是鼓励外国直接投资，这样可以提高本国工人使用的资本存量。

河南省大部分的制造业企业集中在郑州、南阳、洛阳三市，2016年河南省18个市中，郑州、南阳、洛阳三市集中了全省30.77的制造业。其中郑州有2897家，占比12.23%；南阳有2470家，占比10.43%；洛阳有1920家，占比8.11%。而排名后五位的平顶山、漯河、三门峡、鹤壁、济源所拥有的制造业企业总数为3016家，仅与郑州一市相当，具体如图5-2所示。

从从业人员数来看，2016年郑州、洛阳、焦作、濮阳四个城市的制造业从业人员最多，均超过50万人，合计260.73万人，占制造业总人数的36.87%。其中郑州人数最多，有105.31万人，占比14.89%，远超排名第二的洛阳市。洛阳从业人数54.98万，占比7.77%。郑州从业人数相当于后五名新乡、信阳、安阳、商丘、济源从业人员的总和。

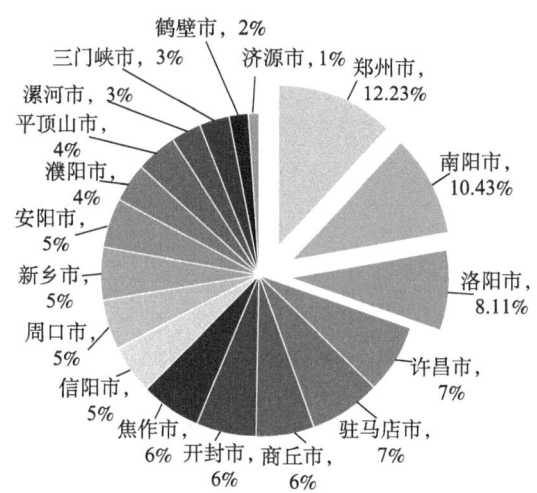

图5-2　2016年河南省制造业地区发展情况

从利润总额来看，2016年利润总额排名前五的城市为郑州、许昌、周口、焦作、漯河，总计2776.11万元，占制造业总利润的52.97%。其中郑州市利润总额为1079.14万元（占比20.59%），远超第二名许昌的534.46万元。仅郑州一个城市的利润总额就相当于商丘、濮阳、信阳、安阳等市的总和。河南省各个地区制造业企业发展的差异明显。

河南省制造业中农产品加工类的企业占的比例相对较大，整体上分析，河南省制造业基本依赖资源条件进行加工生产。高端制造业技术落后的现状，决定了河南省发展制造业必须要由突破带动型的高新技术产业带领，这不仅是因为突破带动型高新技术产业能够以新的技术条件形成新的业态，而且突破带动型高新技术产业还是带动传统制造业发展的核心动力。

根据纳科斯论述，河南省高新技术产业分布应该按照市场需求、立足可利用的制造业资源（采掘工业和农业所生产的原材料）发展加工或再加工的制造行业，或者说，利用河南省资源对零部件装配和组装形成规模性基地。按照国家三大产业分类的常规方法，河南省的制造业、采矿业、电力设备、燃气制造及水加工等产品生产和供应都是第二产业。依据国家统计局2017年公布的《国民经济行业分类》标准，对河南省制造业进行分类。制造业属于第二产业中的C类，包括13~43共计31个大类，具体见表5-1。

表5-1 中国制造业行业

编号	行业	编号	行业
13	农副食品加工业	29	橡胶和塑料制品业
14	食品制造业	30	非金属矿物制品业
15	酒、饮料和精制茶制造业	31	黑色金属冶炼及压延加工业
16	烟草制品业	32	有色金属冶炼及压延加工业
17	纺织业	33	金属制品业
18	纺织服装服饰业	34	通用设备制造业
19	皮革、毛皮、羽毛及其制品和制鞋业	35	专用设备制造业
20	木材加工及木、竹、藤、棕、草制品业	36	汽车制造业
21	家具制造业	37	铁路、船舶、航空航天和其他运输设备制造业
22	造纸及纸制品业	38	电气机械及器材制造业
23	印刷和记录媒介的复制业	39	计算机、通信和其他电子设备制造业
24	文教、工美、体育和娱乐用品制造业	40	仪器仪表制造业
25	石油加工、炼焦及核燃料加工业	41	其他制造业
26	化学原料及化学制品制造业	42	废弃资源综合利用业
27	医药制造业	43	金属制品、机械和设备修理业
28	化学纤维制造业		

资料来源：《中华人民共和国国家标准——国民经济行业分类》（GB/T4754—2017）。

可以看出河南省制造业也是一个复杂庞大的产业集群，可以从不同的角度进行分类，具体见表 5-2。

表 5-2　基于不同角度的制造业类别划分

划分标准	类别
加工深度	资源加工业、轻纺工业和机械电子工业
产品类型（用途）	资本品制造业和消费品制造业
制造业的性质	原材料工业、加工工业（加工制造业）
生产要素的密集程度	劳动密集型、资本密集型、技术密集型制造业
应用技术水平	传统制造业和现代制造业
产业链所属阶段	低端制造业、中端制造业和高端制造业
其他划分	装备制造业和其他制造业

资料来源：通过文献整理而得。

河南省的产业结构也是处在不断优化中，目前郑洛新国家自主创新示范区的高新技术产业产值占规模以上工业总产值的比重接近 65%。也就是说，高新技术产业产值占规模以上工业总产值的 1/3，郑、洛、新三个高新区达到约一半。示范区是带动全省产业结构优化、产业水平提升的重要辐射地。河南省的服务业占生产总值的比重也不断增加，有一批新型研发机构和技术转移机构正在逐渐发展壮大，一批高端化、专业化、市场化的技术服务机构正在发挥服务功能，有一批技术成果以及跨区域协同创新合作项目逐渐落地，技术合同交易额年增长率不断提升。技术合同交易额指标反映了一个地区技术交易活动活跃程度，体现了该地区技术开放合作的情况。目前，全国技术合同交易额近 1 万亿元，河南省技术合同交易额仅为 41 亿元，远低于周边兄弟省份，仅占全国的 0.4%。河南省抓好技术合同交易额提升的环节是促进高新技术产业发展的重要步骤。这些都为把示范区打造成为国家重要的装备制造、新能源和新能源汽车、生物医药、现代物流创新中心和产业基地提供各项优质服务。创新创业生态环境日益完善。创新创业环境良好，创新文化氛围浓厚，创新要素实现有机整合和流动，以技术创新、业态创新、商业模式创新为主的创新创业活动踊跃，这些因素激发了河南省地区大众创业、万众创新的热情。示范区的一个显著特征，是采用先行先试的政策，以探索为目的，优化环境、营造氛围，激发全社会创新的激情和创业的活力。

总体分析，由于河南省高新技术产业的突破带动能力滞后，需要突破带动型产业的主力军。所谓突破带动型产业就是具有核心技术能力，可以通过技术转移或者产业升级带动相关企业和产业发展的高新技术产业。高新技术产业技术创新能力强，产业形态先进，经过技术转化可以带动传统产业迅速发展。河南省是传统产业比较多的省份，农业生产和农副产品的加工是主要的产业支柱。近年来随着"互联网+"政策的实施，河南省的工业化有了迅速发展，而相对于工业化进程不断加快的趋势，原来的农副产品加工环境和销售环节都出现了低匹配度和低效率化趋势。即一方面产品不断生产，另一方面产品在市场滞销。这是农产品加工质量有待提高的表现。因此，河南省在未来的结构调整和产业升级过程中，必须走一条利用高新技术产业带动的发展道路。这些高新技术产业就是我们所说的突破带动型高新技术产业。

然而，河南省高新技术产业存在数量少、质量不高的现象。这与河南省的社会经济资源禀赋有很大关系。据统计，河南省的科技人员总量、科技专利的数量不是十分充裕。例如，河南省在2010年统计的科技活动人员数量只有209793人；河南省的科学家和工程师的存量也只有132939人；另外，能够开展自主创新研究和进行相关科研实验的企业和其他事业单位也只有1286家。河南省的科研经费投入也有限，据调查，河南省投入经费开展技术创新的企业占企业总量的49%。目前还有不少企业没有技术创新投入经费，组织内部负责技术创新的机构也不健全。这就决定了河南省技术创新相对滞后，企业的技术层次相对较低。企业所需要的技术基本依赖外部提供，这与河南省社会资源禀赋条件是不相称的。河南省具有相对丰富的技术创新资源，例如，人力资源丰富，历史传承下来的知识积累较为丰厚，应该存在潜在的技术创新能力。但河南省的高层次人才十分缺乏，目前的院士、长江学者以及拥有其他能够代表高层次人才头衔的人才在河南省凤毛麟角。虽然河南省的R&D投入不断增长，企业自主创新活动也有所增加，但河南省在R&D投入领域的强度不够，企业R&D投入更是不足，不少企业是想投入，但苦于没有资金，更有不少企业害怕投入不能给企业带来效益。因此，整体上看，河南省企业自主创新环境欠佳，政府财政支持和金融机构贷款扶持力度不够。这种现象与河南省飞速发展的经济社会环境相当不匹配。河南省需要一批能够起到突破带动作用的高新技术企业。突破带动型高新技术企业是促进传统产业结构升级，进行产业结构调整的"发动机"。目前，河南省正是缺少这样的"发动机"和"带动器"。我们认为产业升级不是在传统产业基础上修修补补，而是需要具有强带动能力的突破带动型高新技术产业的支持。

　　河南省突破带动型高新技术产业创新平台不完善。河南省突破带动型高新技术产业成长的平台，是指政府围绕突破带动型高新技术产业出台的各项规章措施、政策鼓励的容错机制以及财政政策的支持等。政府是突破带动型高新技术产业形成并发展的有力后台，因为政府可以给突破带动型高新技术产业提供广阔的活动平台，让企业真正成为自主创新的主体。河南省在国家经济结构转型和换挡过程中，也出台了一系列财政政策，目的是支持高新技术产业发展，甚至也试图从法规、制度以及社会文化等方面制定出一套完善的政策和办法，为企业技术创新提供一个良好的空间。例如，河南省在保障企业自愿开展技术创新和激励企业产生自主创新的愿望方面，也提出了如下建议：①河南省要更加明确企业技术创新的主体地位，包括利用企业体制和机制改革来克服企业研发投入的体制性障碍，以及引导企业关注更加长远的技术投资和人力资本投资等。②河南省要形成企业组织中的技术创新平台，以此进一步完善企业内部的管理机制，敦促企业经营管理者真正着眼长远利益，把技术创新活动作为企业经营活动的核心内容。③河南省在企业管理体系建设中，应该改革企业绩效考核指标体系，将企业的技术创新能力作为企业考核的关键指标，切实激发企业内在的创新活力和动力。④河南省需要强化企业研发机构的建设，以此作为提高河南省企业技术创新能力的抓手。同时，要形成河南省范围内对技术创新和自主知识产权的敬畏，并保证高层次人才获得足够的利益，以此创造技术创新的良好社会文化环境，营造全社会大力宣传创新思想，弘扬尊重人才、保护创新者权益的价值观和创新文化氛围，努力营造鼓励创新、宽容失败、平等开放的创新文化氛围。

　　然而，河南省在支持高新技术产业创新平台建设中，还缺乏具体的支持企业技术创新的财政政策。尽管河南省也能够保证每年的财政投入稳定增长，政府为优化财政投入的结构，希望能够更加直接地对开展技术创新的企业进行更好的激励，但河南省还没有按照每年的财政收入比例增加相应幅度的技术创新投入，也没有明确逐年提高省级财政对高新技术企业投入的占比。在省级财政担保和财政补助范围的扩大方面有些"面窄量小",不能很好地化解技术创新企业的风险,因此,也就不能为企业的技术创新提供强有力的经费保障。目前,河南省级财政对技术研发的投入基本上是不加区别的,没有呈现出重点对高新技术产业投资的趋势。相反,在省级财政科技投入方面,还存在政府的财政不愿意或不能够投资到技术创新的风险领域、基础研究领域、社会公共技术研究领域、前瞻技术研究领域的现象。河南省仍存在技术基础好的企业研发资金不足的问题。

河南省支持技术创新的税收政策滞后。现行的税收政策给企业带来了较大的负担。目前还没有对转让无形资产的课征设定合理征收率,并计算其应纳税额。因为企业的无形资产的研发,所耗用的原材料和辅助性材料较少,而无形资产的增值率却较高,如果还是按基本税率进行征收,就显得税负太重,也不利于无形资产的开发利用;如果征收时用实际增值税进行抵扣,就可能降低企业购买无形资产的积极性,不利于把无形资产转化为现实生产能力。将无形资产作为征收税负的范围,还可能会形成征收、抵扣倒挂的现象,会相应减少政府的财政收入,但对于鼓励企业技术创新是有利的,也是应该做的。另外,河南省对技术人员因技术贡献所获得的收入免征所得税的一些政策,还没有明确。技术人员是企业技术创新的灵魂,河南省社会经济发展的根本也在于人才聚集,因此,河南省应该尽快出台政策保障在河南省工作的科技人员的基本利益。例如,对研发人员以技术入股所取得的股权收益,包括红利和转让收入及股票期权等,在其转让过程中可以免征个人所得税。这可以提高科技人员科技成果转化的积极性。科技人员在研究过程中获得的科研奖励、科研人员的技术发明提成收入等,也应该明确规定不征收个人所得税。对科研人员具有的知识产权以及知识产权收入的转让和特许方面应该制定更为明确的,有利于调动科研人员积极性的政策。同时,还应该进一步将企业所得税优惠政策覆盖到高等院校和科研机构人员。目前,河南省还没有明确规定企业对科研院所捐赠的研发仪器设备是否受12%捐赠额度的限制,能否准予税前全额扣除等。河南省在鼓励产学研合作研究方面政策不是十分明朗。例如,高等院校、科研院所与企业共同研发的科技项目,企业应该拥有核心知识产权,并享有核心技术的使用权等;高等院校和科研院所人员应该获得足够的劳动收入,并需要明确规定缴纳个人所得税的比例;等等。还有,在设立河南省研究开发准备金方面，还没有形成明确的制度。研发准备金是保证河南省技术开发的启动资金，是支持企业技术创新的第一桶金，作为政府应该提供足够的资金保证。

总体上看，河南省支持企业技术创新方面的税收政策，特别是对科技人员收入的征收管理、税收支持技术创新的预算和提高税收政策透明度等制度措施还没有成熟。目前需要把税收支持技术创新的政策梳理完善，形成一系列的政策措施。从宏观调控的视角看待税收政策支持，建立起运用税收杠杆调节技术创新的有效政策机制，最大限度地激励企业开展技术创新。

另外，河南省在发挥政府采购作用支持企业技术创新方面还有待进一步努力。河南省在政府采购的预算中，如果能优先安排本地区技术创新产品进入公开采购领域，无疑对技术创新是很大的利好。具有一定技术含量的新产品，在开始面向市场的时候，总是因为其技术含量高，为了尽快收回成本，不得不制定较高的市场价格。因此，技术含量较高的产品，在初次进入市场时往往销量要小于技术含量较低的同类产品。如果政府在初期能够出手购买，就能在很大程度上去除制造业厂商的心理负担，也给一般消费者做出示范。

将经典理论和河南省社会经济发展实际结合，研究河南省突破带动型高新技术产业甄别机制，需要考虑如下几个方面的问题：第一，政府支持的高新技术产业能否带动"三农"发展，例如，能否带动农村劳动力转移，提升农业生产能力，促进农产品深度加工和转化等。第二，政府培育的高新技术产业是否具有广泛的应用潜力，能否对河南省社会经济未来发展或者经济结构转变带来革命性的变化。第三，政府推动的高新技术产业能否普遍增加居民的收入，即在未来的发展中能否形成大量的就业人口。第四，政府对高新技术产业的支持能否拓展技术创新的文化传播的深度和广度。即高新技术企业能否影响到上下游配套企业的技术创新文化。具体来说，就是能否为河南省造就一批科技专业人才，普遍提升劳动力的基本素质。第五，政府支持的高新技术企业能否在国际同行业中具有自主知识产权的技术突破，具体表现在企业的国际化交流的频度、利用互联网实施技术外包和通过网络进行知识积累的能力上。

第六章
河南省突破带动型高新技术产业带动能力

突破带动型高新技术产业带动能力表现在对社会经济的促进作用上，例如，社会就业能力、缴税能力以及新业态的产生等。如果从宏观角度看突破带动能力就必须先分析高新技术产业自身发展的规模大小，也就是说，省内有哪些可以称得上是高新技术产业，它们对传统制造业的带动发展状况如何，它们在研发投入和产出方面的效率又如何。如果高新技术产业数量较多或者发展很快，带动传统制造业能力强，或者是高新技术企业的技术创新效率比较高，那么它们就会在社会就业和新业态演变方面起到带动作用。

一、高新技术产业测算

研究高新技术产业效率首先要对高新技术产业进行界定。经济合作与发展组织（OECD）和美国商务部曾经对此发布了具体的标准。美国商务部 1971 年发布的标准是把非高新技术产业排除在外，剩下的就是高新技术产业。有些国家是根据自己国家的实际情况发布的标准，没有采用美国发布的标准。总体来看，目前世界各国对高新技术产业的界定是比较混乱的。因为发达国家和发展中国家划分高新技术产业的标准不同，在发达国家被界定为传统产业的，在发展中国家可能被界定为高新技术产业。例如，中国是一个发展中国家，对高新技术产业的界定标准和理解就应该从自身国情出发。20 世纪 80 年代开始，中国陆续制定了一些标准来界定高新技术产业，在不同的标准下，高新技术产业的划分有所不同。本书结合河南省省情，借鉴发达国家划分标准，参照国家科技厅划分高新技术产业的具体做法，利用 R&D 投入强度分析法和投入产出综合分析法，分别测算河南省高新技术产业的总量。

在测算方法中，如果把河南省定位在经济发展进程中的省份，那么在确定高新技术产业时，就可以适当调整标准。因此，按照 R&D 投入强度分析法，假定把 R&D 投入强度超过 1% 的产业称为高新技术产业，那么 2002 年河南省的高新技术产业分别为：电气机械及器材制造业、交通运输设备制造业、电子及通信设备制造业、普通机械制造业、化学纤维制造业、其他制造业、饮料制造业、专用设备制造业八大产业。这与我们常规的分析有所不同，将一般人们认为高新技术成分较少的饮料制造业等也列入了高新技术产业。这是因为这些产业的 R&D 投入强度确实比较大，比如在改善饮料品质方面也采用了许多新的技术。同时我们也注意到了采用这种方法可能会高估高新技术产业的总量。限于统计资料，本书将 2002 年八大产业的全部国有及限额以上工业总产值、工业增加值、销售产值列表分析，详见表 6-1。

表 6-1　2002 年八大高新技术产业全部国有及限额以上工业总产值、工业增加值、销售产值

单位：亿元

产业	工业总产值	工业增加值	销售产值
电气机械及器材制造业	148.56	39.75	145.57
交通运输设备制造业	153.42	40.86	139.86
电子及通信设备制造业	61.07	21.48	66.13
普通机械制造业	128.57	37.60	68.33
化学纤维制造业	48.48	15.44	39.72
其他制造业	50.44	15.35	46.18
饮料制造业	82.95	27.20	48.48
专用设备制造业	199.27	53.49	179.86
合计	872.76	251.17	734.13

资料来源：《河南统计年鉴》（2003）。

2002 年河南省工业总产值为 8813.16 亿元，工业增加值为 2531.72 亿元，全部国有及限额以上工业企业销售产值为 4159.57 亿元。按表 6-1 中数据计算，2002 年河南省高新技术产业完成工业总产值 872.76 亿元，工业增加值 251.17 亿元，销售产值 734.13 亿元，分别占全部工业总产值的 9.9%，占全部工业增加值的 9.9%，占全部国有及限额以上工业企业销售产值的 17.65%。这就是说，在适当按照发展进程中的省份标准进行调整

后，也即在河南省高新技术产业有可能高估的情况下，河南省高新技术产业的总产值在 2002 年也不超过 900 亿元，工业增加值在 250 亿元左右，占全部工业总产值和全部工业增加值的比重均不超过 10%。

如果采取投入产出综合分析法，我们主要参照 2000 年国家科技部标准确定的高新技术产业范围，参考美国商务部确定的 222 类高新技术产品，用 2002 年河南省投入产出表比较细分的 122 部门流量表的部门分类，按比例将高新技术产业（主要是工业中的高新技术产业）初步识别出来，进行汇总合计，再对河南省高新技术产业部门进行分类。根据河南省 2002 年投入产出表 122 部门分类具体解释，结合 2000 年国家科技部标准及统计报表制度标准，选定以下 15 个部门为河南省高新技术产业部门，包括电子计算机设备制造业、电子计算机整机制造业、船舶及浮动装置制造业、通信设备制造业、其他通信及电子设备制造业、电机制造业、家用视听设备制造业、仪器仪表制造业、电子元器件制造业、医药制造业、石油及核燃料加工业、其他电气机械及器材制造业、其他专用设备制造业、专用化学产品制造业、航空航天器制造业。根据以上准则和依据，我们测算 2002 年河南省高新技术产业工业总产值为 792.69 亿元，占全省工业总产值的比重为 8.99%；工业增加值为 230.77 亿元，占工业增加值的比重为 9.12%。

如果对河南省高新技术产业总量进行基本判断测算，也就是将一个行业中所有部门都笼统地算成高新技术产业，就明显扩大了高新技术产业范围。事实证明，使用更细分的部门分类相对较为准确，但是，其他部门中的高新技术因素也可能被忽略，因此有可能会低估结果。尽管两种方法各有优缺点，但是基本上能够反映河南省高新技术产业发展现状。

总体分析河南省高新技术产业数量和工业产值等方面的数据，可以认为河南省高新技术的突破带动作用还是有限的。

二、河南省高新技术产业带动传统产业

当前企业技术创新已经成为实现地区经济增长和企业竞争力增强的有效途径。利用高新技术改造提升传统产业，有利于促进传统产业结构调整、资源整合和产业集聚，推动优势传统产业与高新技术产业协调发展，

对于提高自主创新能力、增强综合竞争力具有重要的战略意义。近年来，随着信息技术、生物工程等高新技术向传统产业的渗透，传统产业焕发出新的生机和活力，利用高新技术改造提升传统产业已成为许多国家和地区推动经济增长的新引擎。基于此，学术界对利用高新技术改造提升传统产业给予了极大关注。如谢德禄等，认为高新技术改造提升传统制造业关系到老工业基地振兴、产业结构优化升级、新型工业化进程推进的实现等重要问题，需要政府、企业及社会各方的协同作战；认为利用高新技术改造提升传统农业，对于促进河南省农业生产方式转变具有重大意义。国外学者也有不少在探讨高新技术产业改造传统产业的问题。高新技术产业与传统制造业技术渗透和协调是一个长期的过程，而且还要具备一定的实现模式和方法。

如果没有互联网技术存在，传统制造业与高新技术产业结合就是一个难以实现的过程。当今互联网发展确实给高新技术渗透到传统产业带来了新的模式，即互联网模式。如果能够通过互联网模式探索出具体带动传统产业技术提升的方法，就可以利用高新技术产业带动传统产业有效发展。特别是装备制造业的高技术可以直接带动传统制造业产业升级，例如，先进的装备制造业技术能力可以生产出技术先进的终端生产设备，提升传统制造业的产品质量，从而增加销售数量。先进的装备制造业技术能力还可以带动相关的传统制造业供应产品的技术能力提升。河南省中铁装备集团的盾构机被世界认可，带动了一批围绕盾构机研发提供配件产品的传统企业的发展。目前对于高新技术产业带动传统制造业的评价体系尚没有建立。虽然学者们对高新技术产业带动传统产业能力有不少的评论，有些省份在高新技术改造提升传统产业方面取得了成效，但对高新技术改造提升传统产业的评价指标体系研究明显不足，且滞后于实践。再加上河南省的传统产业与其他省份也存在差异性（如河南省的传统产业为化工、有色、钢铁和纺织，而四川省的传统产业为汽车、石化、农产品加工、医药、装备制造），因而很少有人从地区的层面评价高新技术改造提升传统产业的效果。

鉴于参考资料不足的情况，本书针对河南省高新技术改造提升传统产业方面的具体实践，探索一些基本的评价方法，也就是采用灰色关联分析法和数据包络分析法，对河南省利用高新技术改造提升传统产业的效果进行实证分析。在评价指标体系构建方面，为了把高新技术改造提升传统产业的效果评价建立在定量分析框架下，本书采用的评价体系的构成包括两个层面：第一层面是高新技术投入；第二层面是投入产出效果。具体来说，高新技术改造提升传统产业的核心是要素优化配置、技术水平变化，同时还将高新技术企业评价指标的选择较多地集中在科技成果转化能力与研发水平方面。

本书选取的投入指标包括资金投入、人员结构、产业装备水平、产业信息化程度；选取的产出指标有高新技术在传统产业中的应用效果、生态环境改善程度。其中的资金投入指标是衡量高新技术改造传统产业时发生的支出。资金作为高新技术改造提升传统产业的关键要素，体现在传统产业的生产和经营活动中。人员结构指标是对人员因素的考察，行业人员的知识水平、技术水平和研发水平对提升传统产业至关重要。产业装备水平指标则能够反映传统产业经过高新技术改造提升后，在技术装备上的改善程度。行业生产设备新系数=生产设备固定资产净值平均余额/生产设备固定资产原值；行业生产设备技术改造率=已进行技术改造的设备数/投入生产的设备数；行业引进购买新生产设备的运转率=运转设备的台时数/利用设备台时数。产业信息化程度指标是高新技术改造提升传统产业的重要指标，能够反映传统产业的综合竞争力。其中，信息技术应用覆盖率=该项技术完成的业务量/企业该项业务总量×100%；信息资源覆盖率=通过信息技术手段实现信息资源供给的人数/信息资源应供给人数×100%；信息技术贡献率=企业产值（经营收入或利润）增加值/企业原有产值（经营收入或利润）×100%。高新技术在传统产业中的应用效果指标用于考察进行改造后高新技术对传统产业的影响。高新技术在传统产业中的应用效果主要体现在对传统生产工艺和技术的改造以及对高新技术的消化吸收方面。生态环境改善程度指标反映应用高新技术后，传统产业在降低物耗能耗方面的效果。为了更好地评价高新技术改造提升传统产业综合评价指标，本书共选择了6个一级指标和24个二级指标，见表6-2。

表 6-2 高新技术产业改造传统产业衡量指标

一级指标	二级指标
资金投入	行业科技活动经费支出占行业销售总收入比重
	行业 R&D 经费占行业销售总收入比重
	行业开发新产品经费占行业销售总收入比重
	行业技术引进支出占行业销售总收入比重
人员结构	行业 R&D 人员数占行业从业人员总数比重
	行业科学家和工程师数量占行业科技人员总数比重
	行业科技活动人员数占行业从业人员总数比重
	行业拥有中级及以上技术人员数占行业从业人员总数比重
产业装备水平	行业生产设备新度系数
	行业生产设备技术改造率
	行业引进购买新生产设备的运转率
产业信息化程度	每万人互联网用户数
	信息技术应用覆盖率
	信息技术贡献率
	信息资源覆盖率
高新技术在传统产业中的应用效果	行业主营业务收入利税率
	行业全员劳动生产率
	新产品销售收入占企业总销售收入比重
	企业单位产值年拥有发明专利授权数
	企业单位产值年专利申请数量
生态环境改善程度	固体废物综合利用变化率
	万元生产总值能耗变化指标
	万元工业增加值用水变化量
	二氧化硫和化学需氧量排放总量减少百分比

资料来源：通过文献整理而得。

传统产业改造中的资金投入、人员结构、高新技术在传统产业中的应用效果、生态环境改善程度、产业装备水平、产业信息化程度等指标或数据均来自《河南统计年鉴》(2007—2013)、《中国高技术产业统计年鉴》(2007—2013)，部分指标数据来自河南省发改委高新技术处和河南省统计局的调查结果。

根据河南省 2006—2012 年的相关数据计算各项指标，运用 GM2.1 软件，计算 4 个投入指标与 2 个产出指标之间的关联度。4 个投入指标分别是资金投入指标、人员结构指标、产业装备水平指标、产业信息化程度指标，2 个产出指标包括高新技术在传统产业中的应用效果和生态环境改善程度，见表 6-3、表 6-4。

表 6-3　河南省高新技术改造提升传统产业的灰色关联度

投入指标	高新技术在传统产业中的应用效果与投入指标关联度	影响程度排序
资金投入	0.8960	1
人员结构	0.8542	2
产业装备水平	0.7283	4
产业信息化程度	0.7972	3

资料来源：GM2.1 软件分析数据。

从表 6-3 中可以看出，4 个投入指标中，与高新技术应用效果关联度最大的是资金投入指标，其次是人员结构，再次是产业信息化程度，而产业装备水平指标则排在最后。这表明 2006—2012 年河南省利用高新技术改造提升传统行业主要依赖经费投入，其次是人员结构的调整，而信息化程度、装备化水平在高新技术改造传统产业方面发挥的作用有待进一步增强。

表 6-4　河南省高新技术改造提升传统产业的灰色关联度

投入指标	生态环境改善程度与投入指标关联度	影响程度排序
资金投入	0.6290	3
人员结构	0.5354	4
产业装备水平	0.8026	2
产业信息化程度	0.8171	1

资料来源：GM2.1 软件分析数据。

从表 6-4 中可以看出，产业信息化程度与生态环境改善显著关联，其次是产业装备水平、资金投入、人员结构。这表明 2006—2012 年河南省信息化水平提升对当地生态环境的改善至关重要，其次是装备水平。根据河南省 2006—2012 年四大传统产业的相关数据计算各项指标，运用 DEAP2.1 软件计算化工、有色、钢铁、纺织四大传统产业的 DEA-Malmquist 指数，计算结果见表 6-5、表 6-6、表 6-7、表 6-8。

表 6-5　河南省高新技术改造提升化工行业的技术效率、技术进步指数

年份	Malmquist 生产率指数	技术效率指数	技术进步指数
2006—2007	1.060	1.050	1.013
2007—2008	1.321	1.011	1.307
2008—2009	1.067	0.979	1.089
2009—2010	1.004	0.966	1.039
2010—2011	1.003	0.751	1.335
2011—2012	1.005	0.871	1.153
平均	1.077	0.871	1.156

资料来源：DEAP2.1 软件分析数据。

从表 6-5 中可以看出，高新技术改造提升化工行业效果明显，经过高新技术改造提升后的化工业生产率年均增长 7.7%。其中，化工行业的技术效率年均下降 12.9%，技术进步率年均提升 15.6%，这意味着化工行业生产率的增长主要取决于技术进步。

表 6-6　河南省高新技术改造提升有色行业的技术效率、技术进步指数

年份	Malmquist 生产率指数	技术效率指数	技术进步指数
2006—2007	1.055	1.021	1.016
2007—2008	1.045	1.028	1.017
2008—2009	1.036	1.023	1.013
2009—2010	1.028	1.004	1.023
2010—2011	1.018	1.017	1.001
2011—2012	1.006	0.981	1.026
平均	1.031	1.012	1.016

资料来源：DEAP2.1 软件分析数据。

从表 6-6 中可以看出，2006—2012 年经高新技术改造后的有色行业取得了显著成效，行业生产率年均增长 3.1%。其中，技术效率年均增长 1.2%，技术进步率年均增长 1.6%。除 2011—2012 年技术效率出现下降外，其他指标都出现了增长，这说明有色行业的生产率增长是技术进步和技术效率共同作用的结果。

表 6-7 河南省高新技术改造提升钢铁行业的技术效率、技术进步指数

年份	Malmquist 生产率指数	技术效率指数	技术进步指数
2006—2007	1.049	1.016	1.033
2007—2008	1.032	1.013	1.019
2008—2009	1.020	1.012	1.008
2009—2010	1.023	1.001	1.022
2010—2011	1.016	0.975	1.042
2011—2012	1.005	0.968	1.038
平均	1.024	0.998	1.027

资料来源：DEAP2.1 软件分析数据。

从表 6-7 中可以看出，2006—2012 年经高新技术改造后钢铁行业取得了明显成效，行业生产率年均增长 2.4%。具体来说，技术进步率年均增长 2.7%，而技术效率年均下降 0.2%，说明钢铁行业生产效率的提高主要取决于技术进步。

表 6-8 河南省高新技术改造提升纺织行业的技术效率、技术进步指数

年份	Malmquist 生产率指数	技术效率指数	技术进步指数
2006—2007	1.065	1.013	1.051
2007—2008	1.023	0.999	1.024
2008—2009	1.034	0.993	1.041
2009—2010	1.011	0.995	1.016
2010—2011	1.047	1.008	1.039
2011—2012	1.054	0.987	1.068
平均	1.039	0.999	1.040

资料来源：DEAP2.1 软件分析数据。

从表 6-8 中可以看出，2006—2012 年经高新技术改造后的纺织行业取得了明显成效，改造后的纺织行业生产率年均增长 3.9%。其中，纺织行业的技术进步率年均增长 4%，而技术效率年均下降 0.1%。纺织行业技术效率下降的原因在于河南省的纺织行业正处于引进、整合阶段。

综合以上实证分析可知，2006—2012 年河南省的高新技术投入、人员结构调整在改造提升传统产业方面发挥了重要作用。从生态环境改善方面来看，信息化投入、行业装备水平发挥着重要作用。之所以出现这种结果，是由于河南省在该阶段大力实施中小企业信息化推进工程、百万中小

企业信息化培训工程等一系列工程，极大地改善了河南省产业结构，大大降低了能耗、物耗。高新技术对四大传统产业的改造效果明显，尤其是技术进步对化工、有色、钢铁、纺织四个传统产业发挥了重大作用，但高新技术对四大传统产业的改造效果存在差异。产生这种差异的主要原因在于四大传统产业在高新技术资金投入、人员结构、装备水平、信息化程度方面存在差异，从而导致提升效果不同。

三、河南省高新技术产业效率测度

自"十一五"以来河南省高新技术产业得到了较快的发展。省委省政府抓住河南省的比较优势，加强自主创新，加快产业化步伐，大力引进外来高新技术企业，着力提升高新技术产业对经济增长的贡献度。在"十一五"期间，河南省遵循集中目标、形成合力、整合资源、重点突破的原则，重点把电子信息、生物、新材料产业培育成具有核心竞争力的高新技术产业，为河南省进行战略性产业结构调整、形成新的支柱产业、实现更快更好的发展奠定了基础。

（一）高新技术产业数量增加

河南省首先突出电子产业的发展，重点是提升电子元器件、新型电源两个优势产业，做强硅半导体材料及太阳能电池、新型显示材料及精深加工、超硬材料及制品这三大产业链，抢抓了生物医药、生物能源、新型功能材料这三个高成长性行业；加强培育数字视听、网络及通信、计算机、软件四类优势产品，围绕郑州、洛阳、新乡、许昌、安阳、鹤壁6个高新技术产业集群发展进行布局，逐步形成郑州—洛阳和安阳—许昌两个高新技术产业带。

河南省在"十一五"期间的产业规模有了较大进步。例如，2010年河南省高新技术产业销售收入达到5400亿元，完成增加值2100亿元。高新技术产业比"十五"末期翻一番还多，产业的增加值占工业增加值比重提高到25%以上。到了"十一五"后期，河南省的优势产业更加突出。例如，在河南省已经建成玻壳、锂离子电池、硅半导体材料、新型平板显示材料、超硬材料及制品、血液制品、抗生素原料药7个在国内具有一定竞争力的产业基地。自主创新能力也得到不断加强，技术水平有了明显提升。研发投入占生产总值的比重提高到1.5%。2010年，基本建成400个省级以上企业技术中心，其中国家级企业技术中心25个。在优势产业领域取得重大技术突破，掌握一批拥有自主知识产权的核心技术。

河南省的骨干企业发展壮大，群体优势明显增强。到2010年，高新技术企业达到2500家，其中销售收入超百亿元企业10家，超50亿元企业20家，超10亿元企业50家。河南省的产业聚集效应也逐渐明显。到2010年，沿京广线的郑州、洛阳、新乡、许昌、安阳、鹤壁6大产业集群高新技术产业增加值突破1000亿元，占全省的比重达到50%。

河南省围绕玻壳产业的电子元器件发展，通过支持安彩集团积极应对液晶电视的冲击，加强自主创新，完成玻壳生产线改造升级，扩大背投玻壳产量，迅速实现产品转型，增强竞争优势。到2010年，扁平轻型玻壳产能达到4500万套左右，国内市场占有率保持在45%左右。与之相匹配的新型电子元器件发展，主要是依托骨干企业，引进战略投资，发展汽车电子和新型网络通信器件，形成以微型、低耗、多功能产品为主的新格局。河南省还重点规划建设金冠集团压敏电阻、鹤壁794高能电容、雪城公司智能轮胎监测装置等项目，新增15亿只片式元器件、26万只智能轮胎监测模块等生产能力。

河南省围绕以锂离子电池为主的新型电源产业发展，重点推动企业联合重组，提升技术水平，培育自主名牌，扩大锂离子、镍氢电池材料规模，加快发展高能、便携、动力型电源，积极开发燃料电池。河南省完善新乡（国家）电池产业园区的功能，引导相关的产业在此集聚，实现区域内的配套。此外，河南省还重点规划建设了科隆电器高性能电池材料、思达高科动力型锂离子电池、环宇集团燃料电池等项目，新增锂离子电池产能300亿安时、电池材料18万吨等生产能力，通过提高精深加工水平，做强硅半导体材料及太阳能电池、新型显示材料及精深加工、超硬材料及制品三大产业链，支持骨干企业发挥技术优势，扩大生产规模。河南省引导企业依托良好的资源支撑条件，加强原料招商，与知名企业合资合作，实现产业上下游配套，提高集约化水平。河南省围绕三大产业链，力争打造全国最大最强的硅半导体材料、新型显示材料、超硬材料及精深加工基地。河南省围绕硅半导体材料及太阳能电池产业链发展，综合运用电价、土地等政策，扶持洛阳中硅、南阳迅天宇等骨干企业扩大多晶硅生产规模，巩固原料优势，夯实精深加工基础。政府部门还通过控制半导体材料外销，吸引下游产业进入河南省落户，重点支持洛阳尚德、加拿大阿特斯、生茂光电、晶湛科技公司，以此发展多晶硅抛光片、单晶硅外延片、太阳能电池及组件、砷化镓单晶及电子模块、半导体照明器件、移动存储器、集成电路芯片等精深加工产品，实现区域配套，做强相关的产业链。2010 年河南省生产的多晶硅和太阳能电池产量达到 6000 吨和 350 兆瓦左右，分别占全国的 70% 和 30% 以上。

河南省围绕新型显示材料及精深加工产业链发展，通过加强集成创新，按照国际标准高起点发展液晶、等离子电视、手机用玻璃基板等上游产品，建设安彩液晶玻璃基板、洛玻等离子玻璃基板等项目，形成 3000 万平方米的生产能力，国内市场占有率达到 25% 左右。此外，河南省依托三门峡康耀等企业，扩大导电玻璃等深加工产品规模，逐渐形成国际竞争力。再者就是通过建设中星液晶显示屏产业化项目，形成 60 万台的能力，吸引沿海地区整机生产企业向河南省转移，发展相关领域的高端产品。

河南省围绕超硬材料及制品产业链发展，在现有基础上，着力提高材料品级、增加品种、扩大规模。通过支持黄河旋风、华晶超硬材料、富耐克超硬材料等企业采用群控智能压机等专用设备，提高生产技术水平，大力发展高品级金刚石、立方氮化硼等产品，形成品种齐全的材料加工体系。围绕集成电路、汽车、家电、机床等行业急需，发展专用超硬材料制品，实现替代进口，形成制品领域新优势。2010 年河南省的金刚石产量达到 40 亿克拉，占全国的 65%；立方氮化硼产量 10 亿克拉，占全国的 85%；超硬材料制品产量达到 2400 万件，占全国的 35%。

河南省重点发展生物医药、生物能源、新型功能材料三个高成长性行业。在生物医药领域，重点提高发酵工程技术水平，建设以青霉素、乙酰螺旋霉素等为主的抗生素原料药基地，积极仿制市场空间巨大的国外专利到期药物，发展以现有优势抗生素为原料的新型高效广谱抗生素药物，开发靶向、缓释、控释、透皮等新型制剂。针对各种重大传染病尤其是新发传染病的诊断、预防和治疗，大力研发快捷、准确的新型诊断试剂和安全、高效的基因工程疫苗。河南省利用道地中药材资源优势，参照国际认可标准规范，围绕恶性肿瘤、心脑血管疾病、糖尿病等重大疾病的治疗，加快指纹图谱、膜分离等现代制药技术的应用，发展现代中药。

河南省在"十一五"期间，重点规划建设天方药业抗高血压新药、华兰生物疫苗工程、安图生物诊断试剂等一批项目，支持龙头企业通过兼并重组，培养一批大品种、大品牌，形成具有较强竞争力的大型医药集团。在生物能源领域，加快速生高产优质能源作物新品种选育，推广利用低质地、荒坡、滩涂实现生物柴油优质原料规模化种植。改进工艺路线，完成燃料乙醇的原料替代，扩大生产规模。坚持自主开发和引进技术相结合，稳步推进生物柴油、纤维质乙醇产业化，使生物能源产业的技术水平和生产规模走在全国前列。继续采用现代生物技术选育农作物及畜禽新品种，发展生物育种产业。

河南省在"十一五"期间，重点规划建设省农科院能源专用油料作物、高淀粉玉米及甘薯、天冠集团燃料乙醇、罗山金鼎生物柴油等项目，新增年产120万吨生物柴油、60万吨燃料乙醇的生产能力，建成全国重要的生物能源基地。在新型功能材料领域，依托资源优势，强化技术创新，迅速提升初级原料品质，大力发展精深加工产品。通过满足信息、航空、冶金、国防工业的需要，按照高性能、多功能、环境友好的方向，重点支持骨干企业集约化发展新型专用合金、节能耐材和特殊功能材料及制品。河南省在"十一五"期间，重点规划建设了725所钛合金、维恩克公司镁合金、栾川钼业新型钼板、洛耐院新型耐火材料等项目，建设了全国重要的钛、镁、钼合金和耐火材料生产基地。

河南省承接产业转移，培育数字视听、网络及通信、计算机、软件四类优势产品。在数字视听领域，培育了以液晶、背投为主的数字电视产业。抓住国家推进数字电视的契机，加强安彩集团与清华大学产学研联合，跟踪国家技术标准制定，抢占市场先机。积极吸引沿海彩电企业来豫建设液晶电视生产线，努力推动安美公司成为TCL全国新一轮战略布局的重点，加快将产品结构调整到以液晶、背投数字电视为主的新格局。发展数字电视机顶盒、数码摄录设备等数字视听产品。河南省在"十一五"期间，重点规划建设安彩集团数字电视等11个项目，形成年产数字电视500万台、数字电视机顶盒100万台等生产能力。在网络及通信领域，加强设备制造企业与网络运营商、文化传媒的合资合作，形成良性互动，发展下一代互联网和第三代移动通信配套产品。推动骨干企业与解放军信息工程大学、郑州大学合作，参与国家技术标准制定，加快科技成果转化。充分发挥雪城、威科姆等骨干企业优势，引进战略投资，推动安全服务器、高性能路由器等网络设备产业化，积极发展大功率、远距离通信产品。为此，河南省在"十一五"期间，重点规划建设威科姆公司网络视频点播系统、安彩集团低空补盲雷达、中航光电网络连接器等项目，形成年产无线宽带通信设备8000套、网络视频点播系统500万台等生产能力。在计算机领域，适应网络化发展要求，抓住国家推行税控收款机等机遇，利用省内市场，强力扶持本地计算机企业和自主品牌产品做大规模。重点支持新飞集团、中信昊源、中安公司等企业发挥拥有核心技术、率先获得市场准入的优势，快速聚集资金、人才等要素，迅速做大税控收款机、网络计算机、涉密计算机等产品规模。积极承接计算机装配产业转移，发展笔记本电脑及配套产品。对此，河南省在"十一五"期间，重点规划建设新飞税控收款机、中星公司笔记本电脑等项目，形成年产税控收款机400万台、网络计算机30万台、笔记本电脑20万台等生产能力。在软件领域，一是提升中部软件园、863软件孵化器等软件园区配套服务能力。与国际接轨，支持软件企业申请成熟度资格认证，培育一大批具有较强创新能力与发展活力的中小型软件企业。加快软件代工基地和软件人才培养基地建设，鼓励软件企业积极承接分包业务，扩大产业规模。二是推动优势产业信息化进程，依托重大技改项目，带动重点行业应用软件加快发展。三是支持许继集团、辉煌科技、思维科技等骨干企业扩大在电力、铁路、物流等领域的应用软件优势，积极发展信息安全、电子商务、企业信息化等软件。四是大力发展网络游戏、动漫、数字音视频等数字化内容产业，2010年软件和系统集成服务业的销售收入突破200亿元。

河南省重点园区发展形成郑州、洛阳、新乡、许昌、安阳、鹤壁6个高新技术产业集群。在发展现有开发区和产业园区时重视提高产业聚集能力。重点支持郑州、洛阳和新乡3个国家级开发区，进一步扩大园区规模，提倡二次创业，完善孵化和配套服务功能，对通过国家审核的省级开发区、特色产业园区等，有针对性地完善基础条件，吸引高新技术企业聚集。鼓励利用岗丘、荒滩等非耕用地建立特色工业园区，形成吸引高新技术企业入驻的载体。按照产业集聚、规模发展的要求，坚持市场主导与政府引导相结合，以现有优势产业和园区为基础，促进生产要素向郑州—洛阳和安阳—许昌产业带集中。目前的郑州高新园区主要发展软件、信息安全产品、疫苗及诊断试剂产业,推进电子玻璃、生物育种、超硬材料制品快速发展,形成以安飞、威科姆、辉煌、中安、华晶、安图等骨干企业为支撑的产业集群。洛阳园区主要发展先进制造、硅半导体材料、钼钨合金等产业,推进太阳能电池、电子玻璃、钛合金、电子铜材快速发展,形成以洛单、中硅、尚德、中色科技、轴研科技、725所、中信重机、洛铜、洛玻、栾川钼业等骨干企业为支撑的产业集群。新乡园区主要发展新型电源、血液制品、抗生素原料药、医用卫生材料产业,推进数字电视、税控收款机、疫苗、功能材料快速发展,形成以安美、新飞、金龙、环宇、科隆、华兰、飘安、新谊、华星等骨干企业为支撑的产业集群。许昌园区主要发展电力电子、超硬材料产业,推进生物能源、生物育种、功能材料快速发展,形成以许继、黄河、元化生物、科力、山水、北方花卉等骨干企业为支撑的产业集群。其他园区,例如,安阳主要发展玻壳、数控机床产业,推进等离子玻璃、光盘、创新药物、生物育种快速发展,形成以安彩集团、鑫盛机床、安阳锻压、利华制药、中棉所等骨干企业为支撑的产业集群;鹤壁园区主要发展电子元器件、镁合金、通信产品产业,推进汽车电子、无人机、锂离子电池、医疗器械快速发展,形成以维恩克、迈世通、天海、博大、诺亚电子、无线电四厂等骨干企业为支撑的产业集群。

河南省在"十一五"期间,通过建设六个高新技术产业集群,逐步形成郑州—洛阳和安阳—许昌两个高新技术产业带,拉动全省高新技术产业快速发展。同时,支持南阳、驻马店、漯河等市充分发挥自身优势,依托开发区、产业园区,按照强化特色、规模推进的要求促进高新技术产业聚集发展。河南省着眼于抢占高新技术产业发展制高点,解决支柱产业发展关键技术问题,对十六个重大产业技术创新专项进行重点支持。还通过大力推动产学研合作,加大财政扶持力度,积极争取国家资金,吸引高层次技术人才,集中目标,规划实施一批重大产业技术创新项目。大力开展集成创新和引进消化吸收再创新,在电子信息材料制备、下一代互联网设备、重大疫病诊断与防治、生物柴油、优良品种选育、新型合金、食品常温保鲜、光机电一体化装备等领域有了一定的技术突破,取得一批高水平的成果,掌握了一批拥有自主知识产权的核心技术,为高新技术产业快速发展和支柱产业结构升级提供技术支撑。

（二）河南省高新技术产业效率测度

本书在对河南省高新技术产业创新效率的测度中，采用产业结构有序变动理论，从投入产出视角，研究了河南省高新技术产业 R&D 经费资本存量的变化，运用 Bootstrap-DEA 模型对高新技术产业创新效率进行测度，甄别出具有先导性和战略性的突破带动型高新技术制造产业。

高新技术产业具有较强的技术创新能力，不仅代表经济和社会发展水平，而且对其他产业具有集聚辐射和突破带动作用，能够推动传统产业技术改造和产业升级，改善经济增长质量，提升产业国际分工地位。但是，高新技术产业也应该按照马克思所提出的三大部类社会化生产规律发展，也就是应该依照第一部类、第二部类和第三部类的协同演进的规律发展。第一部类是生产部类的生产，即装备制造业的发展；第二部类是轻工业部类的生产；第三部类则是农业部类的生产。钱纳里也提出了先进工业的"有效顺序"发展的观点，认为产业的投资必须区分产业发展禀赋，重点支持具有突破带动能力的产业。国家层面的高新技术产业发展趋势基本遵循了这一发展规律。改革开放 40 多年来，中国生产一般消费商品的能力大幅度提升，在一定程度上源于中国装备制造业的发展。由此，我们认为高新技术产业发展亦应遵循有序发展原则，即省区内要选择经济关联度大、产业带动作用强的高新技术产业优先发展。因此，研究省区内突破带动型高新技术产业发展不仅有利于提升国家自主创新能力，也是省区依靠创新推动新旧动能转换和产业结构优化升级的重要途径。

突破带动型高新技术产业必须在要素禀赋条件具备的环境下才能显示其自身的突破带动作用。这就需要省内按照自己的资源禀赋和社会发展程度进行产业规划和部署。因为国家层面出台的高新技术产业发展名录是依据未来国家发展的整体战略制定的，国家制定高新技术产业名录是出于世界经济发展和国际社会竞争环境的需要，是指导全国开展技术创新的风向标，也是指导社会资本集中投资的明确信号。因此，省区发展高新技术产业并不一定要完全按照国家的高新技术产业名录对号入座。当前，各省区一般是按照国家高新技术产业名录推进高新技术产业发展，并没有着重提出要根据各自的要素禀赋条件发展高新技术产业。例如，河南省委省政府下发的《河南省人民政府办公厅关于印发加快培育高新技术企业行动计划的通知》(豫政办〔2017〕86号)提出:"到2021年,力争全省新培育认定高新技术企业2500家,高新技术企业数量突破3500家,带动全省规模以上高新技术产业增加值占全省规模以上工业增加值的比重达40%左右。"在具体措施方面,河南省特别提出了要围绕重点领域和关键环节开展自主创新研发攻关,抢占世界产业发展的制高点,还提出要促进河南省关键产业依靠自主创新能力,突破一批技术瓶颈;利用政策扶持和金融信贷的力量,带动高新技术企业的自身研发投入,争取能够获得一批科研突破项目,并具体指定了政府支持的政策措施。

河南省的实施政策充分表达了尽快实现河南省战略性新兴产业和高新技术产业成为主导产业的愿望,并通过鼓励新业态发展,凸显河南省产业结构优势,推动河南省产业链条升级。但是,河南省在制定政策过程中对省内的基本要素禀赋和高新技术产业发展能力论证不足。这就造成了河南省基本是按照国家高新技术产业发展名录中的规定来支持企业发展的局面,没有甄别哪些企业是真正适应了河南省经济和社会发展禀赋条件,对河南省社会经济具有突破带动作用的企业,哪些产业虽然是国家高新技术产业名录中规定的高新技术产业,但并不适合河南省这样的资源禀赋条件却得到政府充分支持的产业。由于河南省对高新技术产业甄别相对比较滞后,曾一度出现各类企业争相争夺高新技术产业的冠名,有些企业还制造一些临时材料申报成为高新技术企业,以此来获得政府对高新技术产业的财政和税收等方面的支持。这种现象不仅浪费省级财政资源,而且导致了真正的高新技术企业难以得到财政支持。

在此背景下,本书以河南省高新技术制造产业为研究对象,深入研究河南省高新技术制造业创新效率现状,甄别河南省具有突破带动能力的高新技术制造产业,为全面提升制造业技术创新能力提供可行的政策依据。在对河南省高新技术产业效率测度中,一是测算出河南省制造业R&D资本存量;二是引入Bootstrap-DEA模型对创新效率值进行纠偏,找出具有突破带动能力的高新技术制造产业;三是根据研究结论,为河南省落实国家高新技术产业发展战略,加快培育具有相对优势的突破带动型高新技术产业提供理论依据和政策建议。

已有的高新技术产业创新效率测度方法包括数据包络分析法、随机前沿分析法等。数据包络分析法(Data Envelopment Analysis,DEA)是常用的非参数效率测度方法，它不需要考虑具体的函数形式、指标权重和量纲归一等问题，能够直接利用决策单元（DMU）投入和产出数据，测算出DMU相对效率值。DEA及其延伸模型被广泛应用到高新技术产业创新效率测算中。国内有学者使用SBM-DEA模型对我国高技术产业创新效率进行了测度，也有学者从技术开发和技术成果转化两个阶段运用DEA和Malmquist指数对区域高技术产业研发效率进行了分析。还有基于关联DEA模型分析省际高技术产业创新效率者，例如，刘伟考虑到在环境因素影响下分析高新技术产业效率。刘智慧采用三阶段DEA模型对2000—2007年和2008—2014年两个时段的投入调整前后的高新技术产业技术创新效率进行了比较分析。李作志以广义DEA模型测算了我国27个省（市、自治区）高技术产业的创新效率。也有学者运用三阶段网络DEA模型研究了我国高技术产业技术创新效率。还有学者应用改进的两阶段网络DEA模型对东北三省高技术制造产业创新效率进行评价研究。以上使用的DEA主要是通过数学规划的方法，利用"最高"样本的线性组合确定生产边界，容易受到外部环境、随机因素、测量误差、遗漏变量的影响，导致技术效率测算结果不准确。

随机前沿分析法（Stochastic Frontier Analysis，SFA）是基于回归技术的参数效率测度方法，可以对模型本身进行检验，将环境因素、管理无效率等非投入的影响因素用随机扰动项来表示，从而避免传统DEA模型隐含的所有效率影响因素都已被模型所涵括的假设。也有学者使用SFA方法测算了高技术产业创新效率。但是SFA模型估计生产前沿常用的函数形式主要是C-D生产函数和Translog生产函数，存在模型的错误假设的问题。此外，Translog生产函数存在参数太多，一些二次项无法从经济角度给出合理解释的问题。

目前常用的分析高新技术产业创新效率方法基本是DEA、SFA等方法，没有给出效率估计值的显著性水平和置信区间，其准确性有所欠缺。本书采用的Bootstrap方法是Efron于1979年提出，基于对经验数据及其相关估计的重复抽样来提高估计置信区间和临界值精度的非参数统计方法，又称为统计"自举法"。

使用基于Bootstrap的DEA方法，在一定程度上可以解决传统DEA方法中存在的正态性假设、样本太少和DEA有效性值的内在依赖性等问题，同时也不存在 SFA 模型的设置偏误问题，提高了研究结论的准确性和稳健性。许多学者将其应用到公共安全服务供给效率评估、能源消耗产出效率差异研究、企业生命周期划分及其效率研究等方面。

不同的高新技术产业对经济发展的贡献程度是有区别的，对相关产业的带动作用也是有差异的。学者认为突破型高新技术产业，是指那些基于产业中频繁的突破性技术创新的一类高新技术产业。该类产业关键技术先进、产业关联度高、影响系数大，对相关产业的发展有超强的带动作用。

也有学者构建产业增长潜力基准、产业关联效应基准、产业技术进步基准、产业就业功能基准四个基准作为评价和筛选对经济增长有突破带动作用的高新技术产业的指标，运用层次分析法，选取通信设备制造业、电子计算机整机制造业、电子计算机外部设备制造业、电子元件制造业、电子器件制造业等产业作为对经济增长有突破带动作用的高新技术产业。他们研究发现突破型高新技术产业要实现自身快速发展及带动作用，必须通过开展"技术—组织—制度"三维创新来提升整体创新能力。也有学者基于产业关联理论分析，通过对产业关联指标带动系数和感应系数的计算，发现新材料产业对经济增长最具有突破带动作用。

我们以要素禀赋为依据，以河南省为例研究高新技术产业创新效率。本书首先采用永续盘存法（PIM）对 R&D 经费内部支出进行资本化处理，测算出 2013—2018 年河南省制造业分行业 R&D 资本存量；其次通过传统 DEA 方法对制造业分行业创新效率进行测算，并对各细分行业创新效率进行分析；再次引入 Bootstrap-DEA 对传统 DEA 模型的小样本有偏和无法进行统计检验的缺陷进行修正，并给出效率估计值的显著性水平和置信区间，提高创新效率测度的准确性和稳健性；最后采用更为准确的制造业分行业创新效率值甄别河南省具有突破带动能力的高新技术制造产业。

本书采用的数据包络分析法是由 A. Charnes、W. W. Cooper 和 E. Rhodes 于 1978 提出的用于评价一组具有多投入多产出的决策单元（DMU）之间相对效率的方法。运用传统的 DEA 模型测度决策单元的效率值，并求得投入和产出的松弛值。对创新效率而言，控制投入比控制产出更容易，投入导向的 CCR 对偶模型为：

$$\min \theta$$
$$\text{s.t.} \begin{cases} \sum_{j}^{n} = 1 \quad \lambda_j x_{ij} \leqslant \theta x_{ik} \\ \sum_{j}^{n} = 1 \quad \lambda_j y_{rj} \geqslant y_{rk} \\ \lambda \geqslant 0 \end{cases} \quad (6-1)$$

其中，$j=1, 2, \cdots, n$；$i=1, 2, \cdots, m$；$r=1, 2, \cdots, q$；n 为 DMU 的个数，m 和 q 分别为投入与产出变量的个数，x_{ij} 为第 j 个 DMU 的第 i 个投入要素，y_{rj} 为第 j 个 DMU 的第 r 个产出要素，λ 表示 DMU 的线性组合系数，θ 为 DMU 的效率值。式（6-1）假定所有被评价的 DMU 均处于最优生产规模阶段，即规模报酬不变，计算得到的效率为综合技术效率（Total Efficiency，TE）。Banker 等提出基于规模报酬可变的 BCC 模型，该模型对被评价的 DMU 进行效率分析时需要考虑其所处的规模收益情况，即在 CCR 对偶模型基础上增加约束条件，使投影点的生产规模与被评价 DMU 生产规模处于同一水平。BCC 模型计算出来的效率值排除了规模的影响，称为纯技术效率（Pure Technical Efficiency，PTE）。基于产出角度的 BCC 模型，PTE 表示 DMU 实际产出与当前投入规模下最大潜在产出之比，反映该 DMU 对当前投入要素的利用能力。综上可求得被评价单元规模效率（Scale Efficiency，SE），即 SE=TE/PTE。SE 反映了 DMU 实际经营规模与当前管理水平下最优生产经营规模的距离。

Bootstrap-DEA 模型。Simar 和 Wilson 开发了基于 Bootstrap 的随机 DEA 方法，其基本原理是：从未知概率密度分布的总体中随机抽取样本，计算得到样本参数。假定样本是对总体的"模仿"，从上述初始样本中重新抽取一个新的样本，这个"伪样本"近似看作来自未知总体，计算得到其样本参数。用"伪样本"参数与样本参数的偏差近似表示样本参数与总体参数的偏误。重复上述过程 B 次，得到 B 个"伪样本"参数，可计算得到 B 个"伪样本"参数与样本参数的偏误，进而对初始样本参数与未知总体参数偏误进行修正。具体计算步骤如下：

第一步，利用传统 DEA 模型，计算原始样本效率值：

$$\hat{\theta} = \{\hat{\theta} \mid k=1, 2, \cdots, n\} \quad (6-2)$$

第二步，基于样本有放回的重复抽样，抽取一个样本规模相同的 Naïve Bootstrap 样本，b 表示使用 Bootstap 方法的第 b 次重复抽样。

$$\hat{\theta}_b^* = \{\hat{\theta}_{bk}^* \mid k=1, 2, \cdots, n\} \quad b=1, 2, \cdots, B \quad (6\text{-}3)$$

第三步，对上述 Naïve Bootstrap 样本进行平滑处理，得到平滑样本：

$$\overline{\theta}_b^* = \{\overline{\theta}_{bk}^* \mid k=1, 2, \cdots, n\} \quad b=1, 2, \cdots, B \quad (6\text{-}4)$$

第四步，根据平滑样本调整初始样本，对投入值进行调整，得到调整后的投入数据：

$$x_{bk}^* = (\hat{\theta}_k / \overline{\theta}_{bk}^*) x_k \quad (6\text{-}5)$$

第五步，将调整后的投入数据和原始产出数据利用 DEA 模型进行效率测算，得到模拟样本效率值：

$$\widetilde{\theta}_b^* = \{\widetilde{\theta}_{bk}^* \mid k=1, 2, \cdots, n\} \quad b=1, 2, \cdots, B \quad (6\text{-}6)$$

重复以上步骤 B 次，计算出每个 DMU 初始效率得分偏误、修正效率值和估计区间，具体为：

$$\hat{bias}_k = B^{-1} \sum_{b=1}^{B} \widetilde{\theta}_b - \hat{\theta}_k \quad (6\text{-}7)$$

$$\hat{\theta}_k^{aadj} = \hat{\theta} - \hat{bias}_k \quad (6\text{-}8)$$

$$\hat{\theta}_k + b_{a/2}^* \leq \theta_k \leq \hat{\theta}_k + a_{a/2}^* \quad (6\text{-}9)$$

其中，$\hat{bias}_k$、$\hat{\theta}_k^{aadj}$ 分别为每个 DMU 初始效率值的偏误和偏误修正值，θ_k 为估算效率值的置信区间，$b_{a/2}^*$、$a_{a/2}^*$ 分别为 Naïve Bootstrap 样本参数与样本参数偏差的 $(a/2)\%$ 分位数和 $(1-a/2)\%$ 分位数。

变量说明及数据来源。首先说明投入产出变量的选取。河南省突破带动型高新技术产业创新效率的测算和评价是一个复杂的动态系统，在整个过程中需要综合考虑多要素投入和产出变量。企业创新活动一般分为研发和转化两个阶段，相应的研发创新产出包括直接创新成果和创新成果的转化。专利侧重反映创新活动的中间产出能力，是研发活动的直接创新成果，具有信息完整性、数据可获得性、横向可比性等特点。测度专利产品的指标主要是专利申请数和专利授权数，虽然二者之间存在较强的相关性，但是专利申请和最终专利授权在范围和种类上存在不一致，并且具有一定时间滞后性（从企业申请到公开一般 18 个月）。为了有效衡量企业实际创新活动研发阶段产出，本书剔除技术含量相对较低的外观设计、实用新型专利授权数量，只选取有效发明专利数作为直接创新成果指标。企业创新活动成果最终体现在创新产品和服务的商业化，体现了市场对创新成果的接受程度（Liu and Buck，2007），本书选取新产品销售收入作为创新成果的转化指标。

根据熊彼特对创新的解释，真正意义上的创新体现在研发活动的一系列过程，在投入要素的选择上，资本和劳动力是最重要的投入指标，研究与发展的经费投入和研发劳动的投入对创新效率有直接影响。Griliches（1979）以Cobb-Dauglas生产函数为基础，构建了创新产出与劳动和资本之间的基本框架。后来的相关研究文献中一般采用参与R&D活动全部从业人员（包括项目人员、管理与服务人员、全时人员、非全时人员）和R&D活动人力资本存量这两个显性指标作为劳动投入指标。

R&D经费支出包括R&D经费内部支出和R&D经费外部支出两部分，后者主要是对境内外单位委托或联合开展研究活动所支付的费用。根据历年《中国科技统计年鉴》计算得出，制造业R&D经费外部支出占研发经费的比例仅为5%左右，不足以影响行业R&D投资水平。部分文献使用R&D经费内部支出作为资本投入指标测算资本存量，会导致重复计算问题。R&D经费内部支出是一项流量指标，创新产出会受到当期和前期研发经费投入的影响，因此，学者一般采用永续盘存法（PIM）对R&D经费内部支出进行资本化处理。此外，从各国研究实践来看，一般将不成功的研发活动产生的费用及非市场性研发活动也视为固定资产形成总额进行资本化处理。本书采用的R&D经费内部支出指标包括未成功R&D的费用，创新效率测度指标最终选取为资本化处理后的R&D经费资本存量。

其次说明数据来源。本研究采用的数据来源于《河南统计年鉴》（2013—2018）中规模以上工业企业分行业数据。本书借鉴谢锐等关于全球价值链背景下的产业国际竞争力动态研究的描述，使用2016年世界投入产出数据库（WIOD）56个产业分类与国际标准行业分类（ISIC Rev 4.0）对应关系，将制造业进一步细分为劳动密集型制造业（产业6、7、13、22）、资本密集型制造业（产业5、8、9、10、14、15、16）和知识密集型制造业（产业11、12、17、18、19、20、21、23）。本书将河南省突破带动型高新技术产业视为资本和知识密集型制造业，所以将制造业细分行业中劳动密集型制造业剔除，仅保留知识密集型和资本密集型制造业，最终按照《国民经济行业分类》（GB/T4574—2017）选取C13-C16、C22-C28、

C30-40、C42-C43 共 24 个制造业分类行业作为样本。

2013—2018 年河南省制造业 R&D 资本存量的计算。2017 年国家统计局调整了 R&D 支出核算方法，将 R&D 支出作为固定资本形成总额计入 GDP，从而为 R&D 经费支出资本化处理提供核算依据。本书采用 Griliches、陈宇峰等的计算方法，以 2013 年为基期，测算河南省制造业分行业 R&D 经费资本存量，公式如下：

$$K_{it} = (1-\delta) K_{i(t-1)} + I_{it}/P_{it} \qquad (6-10)$$

其中，K_{it}、$K_{i(t-1)}$ 分别表示第 i 个行业第 t 期、第 $t-1$ 期研发经费存量，δ 表示折旧率，I_{it} 表示第 i 个行业第 t 期研发经费流量，P_{it} 表示第 i 个行业第 t 期研发经费流量价格指数。具体计算过程中，折旧率 δ 的取值，参考张军对省际物质资本存量的测算结果 9.6%。R&D 内部支出主要包括劳务费、科研业务费、科研管理费，非基建投资购建的固定资产、科研基建支出等，前三项应归入劳动力支出，后两项应归入资本支出。本书借鉴朱平芳对上海市政府的科技激励政策研究内容，将研发经费流量价格指数（P_{it}）设定为居民消费物价指数（权重为 0.55）和固定资产投资价格指数（权重为 0.45）的加权平均值。对于 R&D 初始资本存量的测算，采用 Goto 和吴延兵研究 R&D 与生产率关系的数据，假定 R&D 资本存量的增长率等于每年 R&D 支出的增长率，则以 2013 年为基期的资本存量测算公式为：

$$K2013 = K2013/(g+\delta) \qquad (6-11)$$

其中，g 为考察期内不变价格计算的 R&D 经费内部支出的平均增长率。根据测算，2013—2018 年河南省制造业分行业 R&D 经费资本存量见表 6-9。

表 6-9　2013—2018 年河南省制造业分行业 R&D 经费资本存量　单位：亿元

制造业类别名称	年份代码	2013	2014	2015	2016	2017	2018
农副食品加工业	C13	54.69	60.90	67.91	76.10	86.65	95.45
食品制造业	C14	29.20	34.15	40.24	46.30	53.07	58.06
酒、饮料和精制茶制造业	C15	38.61	40.18	41.03	41.34	41.57	43.48
烟草制品业	C16	1.17	2.54	3.92	5.22	7.04	7.87
造纸及纸制品业	C22	28.78	30.66	32.49	34.70	35.97	37.32
印刷和记录媒介的复制业	C23	2.66	3.18	3.95	4.79	5.81	7.50

续表

制造业类别名称	年份代码	2013	2014	2015	2016	2017	2018
文教、工美、体育和娱乐用品制造业	C24	4.40	5.75	7.25	8.92	10.76	13.28
石油加工、炼焦及核燃料加工业	C25	9.86	11.27	11.89	12.21	12.64	14.28
化学原料及化学制品制造业	C26	54.57	69.54	83.86	98.54	117.20	137.76
医药制造业	C27	36.61	44.75	54.89	67.43	85.56	97.58
化学纤维制造业	C28	3.94	4.99	6.03	7.24	9.53	10.92
非金属矿物制品业	C30	114.27	128.07	143.14	160.01	175.90	198.75
黑色金属冶炼及压延加工业	C31	66.71	85.05	97.17	112.92	126.51	148.14
有色金属冶炼及压延加工业	C32	85.86	89.09	93.39	99.14	107.48	114.27
金属制品业	C33	5.66	9.62	13.86	18.77	24.73	32.11
通用设备制造业	C34	91.92	109.11	126.66	142.53	156.67	175.08
专用设备制造业	C35	207.12	219.19	232.14	241.20	251.79	260.45
汽车制造业	C36	86.42	108.62	133.07	164.67	191.93	223.13
铁路、船舶、航空航天和其他运输设备制造业	C37	10.90	16.39	22.53	30.40	37.92	46.05
电气机械及器材制造业	C38	81.85	100.85	121.17	146.12	176.56	211.89
计算机、通信和其他电子设备制造业	C39	9.16	17.43	27.90	45.14	65.00	83.54
仪器仪表制造业	C40	18.79	22.79	27.31	31.01	35.42	39.18
废弃资源综合利用业	C42	0.76	0.91	0.98	1.34	1.50	1.94
金属制品、机械和设备修理业	C43	9.88	9.72	9.46	8.86	8.38	7.96

注：制造业类别名称及代码来源于《国民经济行业分类》（GB/T4574—2017）。

由于以 2013 年为基期不变价格，分行业 R&D 经费资本存量测算数值较现有文献测算的资本存量偏大。考虑到数据选择范围的较小差异，本书对河南省制造业分行业 R&D 经费资本存量的测算结果与韩兆洲等研究省域 R&D 投入及创新效率测度数据基本一致。本书主要使用 DEA 模型对创新效率进行测算，该模型取投入产出指标的相对值，所以该指标对后续研究不构成影响。

河南省制造业分行业创新效率测度结果分析。利用前面设定的效率测度模型，对河南省制造业分行业创新效率值进行估算，考虑到河南省制造业正处于快速发展期，大部分细分行业并未在最优规模下生产经营，因此本书采用投入导向的 BCC-DEA 模型。

表 6-10 2013—2018 年河南省制造业分行业基于 BCC 模型的创新效率值

代码	2013 年	2014 年	2015 年	2016 年	2017 年	2018 年	均值
C13	0.447	0.347	0.376	0.340	0.242	0.251	0.334
C14	0.333	0.323	0.369	0.246	0.295	0.261	0.305
C15	0.447	0.502	0.628	0.354	0.292	0.279	0.417
C16	1.000	1.000	1.000	1.000	1.000	1.000	1.000
C22	0.107	0.271	0.127	0.132	0.190	0.328	0.193
C23	0.593	1.000	0.813	0.462	0.452	0.691	0.668
C24	0.793	0.830	0.667	0.527	0.436	0.338	0.598
C25	0.394	0.459	0.554	0.365	0.654	1.000	0.571
C26	0.582	0.586	0.510	0.505	0.532	0.738	0.576
C27	0.736	0.431	0.480	0.767	0.475	0.610	0.583
C28	0.264	0.320	0.213	0.239	0.635	0.335	0.334
C30	0.400	0.513	0.474	0.506	0.568	0.728	0.532
C31	0.153	0.225	0.290	0.231	0.280	0.288	0.245
C32	1.000	1.000	1.000	1.000	0.708	0.596	0.884
C33	1.000	1.000	0.701	0.721	0.532	0.722	0.779
C34	0.750	1.000	1.000	1.000	1.000	1.000	0.958
C35	0.512	1.000	0.716	1.000	0.813	1.000	0.840
C36	0.402	0.365	0.312	0.361	0.441	0.472	0.392
C37	1.000	0.906	1.000	0.973	1.000	1.000	0.980
C38	0.567	0.962	0.489	0.890	0.766	0.683	0.726
C39	1.000	1.000	1.000	1.000	1.000	1.000	1.000
C40	1.000	1.000	0.734	0.904	0.974	0.943	0.926
C42	1.000	1.000	1.000	1.000	1.000	1.000	1.000
C43	0.138	0.173	0.171	0.166	0.295	0.712	0.276

从表 6-10 中可以看出，24 个制造业细分行业平均创新效率最高的是计算机、通信和其他电子设备制造业，废弃资源综合利用业，烟草制品业三个行业，2013—2018 年每年都处于前沿面。通过构建 CCR 模型对上述三个行业规模收益进行分析发现，废弃资源综合利用业每年均处于规模报酬递增阶段，而计算机、通信和其他电子设备制造业，烟草制品业则处于

规模报酬不变阶段；平均纯技术效率高于 0.9 的通用设备制造业，铁路、船舶、航空航天和其他运输设备制造业及仪器仪表制造业三个行业也有 4~5 年处于有效前沿面；有色金属冶炼及压延加工业纯技术效率在 2013—2016 年每年都处于有效前沿面，但是 2017 年、2018 年连续两年逐渐下降；金属制品业，文教、工美、体育和娱乐用品制造业及印刷和记录媒介的复制业每年的纯技术效率值则呈 L 形特征；专用设备制造业和电气机械及器材制造业纯技术效率值呈现时高时低的不稳定 W 形特征；石油加工、炼焦及核燃料加工业，化学原料及化学制品制造业，医药制造业，非金属矿物制品业四个行业的纯技术效率值相对稳定；纯技术创新效率相对较低的（效率值 0.5 以下）有八个行业，主要集中在偏向污染或者劳动力投入较多的行业，比如造纸及纸制品业、化学纤维制造业、黑色金属冶炼及压延加工业、农副食品加工业、食品制造业等。

由于 DEA 模型是基于已有的决策单元产生生产前沿面，可能会没有决策单元比较，其自身就是生产前沿面，导致出现纯技术效率偏高甚至将无效决策单元判断为有效的情形。为了规避传统 DEA 模型受样本敏感性和极端值影响的问题，同时考虑选取样本的不同行业具有一定的异质性，本书使用 Bootstrap 方法对 DEA 模型估计的效率值进行修正。关于 Bootstrap-DEA 模型，本书采用 Kneip、Simar 和 Wilson 提出的测算方法，一般来说，迭代次数越多，计算越精确，同时考虑到本书所选样本数量，模型设定迭代次数为 2000 次，置信水平为 95%。

表 6-11　2013—2018 年河南省制造业分行业基于 Bootstrap-DEA 模型的创新效率值

代码	2013 年	2014 年	2015 年	2016 年	2017 年	2018 年	均值	排名
C37	0.781	0.810	0.794	0.878	0.804	0.750	0.803	1
C40	0.873	0.771	0.633	0.821	0.816	0.763	0.780	2
C16	0.550	0.737	0.643	0.534	0.568	0.753	0.631	3
C33	0.697	0.764	0.584	0.647	0.437	0.601	0.622	4
C32	0.405	0.660	0.697	0.679	0.573	0.502	0.586	5
C38	0.481	0.760	0.393	0.661	0.516	0.548	0.560	6
C34	0.538	0.642	0.453	0.419	0.477	0.748	0.546	7
C42	0.439	0.562	0.469	0.652	0.525	0.533	0.530	8

续表

代码	2013 年	2014 年	2015 年	2016 年	2017 年	2018 年	均值	排名
C23	0.437	0.795	0.608	0.347	0.337	0.584	0.518	9
C27	0.664	0.384	0.416	0.654	0.405	0.539	0.510	10
C26	0.520	0.509	0.428	0.435	0.448	0.654	0.499	11
C35	0.338	0.501	0.516	0.424	0.621	0.520	0.487	12
C24	0.608	0.689	0.521	0.411	0.339	0.285	0.476	13
C39	0.408	0.503	0.440	0.424	0.480	0.525	0.463	14
C30	0.333	0.421	0.405	0.445	0.445	0.609	0.443	15
C25	0.290	0.408	0.448	0.281	0.493	0.697	0.436	16
C15	0.371	0.449	0.535	0.288	0.210	0.235	0.348	17
C36	0.319	0.301	0.239	0.285	0.357	0.401	0.317	18
C13	0.374	0.317	0.325	0.294	0.204	0.209	0.287	19
C14	0.284	0.298	0.318	0.201	0.236	0.219	0.259	20
C28	0.180	0.252	0.142	0.185	0.428	0.261	0.241	21
C43	0.101	0.138	0.126	0.119	0.210	0.589	0.214	22
C31	0.113	0.194	0.238	0.171	0.198	0.210	0.187	23
C22	0.073	0.236	0.085	0.100	0.136	0.271	0.150	24

通过对比表 6-10、表 6-11 发现，Bootstrap-DEA 模型效率值更为合理且对传统 DEA 中效率前沿面上 DMU 调整幅度较大。从表 6-11 中我们可以得到，河南省 24 个制造业细分行业 2013—2018 年平均创新效率是 0.454，其中低于全省平均值的行业有 10 个，整体创新效率偏低，这与韩兆洲等的研究结论基本一致。

铁路、船舶、航空航天和其他运输设备制造业平均创新效率位于行业首位，且每年创新效率非常稳定，维持在 0.8 左右，该行业 2018 年研发资本存量是 46.05 亿元，排第 13 位，但当年有效发明专利数是 1226 项，排第 7 位。仪器仪表制造业几乎与铁路、船舶、航空航天和其他运输设备制造业呈现出相同的特征，始终位于河南省制造业创新效率的前列，主要是因为这两个产业拥有较多的科技研发人才，每年研发投入经费充足，可以进行大量应用研究和试验研究。烟草制品业因具有行业垄断性，其新产品销售收入产值较高，导致创新效率值位居行业前列，属于典型的创新投入较少却可获得较高收益的行业，但是考虑其健康负面影响，不应将其列为河南省突破带动型行业。近年来，国家加大环境保护力度，在全国范围内制定和推广清洁能源、资源循环利用等相关标准、产业政策等，促使金属制品业、有色金属冶炼及压延加工业、废弃资源综合利用业等相关产业加大研发创新投入，提高可再生资源回收利用率。电气机械及器材制造业，通用设备制造业，专用设备制造业及计算机、通信和其他电子设备制造业作为我国装备制造业中的重要子行业，其年均创新效率都高于全省平均值。装备制造业作为一种技术密集的战略性新兴产业，在推动经济增长、加快传统制造业转型升级、提升产业链的核心竞争力过程中发挥着引擎作用。

河南省医药制造业平均创新能力处于中间位置，存在创新力不足的问题，该行业新产品销售收入逐年增加，2018年达到184.5亿元，比上年增加45.8%，但其创新效率仅比上年增加33%，并且存在注重专利申请数量和扩大新药数量，但专利结构不合理、申请层次偏低、拥有自主知识产权的一类新药匮乏等问题。医药制造业作为关系国计民生的高技术产业，需要加大政府资金投入力度，营造良好的创新环境，使其快速成长为创新效率较高的带动型产业。

河南省是农业大省，农业占国民经济比重相对较大，国家对河南省农业发展也寄予厚望，把河南省当作国家的"大厨房"甚至"大粮仓"。但是河南省的农副食品加工业、食品制造业创新效率值均低于0.3，仍处于粗放大规模生产和模仿创新阶段，难以产生高新技术。汽车制造业研发人员相对较多，但是从事基础研究、应用研究的人员非常少，导致原创产品相对较少，创新效率偏低。对于石油加工、炼焦及核燃料加工业与酒、饮料和精制茶制造业，河南省并不具有相对优势的要素禀赋条件。

通过对河南省制造业分行业创新效率进行分析，最终选取11个门类制造业作为突破带动型高新技术产业。通过与《中国高技术产业统计年鉴》（2019）中高技术产业（制造业）分类表进行比对分析，完全涵盖了研发投入强度较高的医药制造业，航空、航天器及设备制造业，电子及通信设备制造业，计算机及办公设备制造业，医疗仪器设备及仪器仪表制造业，信息化学品制造业六大类高技术产业，同时也涵盖了装备制造业中绝大部分子行业,见表6-12。

表6-12 河南省突破带动型高新技术产业

制造业类别名称	代码	创新效率均值	高技术产业(制造业)大类名称	包含中类代码
铁路、船舶、航空航天和其他运输设备制造业	C37	0.803	航空、航天器及设备制造业	021~025
仪器仪表制造业	C40	0.780	医疗仪器设备及仪器仪表制造业	052~055
金属制品业	C33	0.622	—	—
有色金属冶炼及压延加工业	C32	0.586	—	—
电气机械及器材制造业	C38	0.560	电子及通信设备制造业	032
通用设备制造业	C34	0.546	计算机及办公设备制造业	047
废弃资源综合利用业	C42	0.530	—	—
医药制造业	C27	0.510	医药制造业	011~017
化学原料及化学制品制造业	C26	0.499	信息化学品制造业	061
专用设备制造业	C35	0.487	电子及通信设备制造业;医疗仪器设备及仪器仪表制造业	031;051
计算机、通信和其他电子设备制造业	C39	0.463	电子及通信设备制造业;计算机及办公设备制造业	033~039;041~046

注:制造业类别名称和代码来源于《国民经济行业分类》(GB/T4574—2017);高技术产业(制造业)大类名称及代码来源于《中国高技术产业统计年鉴》(2019)。

河南省高新技术产业效率测度分析。本书从投入产出角度出发,基于产业结构有序变动理论,对河南省高新技术制造业 R&D 经费资本存量进行测算,并对铁路、船舶、航空航天和其他运输设备制造业,仪器仪表制造业,金属制品业,有色金属冶炼及压延加工业,电气机械及器材制造业,通用设备制造业,废弃资源综合利用业,医药制造业,化学原料及化学制品制造业,专用设备制造业及计算机、通信和其他电子设备制造业 11 个制造业进行创新效率的研究,其中的铁路、船舶、航空航天和其他运输设备制造业投入产出效率最高,保持在 0.8 左右;仪器仪表制造业、有色金属冶炼及压延加工业、电气机械及器材制造业、通用设备制造业、专用设备制造业等也具有比较突出的创新效率。河南省 11 个类别制造业具有先导性和战略性,符合国家传统工业升级、新旧动能转换的战略要求,对加快推动河南省由制造业大省向制造业强省转变、早日实现《中国制造 2025 河南行动纲要》具有重要带动作用。

鉴于以上研究结果，本书提出首先要加大基础研究和应用研究投入力度，以期提高企业专利申请质量，增强企业自主创新能力。2018 年河南省制造业 R&D 活动全部从业人员（含非全时人员）为 16.5 万人，但是从事基础研究和应用研究人员占比为 3%，绝大部分 R&D 人员从事试验发展研究。这说明河南省制造业仍处于引进消化吸收的模仿创新阶段。此外，2011—2018 年河南省研发经费平均投入强度仅为全国平均值的 60%。因此，政府一方面需要加大高技术人力资本投入和高技术人才培养的政策支持力度，另一方面需要通过营造良好的融资环境、加大政府的资金扶持等手段解决企业 R&D 活动融资难问题。其次是强化知识产权运用和保护，促进知识成果商业化。我国经济发展已经由要素驱动转向创新驱动，低效粗放的要素驱动生产方式不应被鼓励。政府要鼓励企业自主创新，努力提升企业创新效率，就要建立清晰和完善的知识产权法律、法规体系，只有从制度和法律上保证了专利持有人的合法权益，才能从根本上营造良好的创新氛围。最后是充分利用国家产业政策，重点发展具有要素禀赋优势条件的高新技术产业。

| 第七章 |

河南省突破带动型高新技术产业甄别

突破带动型高新技术产业评价体系具有两个重要功能：一是指标的评价；二是目标的引导。也就是说，评价指标需要能够系统、科学地反映突破带动型高新技术产业成长的规律和逻辑，进而通过评价可以帮助企业明确定位，认清差距。

一、突破带动型高新技术产业能力评价指标选取

河南省是农业大省，均衡农业和制造业之间的投入要素是均衡发展的关键，也是制约制造业技术创新能力的关键。制造业产出是技术创新能力的主要标志，同时，河南省作为传统农业省份，政府环境也是影响制造业技术创新能力的重要元素。为此，本书选取河南省2007—2016年数据进行纵向分析，并将这些数据与东部沿海发达省份以及其他中部五省横向比较，从而找出河南省突破带动型制造业。

（一）技术创新投入指标

目前衡量企业技术创新能力的指标多数使用R&D经费投入。河南省R&D经费投入是指本省的社会研究与试验发展投入经费，是河南省R&D人员进行科研工作的基础。对这一指标的评价，主要看相对于地区或企业来说，R&D经费投入的强度，一般是看R&D经费支出与地区生产总值或主营业务收入的比例。

(1) 制造业R&D经费投入

近年来，河南省制造业R&D经费投入不断增长，由2012年的248.97亿元增长至2016年的409.7亿元，增长约64.56%，年均增长12.91%，增长较为迅猛。从相对量来看，R&D经费投入强度呈逐年递增状态，由2012

年的0.476%，增长到2016年的0.514%，具体如图7-1所示。

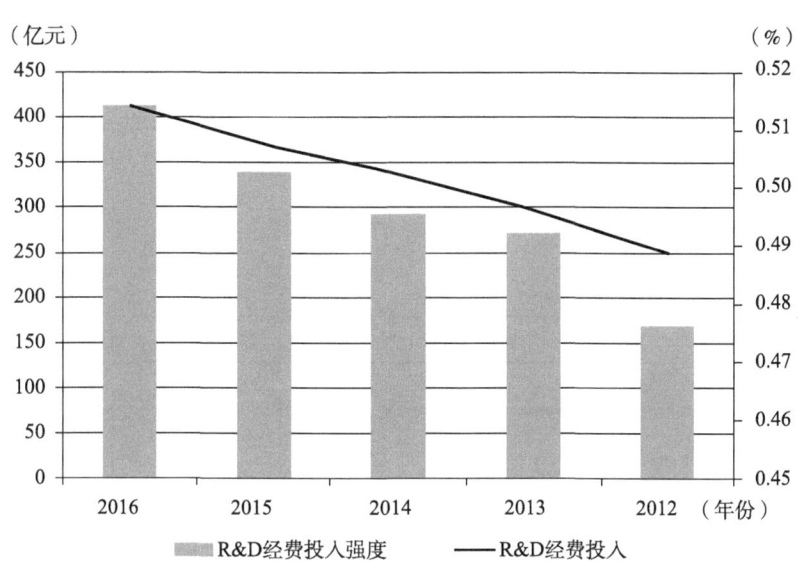

图 7-1　2012—2016 年河南省制造业 R&D 经费投入情况

尽管河南省制造业在技术创新方面的经费投入不断增强，但在绝对量和相对量上仍然落后。从绝对量来看，2016 年河南省制造业 R&D 经费投入为 409.7 亿元，在全国列第 7，超出平均值 16.06%，但与东南沿海省份相比仍有较大差距。河南省制造业经费投入不足广东、江苏的 1/4，在中部六省中列第 2，与第一名相差 36.26 亿元。从相对量来看，2016 年河南省制造业 R&D 经费投入强度为 0.51%，在全国列第 23，远低于平均值 0.798%，与排名靠前的浙江、上海等地相去甚远，在中部六省中仅高于江西，排名倒数，具体见表 7-1。

表 7-1　沿海地区和中部六省 R&D 经费投入情况

地区	R&D 经费投入（亿元）	排名	R&D 经费投入强度（%）	排名
广东	1676.27	1	1.30	4
江苏	1657.54	2	1.06	7
山东	1415.00	3	0.94	11
浙江	935.79	4	1.43	1
上海	490.08	5	1.42	2

续表

地区	R&D 经费投入（亿元）	排名	R&D 经费投入强度（%）	排名
湖北	445.96	6	0.97	10
河南	409.70	7	0.51	23
湖南	392.96	8	1.00	9
福建	388.26	9	0.91	12
安徽	370.92	10	0.88	13
江西	179.76	18	0.50	24
山西	97.63	20	0.68	17
平均值	353.05		0.798	

(2) 制造业行业 R&D 经费投入

2016 年河南省制造业 R&D 经费投入前五位的行业分别为：汽车制造业 44.99 亿元，电气机械及器材制造业 37.1 亿元，有色金属冶炼及压延加工业 32.1 亿元，专用设备制造业 31.79 亿元，非金属矿物制品业 31.04 亿元，总计 177.02 亿元，占全省制造业 R&D 经费投入的 45.94%。其中，汽车制造业、电气机械及器材制造业、有色金属冶炼及压延加工业、专用设备制造业、非金属矿物制品业分别占 11.68%、9.63%、8.33%、8.25%、8.06%，具体如图 7-2 所示。

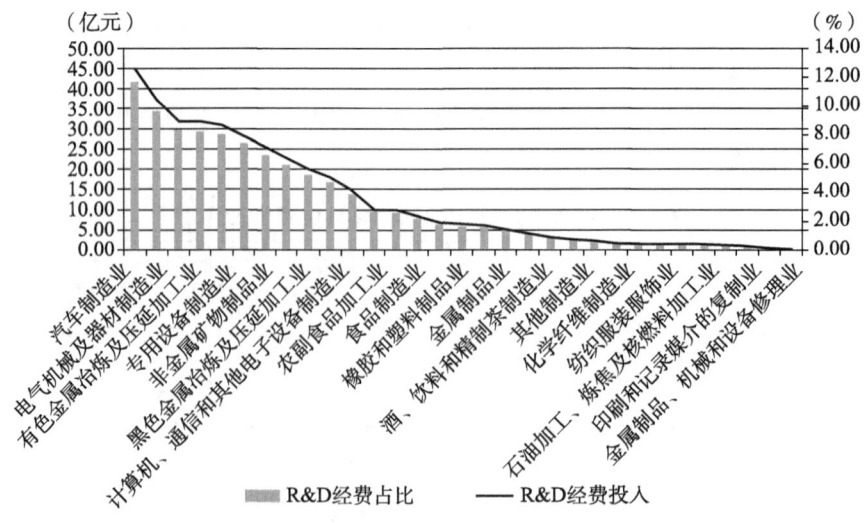

图 7-2　2016 年河南省制造业行业 R&D 经费投入情况

（二）R&D 人员数量

河南省 R&D 人员是指从事社会研究与试验发展的科技人员，科技人员在技术创新活动中发挥重要作用。河南省 R&D 人员投入强度是考察制造业技术创新能力强弱的重要指标。本书从绝对量和相对量两个层次分析河南省制造业 R&D 人员投入的实际情况。

（1）制造业 R&D 人员数量

河南省制造业 R&D 人员投入呈逐年上升趋势，由 2012 年的 140786 人增长至 2016 年的 187804 人，年均增长约 6.8%。R&D 人员投入强度由 2012 年的 2.41% 上升至 2016 年的 2.59%，呈波动上升趋势，总体在 2.6%~2.7%，具体如图 7-3 所示。

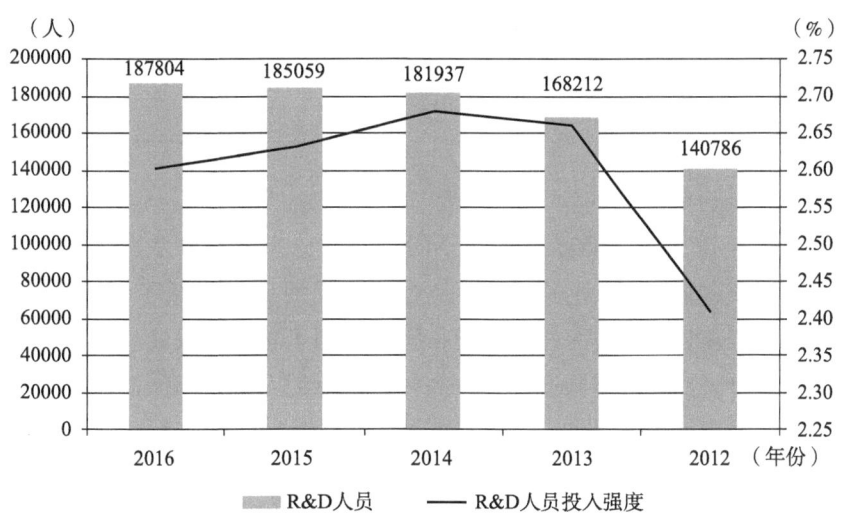

图 7-3　2012—2016 年河南省制造业 R&D 人员投入情况

从研发人员数量来看，2016 年河南省制造业 R&D 人员投入基本适合技术创新需要，在与沿海地区和中部省份对比中排名第 7，在中部六省中列第 3，但仍与江苏、广东等省份有较大差距，不足其 1/3。从研发经费投入强度来看，河南省制造业研究经费投入强度较低，在全国排名第 24，远低于平均值的 3.56%，在中部六省中排名第 4，说明河南省制造业在技术创新的人力资源和研发经费投入强度方面存在严重的不足。具体情况见表 7-2。

表 7-2　沿海地区和中部六省 R&D 人员投入情况（2016 年）

地区	R&D 人员投入（人）	排名	R&D 经费投入强度（%）	排名
江苏	609974	1	5.49	5
广东	585089	2	4.07	9
浙江	414652	3	6.01	3
山东	374531	4	4.13	8
河南	187804	5	2.59	24
安徽	154875	6	4.69	6
湖北	149571	7	4.35	7
福建	145083	8	3.44	16
湖南	130292	9	3.87	11
河北	122331	10	3.33	17
江西	66534	18	2.47	25
山西	42800	20	2.24	27
平均值	124753		3.56	

（2）制造业行业 R&D 人员数量

河南省 R&D 人员数量投入在不同行业的分布有很大差别。目前在汽车制造领域 R&D 人员最多，主要是近几年在河南省宇通客车的带动下，汽车整车组装和部分零配件的生产和研发得到了相应的发展。在河南省的几个主要市区都有汽车制造行业，例如，开封的奇瑞汽车制造、郑州的宇通制造、洛阳的特种车辆、三门峡的特种车辆组装等。如图 7-4 所示，2016 年河南省制造业 R&D 人员投入排名前五位的行业分别为：汽车制造业有 15608 人、非金属矿物制品业有 14467 人、专用设备制造业有 14069 人、通用设备制造业有 13889 人、电气机械及器材制造业有 13565 人。这五个行业所需要的 R&D 人员占全省制造业 R&D 人员的 43.22%，其中，汽车制造业、非金属矿物制品业、专用设备制造业、通用设备制造业、电气机械和器材制造业分别占全省制造业 R&D 人员的 9.42%、8.73%、8.49%、8.38%、8.19%。

通过以上分析可以看出，河南省制造业中 R&D 人员的投入总数量在全国的总量占比并不算小，但是，河南省的技术创新投入相对量则十分落后，表明 R&D 投入并没有随制造业整体收入、吸纳就业人员数量增加而

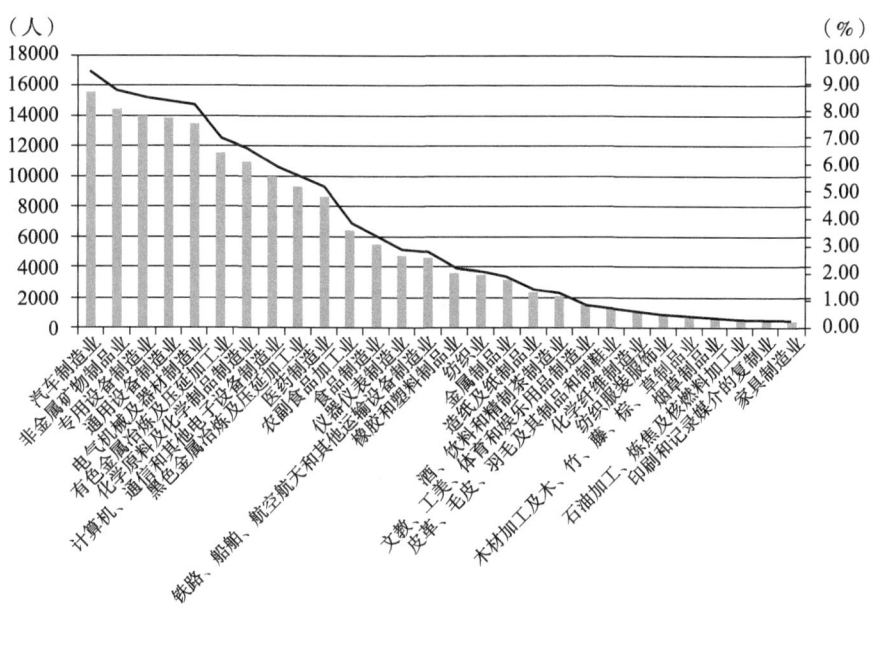

图 7-4 2016 年河南省制造业行业 R&D 人员投入情况

明显增加，R&D 经费投入强度和 R&D 人员投入强度 5 年间均未明显增加。从制造业行业来看，R&D 投入主要集中在客用汽车制造业、非金属矿物冶炼、有色金属冶炼及压延加工等资源类的产品。而在计算机、通信和其他电子设备制造业领域，还有医药制造业及铁路、船舶、航空航天和其他运输设备制造业等领域，制造业技术创新投入较少，表明河南省制造业技术创新投入仍然以资源加工类传统行业为主，对高新技术制造业技术创新投入不足。

（三）技术创新产出

（1）制造业专利产出

从绝对量来看，2016 年河南省制造业专利申请量为 17457 件，较 2012 年增加 4954 件，年均增长 8%；从相对量来看，2012—2016 年河南省制造业每千人专利申请数在 85~92 件，其波动变化幅度较小，具体如图 7-5 所示。

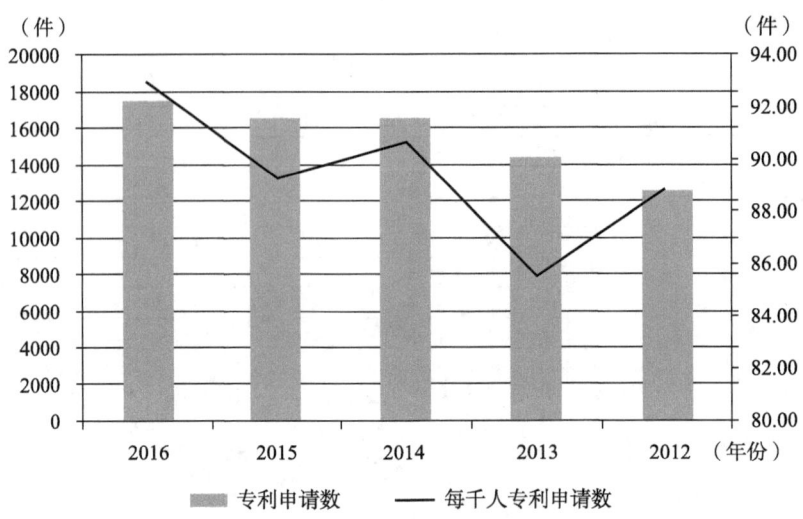

图 7-5 2012—2016 年河南省制造业专利产出情况

但是，无论从相对量还是绝对量来看，河南省制造业专利产出在全国排名都不理想，其中专利申请数在全国列第 10，与东部沿海地区差距较大，每千人专利申请数在全国排名第 20，处于落后位置（见表 7-3）。

表 7-3 沿海地区和中部主要省份专利产出情况

地区	专利申请数（件）	排名	每千人专利申请数（件）	排名
广东	145448	1	248.59	3
江苏	131284	2	215.23	6
浙江	78729	3	189.87	12
安徽	49791	4	321.49	1
山东	45921	5	122.61	23
福建	28208	6	194.43	10
上海	24228	7	202.8	7
河南	19574	10	130.87	20
湖南	18249	11	140.6	19
江西	12594	16	189.29	13
山西	3786	23	88.64	29
平均值	23077.32		164.65	

（2）制造业行业专利产出

2016年河南省制造业行业专利产出前五位分别是电气机械及器材制造业、专用设备制造业、通用设备制造业、汽车制造业、非金属矿物制品业。它们的专利产出分别是2149件、2002件、1947件、1404件、940件，占全省制造业专利申请数的29.38%，其中电气机械及器材制造业、专用设备制造业、通用设备制造业、汽车制造业、非金属矿物制品业分别占13.47%、12.55%、12.2%、8.8%、5.89%，具体如图7-6所示。

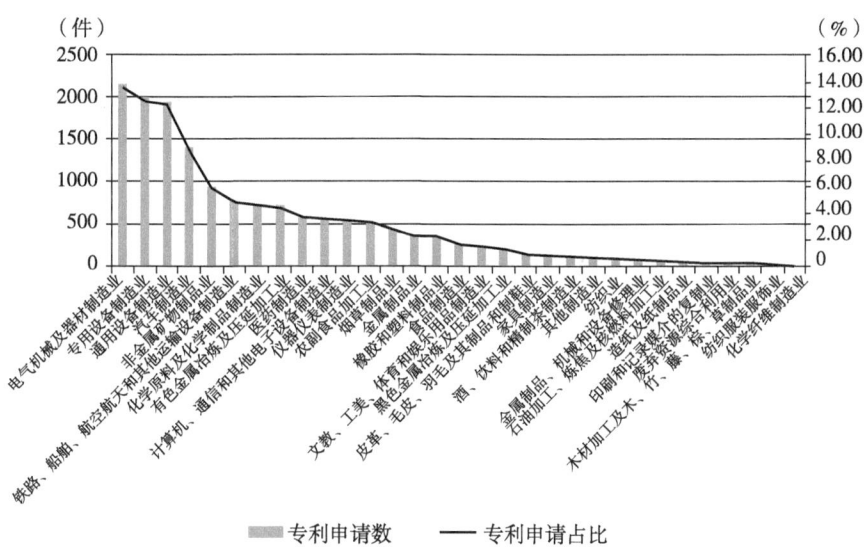

图7-6　2016年河南省制造业行业专利产出情况

（3）制造业新产品产出

从绝对量来看，2016年河南省制造业新产品销售收入为6115.41亿元，较2012年的2576.2亿元增长137.38%，年均增长27.47%；从相对量来看，2012—2016年河南省制造业新产品销售率基本稳定，在7%~8%波动变化，具体如图7-7所示。

2012—2016年河南省制造业新产品产出在全国名列第8，中部六省中排名靠后，与湖南省、安徽省有较大差距。河南省制造业新产品销售率为14.64%，在全国排名第11，在中部六省中排名居中，说明河南省制造业主营业务收入中，新产品收入比例较低，具体见表7-4。

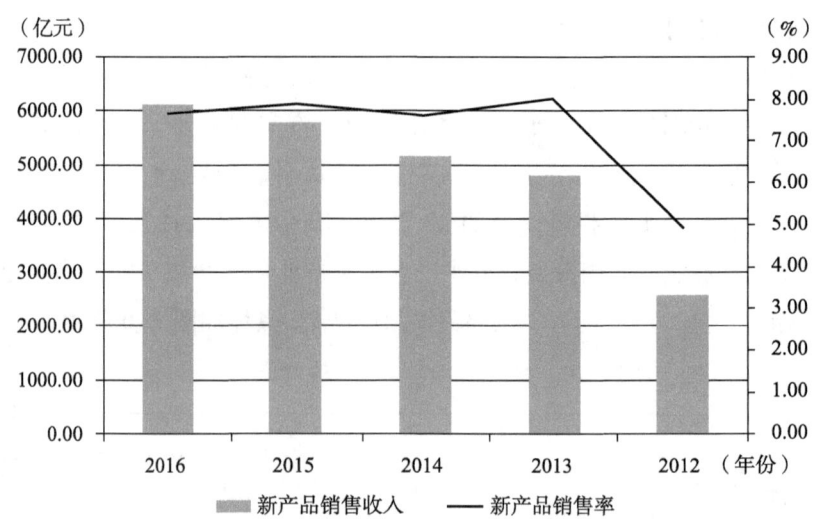

图 7-7 2012—2016 年河南省制造业新产品产出情况

表 7-4 沿海地区和中部主要省份新产品产出情况

地区	新产品销售收入（亿元）	排名	新产品销售率（%）	排名
广东	28671.41	1	22.2	3
江苏	28084.67	2	17.94	8
浙江	21396.83	3	32.69	1
山东	16313.42	4	10.83	13
上海	9033.475	5	26.33	2
湖南	8098.471	6	20.69	7
安徽	7321.051	7	17.36	9
河南	6713.202	8	14.64	11
天津	5642.828	10	21.8	4
江西	3136.805	16	8.67	16
山西	1085.006	21	7.75	20
平均值	5632.39		11.8	

资料来源：《中国科技统计年鉴》（2017）。

(4) 河南省制造业行业新产品产出

2016年河南省制造业新产品销售收入排名前五位的行业分别是计算机、通信和其他电子设备制造业，汽车制造业，有色金属冶炼及压延加工业，专用设备制造业，电气机械及器材制造业，其中计算机、通信和其他电子设备制造业新产品销售收入大约占整个制造业行业的44.22%，远超其他行业，如图7-8所示。

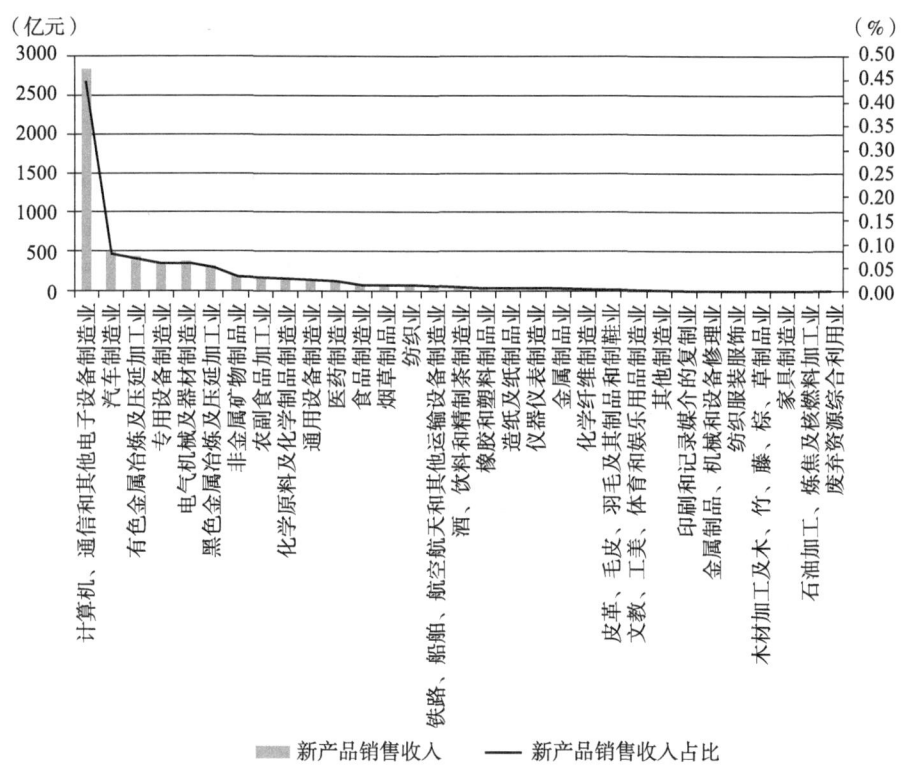

图7-8　2016年河南省制造业行业新产品产出情况

通过以上分析可以看出，河南省制造业技术创新产出绝对量和相对量在全国均处于中等偏下水平，与技术创新的高投入形成鲜明对比，表明河南省制造业技术创新效率较低。从制造业行业来看，技术创新产出较好的行业，主要集中在汽车制造业，专用设备制造业及计算机、通信和其他电子设备制造业等行业。这些行业具有一定的技术含量，多数产品表现出"高专利+高收入"的迹象，证明了技术创新对河南省经济的促进作用。因此，河南省应把创新资源投入向这些行业倾斜。

(四)技术创新环境

(1)技术市场环境

技术市场成交额反映了地区输出、输入专利技术的市场价值,其活跃程度代表了技术创新的市场环境。由图7-9可知,近五年来河南省制造业技术市场成交额和技术市场成交额占比均逐年递增,年增长幅度为3%以上,表明河南省制造业技术市场处于活跃状态。通过对比技术市场输出金额与技术市场输入金额可以看出,2012—2016年河南省制造业在技术创新市场中一直处于"入超"状态,且该趋势不断扩大。2012年河南省制造业技术创新市场逆差22.12亿元,2016年为95.35亿元,年均增长66.21%。这种现象说明河南省制造业十分重视对省内外先进技术的引进和吸收。虽然引进和消化吸收新技术是提高技术创新能力的有效手段,但也可能会降低企业自主创新的意识和能力。2012年河南省制造业技术市场输出额39.94亿元,2016年为58.71亿元,年均增长9.4%,远低于技术市场输入额增长幅度。在今后的发展中,河南省政府除了要加强技术引进和吸收外,更要鼓励和推动企业进行自主创新。

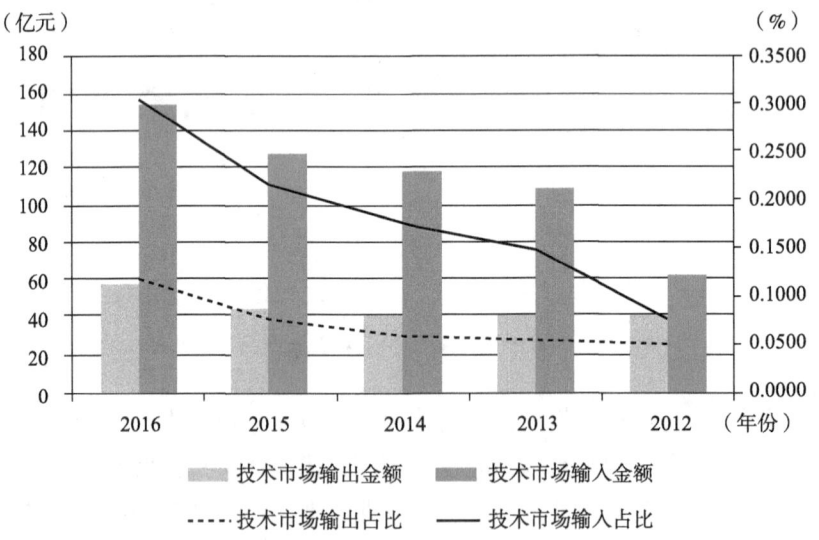

图7-9 2012—2016年河南省制造业技术市场成交情况

由表7-5可知,2012—2016年河南省制造业技术市场成交额列全国第20,远低于平均值352.6亿元,在中部六省中位列第5,仅高于山西。技术市场代表了河南省技术向外输出的情况，技术市场不活跃，说明河南省的技术发明和技术的应用并不活跃。这在一定程度上说明了技术创新能力的落后。2012—2016 年河南省制造业技术市场成交额占比列全国第 28 位，在中部六省中排名最后，比全国平均值低了 95%。由此可以看出，河南省制造业技术市场环境输出能力较差，其主要原因是河南省制造业专利技术科技含量较低，在技术市场上缺乏竞争力。

表 7-5 2012—2016 年沿海地区和中部主要省份技术市场成交情况

地区	技术市场成交额（亿元）	排名	技术市场成交额占比（%）	排名
北京	3940.97	1	22.09	1
深圳	3910.1	2	1.9	7
陕西	802.78	3	3.69	2
上海	780.98	4	2.51	3
广东	758.16	5	0.58	12
江苏	635.64	6	0.41	16
安徽	217.37	11	0.51	14
浙江	198.37	12	0.3	18
湖南	105.62	17	0.27	19
江西	79.01	18	0.24	21
河南	58.71	20	0.07	28
山西	42.56	24	0.33	17
平均值	352.60		1.48	

（2）政府环境

政府主要通过行政手段和经济手段支持技术创新活动，其中行政手段难以量化，而经济手段则可以通过 R&D 经费中来源于政府的资金得到体现，这也能够反映出政府环境好坏。

从图 7-10 可以看出，2012—2016 年河南省政府资金投入除 2015 年较高，为 11.6 亿元外，基本处于稳定状态，在 9 亿元附近波动变化。

从相对量来看，R&D 经费中政府资金占比不断下降，这主要是 R&D 经费逐年递增，而政府资金却基本保持不变所导致的，表明逐年增加的 R&D 经费多数来源于企业资金，河南省制造业政府环境在近几年无明显变化。

从全国范围来看，2016 年河南省制造业 R&D 经费中，政府资金为 9.60 亿元，在全国列第 15，几乎是广东的 1/4，在中部六省中排名第 4；

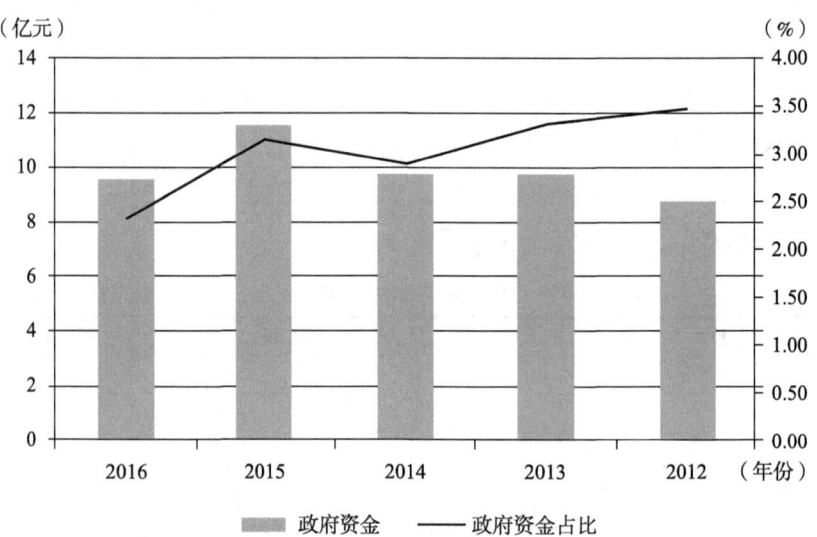

图 7-10　2012—2016 年河南省制造业政府资金投入情况

政府资金占比 2.34%，全国位列第 22，中部六省位列第 5，仅高于江西。因此，无论是相对量还是绝对量，河南省制造业政府环境在全国中均处于劣势地位（见表 7-6）。

表 7-6　2016 年沿海地区和中部主要省份政府资金情况

地区	政府资金（亿元）	排名	政府资金占比（%）	排名
陕西	38.01214	1	21.47	1
广东	37.9718	2	2.19	25
山东	37.17451	3	6.16	26
上海	36.72697	4	2.51	9
四川	36.5264	5	10.39	3
江苏	36.12836	6	1.54	30
湖北	36.01214	7	5.41	11
湖南	20.58738	9	5.24	13
安徽	19.9443	10	5.38	12
河南	9.60	15	2.34	22
山西	3.85	21	3.94	18
江西	3.02	24	1.69	29
平均值	13.02		5.61	

河南省在政府资金投入方面，主要集中在智能终端及信息技术、高端装备、节能与新能源汽车、数控机床和机器人、节能环保和新能源装备、生物医药、品质轻纺、冶金新型材料、现代化工材料、新型绿色建材十个重点制造业领域，因为河南省认为这十个领域目前是发展的短板，应该加以推动和发展。我们认为政府选择的这十个领域是考虑了河南省未来经济发展的战略要素，相对缺乏这些领域对河南省社会经济领域内的突破带动作用的考量。

二、河南省突破带动型高新技术评价体系构建

（一）评价方法的选择

通过前面的研究可以看出，众多学者运用不同的评价方法对技术创新能力进行评价，但是无论采用何种方法，其核心都在于对所选择的评价指标进行赋权的问题。对评估指标的赋权有多种方法可以选择，但基本可以把它们分为两大类，也就是所说的主观赋权法和客观赋权法。

主观赋权法是一种定性分析法，它根据专家或其他评价人员的主观经验，对评价指标进行赋权，即将指标权重也作为评价体系中的一项指标，事先设定好评价指标体系中各项指标的权重。主观赋权法的优点在于：①操作步骤简洁，无须对指标数据进行预处理，分析过程只涉及基本统计学方法；②针对性强，专家和评价者可以从实际的角度，针对评价对象的具体情况和评价目的，确立一套符合评价对象自身特点的权重指标。但是，在主观赋权法下，所选择的评价指标的数据与实际要确定的赋权往往联系不紧密，而所赋予的权重又反映了所评价内容的重要程度，它是一种主观判断。如果不考虑评价指标之间的内在联系，就会出现对一些比较重要的评价指标所赋予的权重判断过高或过低的现象，导致所选择的评价指标难以客观地反映评价对象。此外，由于所选择的评价指标一般都会随着时间和地点发生变化，其所代表的指标权重也会发生相应的变化，因此，原来能够反映事件本质的指标，也会随着时间的推移失去反映本质内容的条件。因此，这种赋予权重指标的方法将大大影响评价结果的准确性和有效性。

客观赋权法是一种定量分析法。这种方法是根据数据的内在联系机

制，采用多元统计分析的方法或其他数学的方法，具体确定各评价指标的权重。客观赋权法的优点在于：①指标权重反映了指标之间的内在联系，相对于主观赋权而言，客观赋权的方法排除了人为因素的干扰，权重设置更为合理；②客观赋权过程就是通过多元统计的分析方法，对大量的指标数据进行处理，所反映的指标权重能够呈现所选指标的全部信息。然而，客观赋权法也存在一些问题，表现在：①过于注重数据之间的联系，而忽略了评价对象的自身特点，权重设置缺乏针对性，可能与实际不符；②选用不同的统计分析方法对相同的指标数据赋予的权重也不尽相同。从这一点来看，客观赋权法的客观性也是相对于主观赋权法而言的。

前文所述的评价方法中，层次分析法（AHP）和模糊评价法属于主观赋权法，采用的是定性的方法，其权重的确定主要来自专家经验和主观判断，主观性较强且缺少定量数据，难以使人信服。在其余的客观赋权法中，熵值法能够根据指标的相对变化程度及对系统的整体影响程度分配权重，但无法对各指标进行横向比较，且受样本数量的影响较大。此外，数据包络分析（DEA）最大的优点在于能够衡量各指标的相对重要程度，其不足之处在于：①评价对象要具有同类可比性；②异常值波动性较大；③无法对多个有效决策单元进一步排序。BP神经网络法，可以表达任意的非线性关系，有比较强大的映射能力和泛化能力等，但采用BP神经网络学习的方法，在使用梯度下降算法的时候，最容易使最优解陷入局部极小化。我们对技术创新能力进行评价，需要输入的自变量较多，而且自变量之间还有可能存在多重共线性问题。

本书主要从河南省高新技术产业技术创新能力中比较出来哪些是具有突破带动能力的高新技术产业。因为技术创新能力是由多个要素构成的一个复杂系统，所以对它进行评价的体系构成也相对烦琐，其中包括了诸多的二级指标。我们试图在前人研究的基础上，选择与技术创新能力密切联系的指标体系，然而，所选的指标体系所构建的技术创新能力评价体系中指标相关性很强，并且具有系统性和层次性。对此，我们采用因子分析法，通过将原始变量的信息进行重新组合，找出能够影响多个变量的公因子，然后化简数据，达到降低维度的目的。采取因子分析法，通过正交旋转因子矩阵，使得因子变量更具有可解释性，命名的清晰性更高。事实上，因子分析方法也是一种客观赋权，可以更客观地确定每个公因子的权重，而不是人为主观地随意对其进行赋值。这种研究方法就使得出的结果更为科学合理。另外，相对于其他方法，因子分析法的操作性比较强，使用 SPSS 软件就能够比较方便地对所得数据进行因子分析。

综合以上原因，再考虑到我们研究内容所需要的评价方法和模型的特点以及使用范围等，本书决定采用因子分析法，通过因子分析判断哪些制造业属于突破带动能力较强的产业，并对河南省制造业技术创新能力进行评价。

（二）因子分析法的基本模型

所谓因子分析法，就是一种常用的多元统计分析的方法，它的基本思路是通过分析变量之间的相关系数构建矩阵的内部结构，对原始变量进行分组，将变量之间相关性高的放在同一组，不同组的变量之间相关性低，而且每组变量代表着一个基本结构，尽可能地让所选取的公共因子包含更多的原始变量信息，并使用不可观测的综合变量来表示这些信息，从而构建因子分析模型。将所研究的具体问题的原始变量分解为两部分：一部分是与公共因子无关的特殊因子；另一部分是少数几个不可观测的公共因子的线性函数。

具体的因子分析法有多种形式，常用的有 R 型因子分析法和 Q 型因子分析法。两者的计算过程是一样的，所采用的都是同一批观测数据。其中不同的是：R 型因子分析法使用的是变量的相关矩阵，而 Q 型因子分析法使用的是样品的相似系数矩阵。在这里主要讨论 R 型因子分析法。

假设有 m 个原始变量，n 个指标，$X=(X_1, X_2, \cdots, X_n)^T$ 为随机变量，要提取的公因子为 $F=(F_1, F_2, \cdots, F_m)^T$，则模型

$$\begin{cases} X_1 = a_{11}F_1 + a_{12}F_2 + \cdots + a_{1m}F_m + \varepsilon_1 \\ X_2 = a_{21}F_1 + a_{22}F_2 + \cdots + a_{2m}F_m + \varepsilon_2 \\ \vdots \quad \vdots \quad \vdots \quad \vdots \quad \vdots \quad \vdots \\ X_n = a_{n1}F_1 + a_{n2}F_2 + \cdots + a_{nm}F_m + \varepsilon_n \end{cases} \tag{7-1}$$

称为因子模型，公式中 $X_1 \sim X_n$ 为原有变量，是均值为 0、标准化为 1 的标准化变量。$F_1 \sim F_m$ 为 m 个因子或公因子（$n>m$），表现为矩阵形式为 $X=AF+\varepsilon$，即

$$|X_2| = \begin{vmatrix} a_{21} & a_{21} & a_{2m} \\ \cdots & \cdots & \cdots \end{vmatrix} |F_2| + \begin{vmatrix} \varepsilon_2 \\ \cdots \end{vmatrix} \tag{7-2}$$

其中，X 代表已经标准化后，可观测的 n 维变量的向量，其中的每一个分量表示一个变量，或一个指标；F 出现在每个指标的表达式中，称为公共因子。公共因子虽然是不可观测的，但其含义要根据具体问题来解释；矩阵 A 是指标在公共因子中的系数，其中，元素 a_{ij} 称为因子载荷，它的统计含义是指标 X 在公共因子中的相关系数，也就是各个对应指标 X 所特有的因子，因此称为特殊因子。它与公共因子之间是彼此独立的，它可以解释原始变量中不能由因子解释的部分，均值为 0。

公共因子方差是指变量 X_n 的共同度，第 k 个公因子对 i 个变量方差的贡献为第 i 个变量共同度，记为 h_i^2，表示变量 X_n 能被 k 个公因子所描述的程度，公式为

$$h_i^2 = \sum_{i=1}^{n} a_{nm}^2 (m = 1, 2, \cdots, k) \tag{7-3}$$

公因子方差贡献率表示在因子载荷矩阵 $A = (a_{nm})$，各列元素 a_n 的平方记为

$$Z_i^2 = \sum_{n=1}^{k} a_{ij}^2 (i = 1, 2, \cdots, n) \tag{7-4}$$

公式 (7-4) 表示第 j 个公共因子 F_j 对于 X_i 所提供的方差总和，它是衡量公共因子相对重要性的指标。方差贡献率越大，则说明公共因子对样本 X_n 的贡献程度越大。

（三）因子分析法的基本步骤

采用因子分析法需要解决的关键问题，就是因子变量的构造以及通过旋转方法，使得因子变量具备可解释性。因子分析法的全过程都是围绕这些问题来展开的。

（1）检验数据能否做因子分析

因子分析的核心就是通过减少变量的个数达到简化分析过程的目的，要做到这些必须要求原始变量之间存在交集，只有这样才能通过 SPSS20.0 软件，将变量之间重叠的部分提取出来，并综合成为因子。这就要求原有变量之间存在比较强的相关性，否则就不能提取出公共因子，对因子进行分析也就没有意义了。因此，进行因子分析的基本条件，就是检验原有变量是否适合做因子分析。

一般的做法是在 SPSS 里面通过信度检验（巴特利特球形检验和 KMO

检验）和效度检验（α 信度检验）两个维度对原始数据进行检验。

（2）提取公因子

在提取公共因子过程中，首先要对适合做因子分析的数据进行公因子提取或者主成分提取。然后对提取出来的少量的主成分进行解释，可以反映出所有因子的信息。具体提取公因子的方法，主要有碎石图判别法、特征根判别法和累计方差贡献率判别法。

（3）因子的旋转和命名

在因子分析中我们需要解决很多的问题，其中对因子进行命名和解释就是一个重要的，而且有一定难度的问题。在进行因子命名的时候必须综合考虑到每个指标的具体情况，以及指标所反映问题的实质。与此同时，还要兼顾到那些初始指标在每一个主因子上作用的载荷。

在具体操作过程中，主要是通过因子旋转来保证每个因子能够成功代表某一个变量，并且能够解释该变量的绝大部分信息。因子旋转的方法有正交旋转法和斜交旋转法。在因子旋转的时候，一般是使用正交旋转法。因为使用斜交旋转法所得出的新因子之间没有办法保证不相关，而且正交旋转法也是比较常用的方法，其本质是方差最大法。

（4）综合计算因子得分

计算因子得分是因子分析法的最终目标，因为有了因子得分函数，就可以让因子变量来替代原始的变量，从而可以构建一个因子的得分函数模型，进而对所要研究的问题进行分析和评价。因子得分函数表达式如下：

$$F_j = \beta_{j1}x_1 + \beta_{j2}x_2 + \cdots + \beta_{jp}x_p \quad (j=1, 2, \cdots, m) \tag{7-5}$$

其中，β 为原变量的相关系数矩阵。

（5）计算综合得分

综合得分就是对每个公因子的得分和其相对应的权重的积进行求和，其中分值的高低直接表明技术创新能力的高低。综合得分的计算表达式如下：

$$F = \sum_{j=1}^{m} \alpha_j F_j \tag{7-6}$$

其中，F 代表综合得分。

（四）构建指标体系

构建高新技术产业技术创新能力的指标体系，需要认识和把握高新技术产业技术创新活动的本质，科学评价技术创新能力的实际水平，并能概括企业技术创新能力的主要内容。这是政府对高新技术产业的技术创新活动进行宏观调控，制定技术创新政策的重要依据。评价指标的选取直接关系到最终评价结果的有效性，基本的出发点是把高新技术产业技术创新能力结构中所涉及的所有领域的复杂关系简单化，把握企业技术创新活动的本质特征，有的放矢，用最精简的评价指标获取尽可能多的信息。因此，构建高新技术产业技术创新能力评价指标体系，应遵循如下基本原则：

(1) 科学原则

科学原则是评价指标设计的基本原则，它要求评价指标体系必须建立在科学理论的基础之上，因此所选择的指标要包含技术创新能力的本质，反映技术创新能力的所有重要因素，同时，数据来源、处理方法要科学，能准确、真实地呈现河南省制造业的技术创新能力。

(2) 目的性原则

根据目的性原则构建的指标体系，应是对评价对象的本质特征、结构及其构成要素进行客观的描述，能够支撑最高层次的评价准则，为评价结果的判定提供依据。因此，构建制造业技术创新能力指标体系不仅是为了反映技术创新能力的水平，更重要的是通过评价发现薄弱环节，为进一步提高技术创新能力指明方向和提供决策参考。

(3) 系统原则

构建技术创新能力评估体系是一项复杂的系统性工程，不是所选择评价指标的简单堆积，需要从系统性、整体性的视角进行全面的综合考虑，使得各评估指标能够有机地结合在一起，构成既相互联系又相互独立的统一整体。

(4) 可比性原则

评价体系的建立是为了对不同的技术创新能力进行评估对比，如果所选择的数据指标的标准不一致，所做的对比分析就没有了意义，因此，所选用的评价指标必须是各产业共有的指标，各指标的统计口径、统计时间等也要保持统一，确保所选择对比的指标是在相同的时点上，并且所指代的内容相同，不仅如此，还要保证数据的准确性。

(5) 可行性原则

在因子评价过程中，所牵涉的指标非常多，所选取的指标既要考虑能否准确反映技术创新能力，又要考虑指标在实际研究工作中是否具备可行性。从理论上讲，所选取的指标越全面，越能反映真实的技术创新能力，然而，如果是太烦琐的指标体系，则不仅不容易操作，而且指标的数据也难以搜集。因此，在能够保证评价结果客观科学的基础上，尽可能地精简指标体系，合理选择实用的指标，舍弃一些微小的影响因素，更有利于评价结果的分析。

（五）指标体系的确立

本书在构建河南省高新技术产业技术创新能力评价指标体系的时候，主要从技术创新的基本要素角度出发，以我国学者在这方面的研究成果为基础形成研究报告。例如，黄鲁成等对北京市制造业行业技术创新能力所进行的研究，将创新资源投入能力、研究开发能力和创新产出能力作为一级指标，将 R&D 经费投入、R&D 人员投入、专利产出和新产品产出等作为二级指标，构成评价体系。王章豹和孙陈认为制造业技术创新能力的评价既包括技术指标，也包括经济指标，因此，还设计了由创新支撑保障能力、创新资源投入能力、技术成果转化能力、技术创新产出能力和技术创新环保能力五大模块，共 18 个指标构成的技术创新能力评价指标体系，以此对装备制造业技术创新能力进行评价。薛薇、张忠家、张铁山、肖皓文、边明英、孙虹、汪志波均基于技术创新过程视角，以创新投入和创新产出为一级指标，以人力投入、财力投入、专利产出和新产品产出为二级指标构建评价指标体系。此外，中国科学技术发展战略研究院从创新的投入、创新的产出和创新的环境三个层面建构了区域指标评价体系，长期对地区技术创新能力进行测度。

本书充分借鉴了国内学者对技术创新能力指标体系的选择方法，根据河南省高新技术产业的特征和基本的构建指标体系的理论和原则，将技术创新投入能力、技术创新产出能力、技术创新环境作为河南省高新技术产业技术创新能力评价指标体系的一级指标，在此基础上确定 16 个二级指标，见表 7-7。

表 7-7　河南省高新技术产业技术创新能力指标评价体系

一级指标	二级指标	单位	变量
技术创新投入能力	R&D 人员	人	$X1$
	R&D 人员全时当量	人年	$X2$
	新产品开发经费	万元	$X3$
	R&D 内部经费支出	万元	$X4$
	非 R&D 经费支出	万元	$X5$
	R&D 人员投入强度	%	$X6$
	R&D 经费投入强度	%	$X7$
技术创新产出能力	专利申请数	件	$X8$
	有效发明专利数	件	$X9$
	新产品产值	万元	$X10$
	新产品销售收入	万元	$X11$
技术创新环境	具有研发机构的企业数	个	$X12$
	企业办研发机构数	个	$X13$
	有 R&D 活动企业占比	%	$X14$
	技术市场输出额	万元	$X15$
	技术市场输入额	万元	$X16$

一级指标技术创新投入能力：

技术创新投入能力是技术创新活动的首要因素。对技术创新投入能力的衡量反映了技术创新活动所消耗的创新资源。这个指标直接影响到制造业技术创新水平，也是衡量制造业整体技术创新能力的关键。在技术创新投入的指标中，研发人员的投入和研发经费的投入是技术创新最基本的两个要素。本书选择的具体指标包括 R&D 人员、R&D 人员全时当量、新产品开发经费、R&D 内部经费支出、非 R&D 经费支出、R&D 人员投入强度、R&D 经费投入强度。

R&D 人员（$X1$）：是指参与研究与试验发展项目的研究人员、管理和辅助工作的人员，这个指标反映了能够投入，并从事拥有自主知识产权研究开发活动的人力规模。

R&D 人员全时当量（$X2$）：是指全时人员数，加上非全时人员，按照工作量所折算为全时人员数的总和。

新产品开发经费（$X3$）：企业用于新产品开发的经费投入。

R&D 内部经费支出（$X4$）：是指内部开展 R&D 活动（基础研究、应用研究和试验发展）的实际支出。

非 R&D 经费支出（$X5$）：用于开展非内部 R&D 活动的经费支出，这些指标包括引进、购买、消化、吸收技术经费的支出的合计数。

R&D 人员投入强度（$X6$）= R&D 人员/期末从业人员×100%

R&D 经费投入强度（$X7$）= R&D 经费内部支出/主营业务收入×100%

一级指标技术创新产出能力：

技术创新产出能力，是指通过技术创新活动，能够为企业或行业带来的科技进步和经济效益，是技术创新能力的成果表现形式。专利是一个国家或一个产业的科技创新能力体现，具有数据准确、易获得的优点，受到多数学者的青睐。前面的文献也是选择专利申请数和有效发明专利数作为衡量科技产出的主要指标。傅家骥提出通过产出标准，即商业化应用成功的技术和市场占有率较高的创新产品来衡量创新能力，在专利的基础上，专家学者通过新产品这一指标来衡量技术创新产出的经济效益。因此，本书借鉴学者们的观点，利用专利申请数、有效发明专利数、新产品产值、新产品销售收入指标，从科技成果和经济效益两个方面来衡量技术创新产出能力。

专利申请数（$X8$）：是指专利机构受理技术发明申请专利的数量，它是发明专利申请量、实用新型专利申请量和外观设计专利申请量的总和。

有效发明专利数（$X9$）：是指报告期末，企业作为专利权人，在报告期所拥有的，经国内外知识产权的行政部门授权，且在有效期内的发明专利件数。

新产品产值（$X10$）：企业采用新技术、新工艺生产的全新产品的产值。

新产品销售收入（$X11$）：企业采用新技术、新工艺生产的全新产品的产值带来的销售收入。

一级指标技术创新环境：

技术创新活动和企业所处的行政措施、相关的法律、国际贸易和科技水平等环境密切相关。创新环境就是指地区具有适宜的政策支持、合适的法律和国际贸易条件等，能够给企业从事技术创新足够的支持。在这样的环境下，企业才能依靠创新的成果形成地区的突破带动能力，进一步促进区域经济的发展。Enos 提出创新环境影响了技术创新投入和产出，对技术创新过程具有重要的促进作用，并通过阶段性区域面板数据进行实证分析，发现并证实了创新环境对技术创新过程的重要影响。本书主要从区域工业水平、企业自主创新能力、技术创新市场活跃程度等方面来衡量制造业技术创新环境，具体指标包括：具有研发机构的企业数、企业办研发机构数、有 R&D 活动企业占比、技术市场输出额、技术市场输入额。

具有研发机构的企业数（$X12$）：反映该行业区域工业水平。

企业办研发机构数（$X13$）：指企业内部创办的研发机构，反映了企业的自主创新能力。

有 R&D 活动企业占比（$X14$）＝有 R&D 活动企业数/企业总数×100%

技术市场输出额（$X15$）和技术市场输入额（$X16$）：指在技术市场上，购进或卖出专利技术的合同金额，反映了技术创新市场活跃程度。

三、河南省突破带动型高新技术产业能力实证分析

本书在构建指标评价体系的基础上，运用因子分析法和聚类分析法，从静态和动态两个维度对河南省高新技术产业创新能力进行评价。

（一）河南省突破带动型高新技术产业创新能力静态分析

（1）数据来源

本节原始数据来源于《中国科技统计年鉴》（2016）、《中国工业统计年鉴》（2016）、《工业企业科技活动统计年鉴》（2016），指标体系中不能从统计年鉴中直接获取的指标通过上面的有关公式计算而得。由于部分相关数据有丢失，我们基于数据可获得性的原则，剔除该部分数据。

（2）原始数据检验

信度检验——Cronbach's α 检验：

信度检验用于检验指标设置的一致性，内在信度高，意味着指标体系评价目的明确，一致程度高，指标体系设置合理，所得的评估结果是可信的。本书采用 Cronbach's α 系数法，对研究对象进行信度检验。Cronbach's α 系数在 0~1，如果 Cronbach's α 系数在 0.9 以上，可认为指标体系内在信度非常高；Cronbach's α 系数在 0.8~0.9，就可以判定其内在信度较高；

Cronbach's α 系数在 0.7~0.8，就可以判定其内在信度是可以接受的；如果 Cronbach's α 系数小于 0.6，就认为内在信度较低，不能接受，因此不能进行后续研究，而需要重新制定指标体系。将省际数据代入 SPSS 运行后得到 Cronbach's α 检验结果，具体见表 7-8。

表 7-8 Cronbach's α 信度检验

观测值摘要		可靠性统计	
观测值有效	30	Cronbach 的 Alpha 值	项目个数
总计	30	0.705	16

从表 7-8 中可以发现，本书研究对象 Cronbach's α 系数为 0.705，该值介于 0.7 和 0.8 之间，指标体系设置合理，指标内在一致性较高，所得的评估结果是可信的，因此，可以进行后续研究。

效度检验——KMO 和 Bartlett 球形检验：

KMO 检验是用于检验变量间，单相关系数和偏相关系数的指标。KMO 取值分布在 0~1。越贴近 1，则说明变量间的偏相关性越强，反之则越弱。根据 Kaiser 提出的 KMO 值的度量标准：0.5 以下代表极不适合；0.6 代表不太适合；0.7 代表一般适合；0.8 代表适合；0.9 以上代表非常适合。

Bartlett 球形检验以原有变量的相关系数为出发点，其原假设是：相关系数矩阵是单位矩阵 Bartlett 球形检验的检验统计量，根据相关系数矩阵的行列式计算得到，且近似服从卡方分布，如果该统计量的观测值比较大，而且所对应的概率 P 值小于所给定的显著性水平，就应拒绝原假设，可以认为相关系数矩阵不太可能是单位矩阵，原有变量适合做因子分析；反之则反是。将省际数据代入 SPSS 运行后得到 KMO 和 Bartlett 球形检验结果，见表 7-9。

表 7-9 KMO 和 Bartlett 球形检验

Kaiser-Meyer-Olkin 测量取样适当性		0.802
Bartlett 球形检验	大约卡方	1153.183
	df	120
	Sig.	0.00

由表 7-9 中的检验结果可以看出，KMO 检测值为 0.802，要大于所规定的 0.7。这就意味着，我们所检验的各变量之间的相关性比较高，是非

常适合做因子分析的。再由 Bartlett 球形检验结果可以看出，大约卡方为 1153.183，Sig. = 0.00，而相应的概率值接近于 0，如果显著性水平为 0.05，由于概率 P 值远小于显著性水平的要求，是应该拒绝原假设的，也就是说，相关系数矩阵非单位矩阵，也是适合做因子分析的。

（3）提取公因子数

通过以上对所收集的样本数据变量进行检验后发现，样本原始数据变量适合做因子分析，同时，因子分析的结果也具有可信度。在因子分析过程中，主要是对因子变量之间的主成分进行提取，对于原始数据因子主成分提取的结果见表 7-10。

表 7-10　变量因子提取结果

变量指标	初始值	提取值
R&D 人员	1	0.979
R&D 人员全时当量	1	0.974
新产品开发经费	1	0.961
R&D 内部经费支出	1	0.979
非 R&D 经费支出	1	0.872
R&D 人员投入强度	1	0.968
R&D 经费投入强度	1	0.971
专利申请数	1	0.848
有效发明专利数	1	0.899
新产品产值	1	0.952
新产品销售收入	1	0.905
具有研发机构的企业数	1	0.981
企业办研发机构数	1	0.984
有 R&D 活动的企业占比	1	0.932
技术市场输出额	1	0.964
技术市场输入额	1	0.936

上述的主成分因子提取是对原有数据变量进行共同度分析，最后一列的数据是各个变量提取后，对原有数据的解释情况。原则上要求提取后的变量指标的共同度必须要大于 50%，这是为了保证在提取中，原始数据的

丢失情况要非常小。在选取的 16 个变量中,从提取的结果来看,16 个因子的共同度提取都在 80% 以上,说明选取的 16 个指标对原有变量数据的共同度较好,对于进行接下来的数据分析丢失性较少,提取的因子数据对原始变量数据的解释能力较强。

在对原始数据提取共同成分后,基于因子特征值和累计方差贡献率可提取公因子,见表 7-11。

表 7-11 解释的总方差

成分	初始特征值			提取平方和载入			旋转平方和载入		
	合计	方差(%)	累计(%)	合计	方差(%)	累计(%)	合计	方差(%)	累计(%)
1	12.424	77.648	77.648	12.424	77.648	77.648	8.139	50.867	50.867
2	1.642	10.264	87.911	1.642	10.264	87.911	4.786	29.911	80.778
3	1.038	6.489	94.400	1.038	6.489	94.400	2.180	13.622	94.400
4	0.292	1.825	96.225						
5	0.234	1.464	97.689						
6	0.128	0.803	98.491						
7	0.083	0.521	99.012						
8	0.063	0.396	99.408						
9	0.040	0.249	99.657						
10	0.034	0.213	99.871						
11	0.009	0.059	99.930						
12	0.006	0.040	99.970						
13	0.003	0.019	99.989						
14	0.002	0.010	99.999						
15	0.000	0.001	100.000						
16	1.280E-05	8.000E-05	100.000						

注:提取方法为主成分分析法。

根据特征值大于 1 的原则,我们提取前三个公因子。第一个因子的特征值为 12.424,方差为 77.648%,这说明第一个因子解释了原始的 16 个变量指标的总方差的 77.648%;第二个因子的特征值为 1.642,方差为 10.264%,说明第二个因子解释了原始的 16 个变量指标的总方差的 10.264%;第三个因子的特征值为 1.038,方差为 6.489%,说明第三个因子解释了原始的 16 个变量指标的总方差的 6.489%。前三个因子累计的方差贡献率达到 94.4%，说明其对于原始数据变量的总方差解释程度达到了 94.4%，能够对原有的 16 个变量数据进行很好的解释。所以从总体上来看，我们做因子分析的结果是十分理想的，原始变量数据的丢失情况较少。表 7-11 中第三组数据（旋转平方和载入）描述了最终公因子的情况，从中可以看出，经过旋转后的因子总方差贡献率并没有因此而改变，也即说明旋转后，没有影响原有变量的共同度，只是重新分配了各因子解释原有变量的方差。也就是说，只是改变了各因子的方差贡献率，使因子更易于解释。

碎石图（见图 7-11）可以更为直观地反映选取的公因子个数。在图 7-11 中，横坐标为公因子个数，纵坐标为特征值，越靠近左侧越陡峭的地方，说明其对应的特征根比较大，也说明对总体的解释较为重要；而较为平缓的地方，对应较小的特征根，说明其影响不明显。从图 7-11 中可以看到，第一个因子的特征值非常高，对解释原有变量所做出的贡献最大，第二个因子次之，第三个因子次于第二个因子，而第三个以后的因子的特征值都非常小（几乎为 0），因此它们对原有变量的解释的贡献也就非常小，已经成了几乎可以被忽略的"高山脚下的碎石"，因此，碎石图进一步证明了提取三个公因子是合适的。

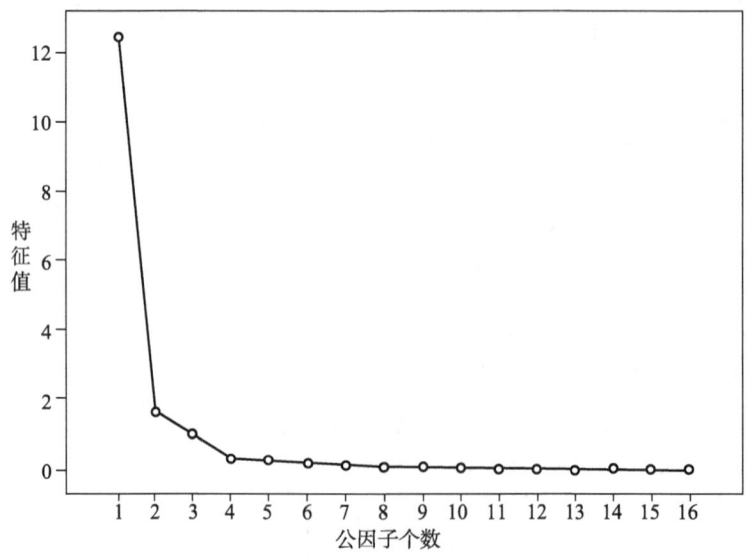

图 7-11　碎石图

(4) 因子旋转与命名

由于每一个公因子都包含了所有因子的部分信息，不便于研究每一个公因子在技术创新能力中所具有的含义，因此需要对公因子载荷进行旋转，以便清晰地展示出每一个公因子所包含的因子信息。本书采用 Kaiser 极大方差法，对因子载荷矩阵进行正交旋转，以便对公因子进行命名和解释，结果见表 7-12。

表 7-12 旋转因子载荷矩阵

变量	公因子		
	F1	F2	F3
$X1$	**0.856**	0.484	0.108
$X2$	**0.838**	0.512	0.101
$X3$	**0.836**	0.485	0.162
$X4$	**0.903**	0.373	0.158
$X5$	**0.748**	0.550	0.099
$X6$	**0.840**	0.495	0.134
$X7$	**0.730**	0.650	0.122
$X8$	**0.767**	−0.036	0.508
$X9$	**0.891**	0.316	0.074
$X10$	**0.759**	0.593	0.156
$X11$	**0.822**	0.415	0.238
$X12$	0.503	**0.852**	0.048
$X13$	0.537	**0.832**	0.054
$X14$	0.233	**0.881**	0.318
$X15$	−0.009	0.051	**0.981**
$X16$	0.403	0.350	**0.807**

注：提取方法为主成分分析方法；旋转方法为 Kasier 标准化最大方差法；旋转在 5 次迭代后已收敛。

由表 7-12 可知，变量 $X1 \sim X11$ 在第一个因子 F1 上具有较大载荷，即第一个因子主要解释了 R&D 人员、R&D 人员全时当量、新产品开发经费、R&D 内部经费支出、非 R&D 经费支出、R&D 人员投入强度、R&D 经费投入强度、专利申请数、有效发明专利数、新产品产值、新产品销售收入。

这些指标主要反映了技术创新的投入和产出能力，因此我们将 F1 命名为投入产出因子。变量 $X12$、$X13$、$X14$ 在第二个公因子 F2 上具有较大载荷，即第二个因子主要解释了具有研发机构的企业数、企业办研发机构数、有 R&D 活动企业占比，这些指标反映的都是技术创新环境中企业内部相关指标，所以我们将 F2 命名为内部环境因子。变量 $X15$、$X16$ 在第三个因子 F3 上具有较大载荷，即第三个因子主要解释了技术市场输出额和技术市场输入额，这两个指标反映的都是技术创新环境中的外部市场环境，所以我们将 F3 命名为外部环境因子。

（5）计算因子得分

在提取出因子后需要计算因子得分，本书采用回归分析法对各因子进行线性回归，并且通过分析计算出因子得分系数矩阵，见表 7-13。

表 7-13　因子得分系数矩阵

变量	因子		
	F1	F2	F3
$X1$	0.140	-0.034	-0.054
$X2$	0.122	-0.008	-0.058
$X3$	0.125	-0.028	-0.020
$X4$	0.198	-0.129	-0.026
$X5$	0.070	0.054	-0.050
$X6$	0.126	-0.022	-0.037
$X7$	0.019	0.126	-0.038
$X8$	0.270	-0.357	0.211
$X9$	0.226	-0.158	-0.071
$X10$	0.050	0.075	-0.019
$X11$	0.139	-0.071	0.029
$X12$	-0.147	0.354	-0.064
$X13$	-0.126	0.328	-0.063
$X14$	-0.300	0.473	0.124
$X15$	-0.136	-0.003	0.573
$X16$	-0.071	0.034	0.412

根据因子得分系数矩阵，得到各个因子的得分函数如下：

$F_1 = 0.140X1 + 0.122X2 + 0.125X3 + 0.198X4 + 0.070X5 + 0.126X6 +$

$0.019X7+0.270X8+0.226X9+0.050X10+0.139X11-0.147X12-0.126X13-0.300X14-0.136X15-0.071X16$

$F_2 = -0.034X1-0.008X2-0.028X3-0.129X4+0.054X5-0.022X6+0.126X7-0.357X8-0.158X9+0.075X10-0.071X11+0.354X12+0.328X13+0.473X14-0.003X15+0.034X16$

$F_3 = -0.054X1-0.058X2-0.020X3-0.026X4-0.050X5-0.037X6-0.038X7+0.211X8-0.071X9-0.019X10+0.029X11-0.064X12-0.063X13+0.124X14+0.573X15+0.412X16$

以上所提取的三个因子分别从技术创新投入产出、内部环境、外部环境三个维度反映各省高新技术产业技术创新能力,采用回归法根据以上公式计算出各因子的得分情况,并将各个因子旋转后的方差贡献率作为计算的基本权重,可以得到各省的技术创新综合评价表达式:$F=(F_1×50.867+F_2×29.911+F_3×13.622)/94.4$。具体结果见表7-14。

表7-14　2016年部分地区技术创新投入产出、环境及技术创新能力排名

地区	F1得分	F1排名	F2得分	F2排名	F3得分	F3排名	F得分	F排名
北京	-1.183	30	0.134	8	4.723	1	0.086	7
天津	-0.121	14	-0.144	17	0.734	4	-0.005	11
河北	0.051	12	-0.255	19	-0.479	23	-0.122	15
山西	-0.546	23	-0.115	14	-0.468	22	-0.398	22
内蒙古	-0.457	20	-0.292	21	-0.395	18	-0.396	21
辽宁	0.376	7	-0.990	29	0.161	8	-0.088	14
吉林	-0.357	16	-0.389	23	-0.617	29	-0.404	23
黑龙江	-0.157	15	-0.720	26	-0.045	10	-0.319	18
上海	0.691	5	-0.867	28	0.965	2	0.237	5
江苏	1.249	3	4.425	1	0.423	6	2.736	1
浙江	0.749	4	1.852	2	-0.753	30	0.882	4
安徽	0.118	10	0.461	3	-0.042	9	0.204	6
福建	0.011	13	-0.038	11	-0.155	12	-0.029	12

续表

地区	F1 得分	F1 排名	F2 得分	F2 排名	F3 得分	F3 排名	F 得分	F 排名
江西	-0.368	18	-0.121	15	-0.439	20	-0.300	17
山东	2.583	2	-1.199	30	-0.108	11	0.996	3
河南	0.476	6	-0.381	22	-0.591	27	0.051	9
湖南	0.300	8	-0.129	16	-0.253	14	0.084	8
广东	3.365	1	-0.607	25	0.481	5	1.690	2
广西	-0.429	19	-0.219	18	-0.607	28	-0.388	20
海南	-0.982	29	0.206	7	-0.506	24	-0.537	29
重庆	-0.358	17	0.126	9	-0.251	13	-0.189	16
四川	0.278	9	-0.736	27	0.249	7	-0.047	13
贵州	-0.503	22	-0.275	20	-0.344	17	-0.408	24
云南	-0.957	28	0.334	4	-0.419	19	-0.470	26
陕西	-0.499	21	-0.101	13	-0.279	16	-0.341	19
甘肃	-0.948	27	0.315	5	-0.275	15	-0.450	25
青海	-0.812	25	-0.084	12	-0.520	25	-0.539	30
宁夏	-0.913	26	0.247	6	-0.527	26	-0.490	28
新疆	-0.748	24	-0.016	10	-0.462	21	-0.475	27

（二）河南省突破带动型高新技术产业创新能力静态结果分析

以 2016 年 30 个省份高新技术产业技术创新能力因子分析结果作为研究对象，从静态的维度研究河南省高新技术产业技术创新能力的得分情况，发现如下特征：

（1）F1 因子得分

投入产出因子（F1）是构成技术创新能力的最重要因子，解释总方差的 50.867%。由表 7-14 可以看出，河南省 F1 得分为 0.476，在 30 个省份中排名第 6，处于中等偏上水平，表明河南省高新技术产业技术创新的投入产出能力在中部六省中处于领先水平，具体如图 7-12 所示。

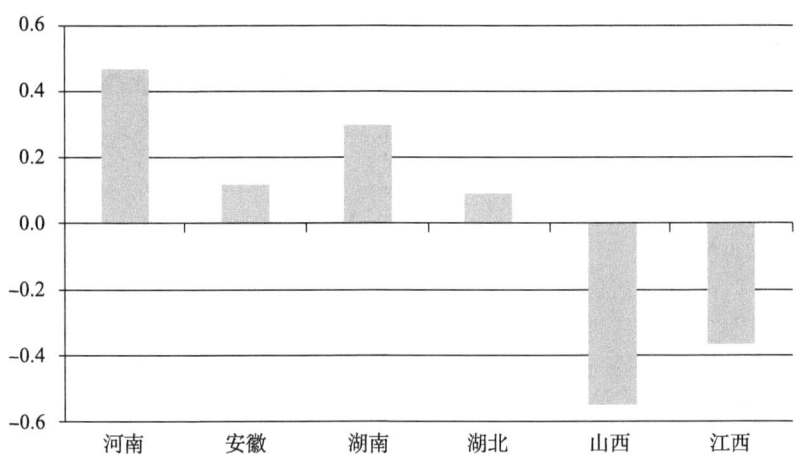

图 7-12　2016 年中部六省制造业投入产出因子得分

(2) F2 因子得分

内部环境因子（F2）是构成技术创新能力的第二重要因子，解释总方差的 29.911%。河南省 F2 得分为 -0.381，在 30 个省份中排名第 22，基本处于落后水平。排在前三位的是江苏、浙江、安徽，河南省与这些省份的差距较大。河南省在中部六省中排名第 5，仅高于湖北省，表明河南省高新技术产业技术创新的内部环境较差，具体如图 7-13 所示。

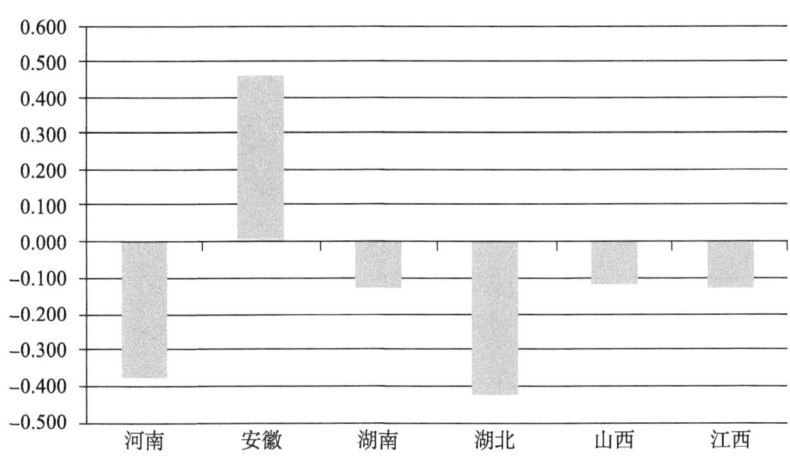

图 7-13　2016 年中部六省高新技术产业内部环境因子得分

(3) F3 因子得分

外部环境因子（F3）在三个因子中影响力较小，解释总方差的

13.622%。河南省 F3 得分仅为 -0.591，在 30 个省份中排名第 27，处于落后水平，在中部六省中排名第 6，表明河南省高新技术产业技术创新的外部环境较差，具体如图 7-14 所示。

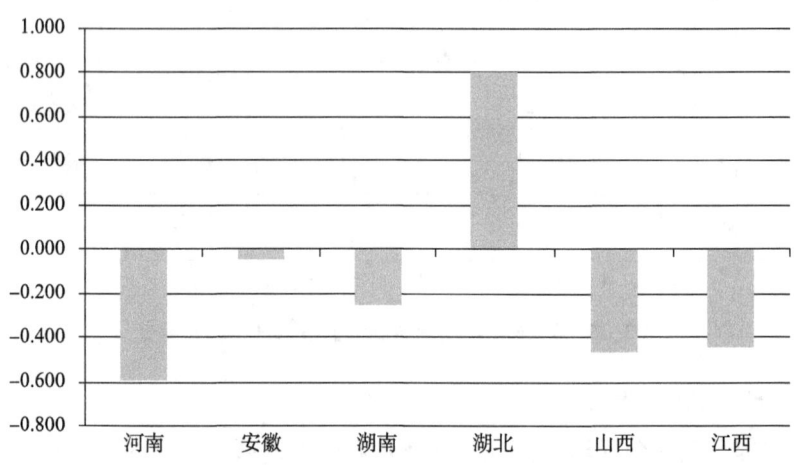

图 7-14　2016 年中部六省高新技术产业外部环境因子得分

（4）综合因子得分

通过对 F1、F2、F3 因子得分加权得到高新技术产业技术创新能力综合得分。由表 7-14 可知，河南省高新技术产业技术创新能力综合得分为 0.051，在 30 个省份中位于第 9，在中部六省中列第 3，落后于安徽、湖南，具体如图 7-15 所示。

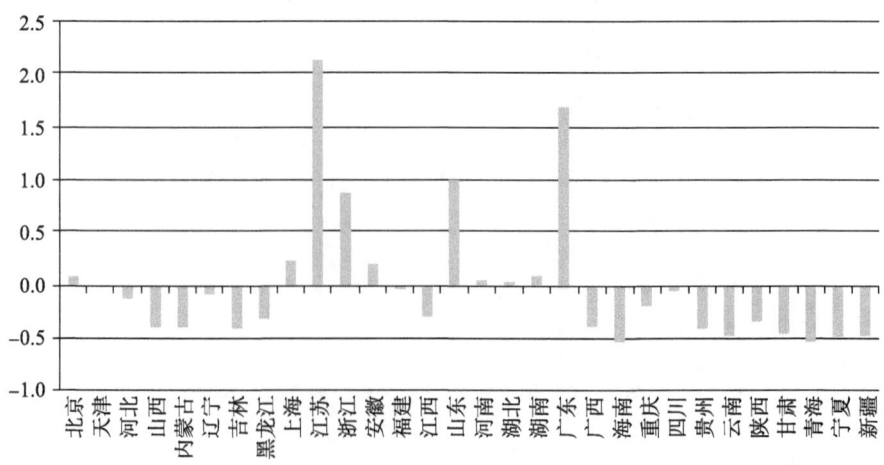

图 7-15　2016 年全国高新技术产业技术创新能力综合得分

由于在考察综合得分时是根据各因子方差贡献率加权得到的，因此，虽然河南省高新技术产业的 F1 得分比较高，但 F2 和 F3 累计方差贡献率之和为 16.74%，占总方差贡献率的 43.53%，F2 和 F3 较低的得分制约了河南省高新技术产业技术创新能力综合得分。

（5）各指标影响分析

为了更加直观地找出影响河南省高新技术产业技术创新能力的主要因素，我们将 F1、F2、F3 的计算公式代入总得分 F，就可得到各项指标与总得分 F 的关系，具体公式如下：

$F = 0.0567X_1 + 0.0548X_2 + 0.0557X_3 + 0.0625X_4 + 0.0474X_5 + 0.0556X_6 + 0.0447X_7 + 0.0627X_8 + 0.0617X_9 + 0.0481X_{10} + 0.0566X_{11} + 0.0237X_{12} + 0.0266X_{13} + 0.0059X_{14} + 0.0084X_{15} + 0.0322X_{16}$

为了更为直观地分析河南省高新技术产业技术创新能力落后的原因，我们根据上面的公式计算出河南省各项技术创新指标的得分及全国排名，结果见表 7-15。

表 7-15　河南省高新技术产业技术创新各项指标得分及排名情况

指标	变量	权重	得分	排名
R&D 人员	X_1	0.0567	0.00408	12
R&D 人员全时当量	X_2	0.0548	0.00448	11
新产品开发经费	X_3	0.0557	0.03742	7
R&D 内部经费支出	X_4	0.0625	0.02537	6
非 R&D 经费支出	X_5	0.0474	0.00822	9
R&D 人员投入强度	X_6	0.0556	−0.03736	21
R&D 经费投入强度	X_7	0.0447	−0.03923	25
专利申请数	X_8	0.0627	0.02283	5
有效发明专利数	X_9	0.0617	0.02942	6
新产品产值	X_{10}	0.0481	0.00306	9
新产品销售收入	X_{11}	0.0566	0.01694	6
具有研发机构的企业数	X_{12}	0.0237	−0.02659	19
企业办研发机构数	X_{13}	0.0266	−0.03015	24
有 R&D 活动企业占比	X_{14}	0.0059	−0.01699	26
技术市场输出额	X_{15}	0.0084	−0.02641	27
技术市场输入额	X_{16}	0.0322	−0.00074	18

由表 7-15 可以看出，专利申请数（$X8$）、R&D 内部经费支出（$X4$）、有效发明专利数（$X9$）、R&D 人员（$X1$）、新产品销售收入（$X11$）等指标在河南省高新技术产业技术创新能力综合得分中所占比重较大，对技术创新能力影响较强，河南省需要在这几项指标上加大投入力度。从每一个指标得分及排名情况来看，河南省制造业处于全国前十的指标，主要包括新产品开发经费（$X3$）、R&D 内部经费支出（$X4$）、非 R&D 经费支出（$X5$）、专利申请数（$X8$）、有效发明专利数（$X9$）、新产品产值（$X10$）、新产品销售收入（$X11$），说明河南省高新技术产业在技术创新投入和产出方面表现良好，处于全国中等偏上水平。与此形成对比的是，技术市场输出额（$X15$）、技术市场输入额（$X16$）、有 R&D 活动企业占比（$X14$）、企业办研发机构数（$X13$）、R&D 人员投入强度（$X6$）、R&D 经费投入强度（$X7$）等指标处于落后水平，说明这些指标是阻碍河南省高新技术产业技术创新能力提升的主要因素。

（三）河南省突破带动创新能力动态分析

前文选取 2016 年的统计数据比较河南省高新技术产业和全国的技术创新能力。但是用 2016 年的截面数据只能反映 2016 年节点的情况，无法反映出河南省高新技术产业技术创新能力的历史发展情况，因此，本书又选取了 2012—2015 年的相关数据，计算出这 4 年河南省高新技术产业技术创新能力指标的综合得分，再进行排序。由于这 4 年的因子得分计算过程和 2016 年的基本一致，本书就不再分别阐述，具体结果见表 7-16。通过对河南省高新技术产业技术创新能力时间序列上的对比，我们可以看出：

表 7-16　2012—2016 年部分地区高新技术产业技术创新能力评价得分情况及排名

地区	2016 年		2015 年		2014 年		2013 年		2012 年	
	F 得分	排名	F 得分	排名	F 得分	排名	F 得分	排名	F 得分	排名
北京	0.086	7	−0.108	12	0.238	6	0.227	6	0.292	6
天津	−0.005	11	−0.161	13	−0.069	15	−0.051	13	−0.056	12
河北	−0.122	15	−0.171	14	−0.162	16	−0.193	16	−0.186	16
山西	−0.398	22	−0.464	19	−0.340	20	−0.347	20	−0.339	19
内蒙古	−0.396	21	−0.505	25	−0.367	22	−0.399	22	−0.384	22

续表

地区	2016年 F得分	排名	2015年 F得分	排名	2014年 F得分	排名	2013年 F得分	排名	2012年 F得分	排名
辽宁	-0.088	14	-0.276	16	0.010	10	-0.047	12	-0.002	8
吉林	-0.404	23	-0.493	24	-0.376	23	-0.414	24	-0.393	23
黑龙江	-0.319	18	-0.484	22	-0.254	18	-0.319	18	-0.283	18
上海	0.237	5	0.150	6	0.400	5	0.259	5	0.343	5
江苏	2.736	1	2.577	1	2.480	1	2.187	1	2.071	1
浙江	0.882	4	1.153	3	0.760	4	0.986	3	0.982	3
安徽	0.204	6	0.287	5	0.125	7	0.113	7	0.079	7
福建	-0.029	12	-0.014	9	-0.034	12	-0.019	10	-0.050	10
江西	-0.300	17	-0.311	18	-0.312	19	-0.334	19	-0.379	21
山东	0.996	3	0.992	4	0.870	3	0.869	4	0.855	4
河南	0.051	9	0.030	8	-0.015	11	-0.031	11	-0.076	13
湖南	0.084	8	0.045	7	0.012	9	0.036	8	-0.051	11
广东	1.690	2	2.414	2	1.663	2	1.535	2	1.561	2
广西	-0.388	20	-0.476	21	-0.365	21	-0.361	21	-0.364	20
海南	-0.537	29	-0.618	29	-0.492	29	-0.498	29	-0.474	28
重庆	-0.189	16	-0.198	15	-0.226	17	-0.248	17	-0.249	17
四川	-0.047	13	-0.089	11	-0.060	14	-0.100	14	-0.089	14
贵州	-0.408	24	-0.488	23	-0.387	24	-0.435	26	-0.421	26
云南	-0.470	26	-0.475	20	-0.422	25	-0.419	25	-0.412	24
陕西	-0.341	19	-0.280	17	-0.042	13	-0.117	15	-0.168	15
甘肃	-0.450	25	-0.534	26	-0.429	26	-0.407	23	-0.421	25
青海	-0.539	30	-0.623	30	-0.499	30	-0.523	30	-0.516	30
宁夏	-0.490	28	-0.553	27	-0.489	28	-0.472	28	-0.455	27
新疆	-0.475	27	-0.579	28	-0.458	27	-0.472	27	-0.484	29

(1) 河南省高新技术产业技术创新能力呈上升趋势

由表 7-16 可以看出，近五年河南省高新技术产业技术创新能力排名呈上升趋势，由 2012 年的第 13 位升至 2016 年的第 9 位，其综合因子得分由 2012 年的 -0.076 升至 2016 年的 0.051，即由低于平均值转为超过平均值，表明河南省高新技术产业通过近五年的发展，技术创新能力得到了一定的提高。

(2) 河南省高新技术产业技术创新能力与发达地区差距逐渐加大

2012—2016 年全国高新技术产业技术创新能力排名前四的地区始终为江苏、广东、浙江和山东，未发生变化，其中江苏和广东始终占前两位，技术创新综合得分均值在 1 以上，远超其他省份。2012—2016 年，河南省与江苏省技术创新综合得分差距分别为 2.147、2.218、2.495、2.547、2.685，差距逐渐加大，表明河南省高新技术产业技术创新能力虽不断提升，但其增速仍低于发达地区。

(3) 河南省高新技术产业技术创新能力在中部六省不占优势

2012—2014 年河南省高新技术产业技术创新能力在中部六省中排名第 4，仅高于江西、山西，且得分均为负值，表明河南省高新技术产业技术创新能力低于全国平均水平。2015 年以后河南省高新技术产业技术创新综合得分提升为正，且在中部六省中排名第 3，表明河南省高新技术产业技术创新能力在中部六省中处于中等水平。

（四）河南省突破带动创新能力的聚类分析

为直观地了解河南省高新技术产业突破带动技术创新能力，以及在全国所处地位，本书将 2012—2016 年 30 个省份高新技术产业技术创新能力的综合得分用作聚类分析的样本数据，使用 SPSS22.0 统计分析软件，采用欧氏距离法对各省份的区域技术创新能力的相关性进行度量，得到相关的聚类分析结果，如图 7-16 所示。

根据图 7-16 的聚类结果可以把 30 个省份按照技术创新能力分为四类：

第一类，主要包括了广东、江苏，它们是技术创新能力最强的地区。

第二类，主要包括了浙江、山东，它们是技术创新能力比较强的地区。

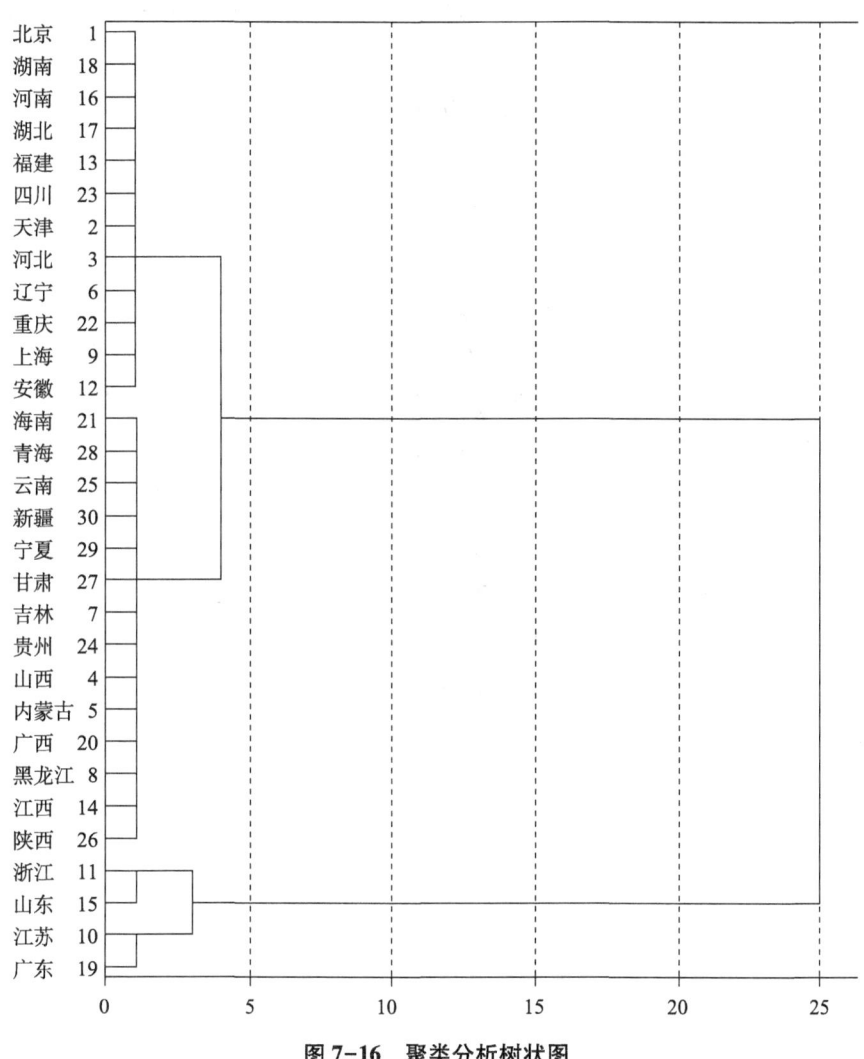

图 7-16 聚类分析树状图

第三类，包括了北京、湖南、河南、湖北、福建、四川、天津、河北、辽宁、重庆、上海、安徽，这些地区的技术创新能力属于中等。

第四类，包括了其余 14 个省份，它们的技术创新能力是相对较差的。

研究发现，河南省近年来高新技术产业不断发展，高新技术产业技术创新能力也不断提高，但通过聚类分析可以看出，河南省具有突破带动创新能力的高新技术产业技术创新在全国处于中等水平，与广东、江苏等发达省份仍有较大差距。

本书通过因子分析，找出了影响河南省突破带动创新能力的主要因素。首先，河南省技术创新投入大而不强。资金和研发人员投入是进行技术创新活动的绝对前提，资金投入为技术创新活动提供物质基础，而研发人员是技术创新活动的具体参与者。从现状分析中可知，河南省高新技术产业技术创新人力和经费投入总量在全国分列第 6 和第 7。就投入绝对量而言，河南省已经成为技术创新投入大省。然而从相对量来看，R&D 人员投入强度和 R&D 经费投入强度在全国分列第 23 和第 24，远未达到技术创新投入强省的水平。由表 7-15 可知，河南省高新技术产业 R&D 人员投入强度（$X6$）、R&D 经费投入强度（$X7$）指标所占权重分别为 0.0556 和 0.0447，指标得分排名分别为第 21 位和第 25 位，这两项指标是影响河南省高新技术产业 F1 因子得分提升的重要因素。其次，河南省企业技术创新基础薄弱。这主要表现在企业自己开办的研发机构相对较少。企业自办研发机构是企业进行技术创新活动的支撑和基础，对提升企业自主创新能力、促进企业转型升级以及增强市场竞争力都具有重要的作用。由表 7-15 可知，河南省高新技术产业具有研发机构的企业数（$X12$）、企业办研发机构数（$X13$）、有 R&D 活动企业占比（$X14$）指标所占权重分别为 0.0237、0.0266 和 0.0059，指标得分排名分别为第 19 位、第 24 位、第 26 位，处于全国中下游水平，在中部六省中也处于末位，说明河南省高新技术企业自己开办的研发机构比较少，因此河南省的技术创新的基础较为薄弱。对此，河南省需要加大投入的力度。最后，技术市场欠发达。通过引进、吸收先进技术进行的引进创新是自主创新的有力补充形式，而技术市场作为专利技术转让的载体，在引进创新的过程中发挥着不可替代的作用。活跃的技术市场不仅能反映技术转让基本信息，而且能够有效配置技术创新资源，促进先进技术流动。从技术市场输入输出额来看，近五年来河南省高新技术产业在技术创新市场中一直处于"入超"状态，且规模不断扩大，其原因主要是河南省高新技术产业技术创新产出多为低附加值的外观专利，不被市场所认可。由表 7-15 可知，河南省高新技术产业技术市场输出额（$X15$）、技术市场输入额（$X16$）指标所占权重分别为 0.0084 和 0.0322，指标得分排名分别为第 27 位和第 18 位，处于全国中下游水平，在中部六省中也处于中等水平。

河南省国民生产总值在全国的排名越来越靠前，说明突破带动型高新技术产业发展具备了坚实的经济基础。河南省必须抢抓发展机遇，从突破带动型高新技术产业发展着手，实现制造业整体水平的跨越发展。河南省发展突破带动型高新技术产业要依靠自身的社会经济资源禀赋条件，有选择地给予财政和税收等方面的支持，重点发展一批对社会经济发展具有带动能力的产业或重点企业。目前重要的问题是从制造业队伍中选择一批对社会经济带动能力强的、具有技术创新能力的产业作为河南省突破带动型产业。政府以此为依据重点对这些产业进行支持，尽快提高这些产业的带动能力。

河南省突破带动型高新技术企业甄别的思路：评价河南省突破带动型高新技术企业主要看两个指标，一是评价指标，二是引导指标。评价指标能够系统、科学地反映高新技术企业的成长规律，通过甄别评价指标能够帮助企业明确自己在本省的定位，找到自己发展与政府支持的契合点。引导指标主要是为了帮助高新技术产业认识到自身与国内外同行业的差距，朝着世界一流企业迈进。甄别突破带动型高新技术企业基本模型如图 7-17 所示。

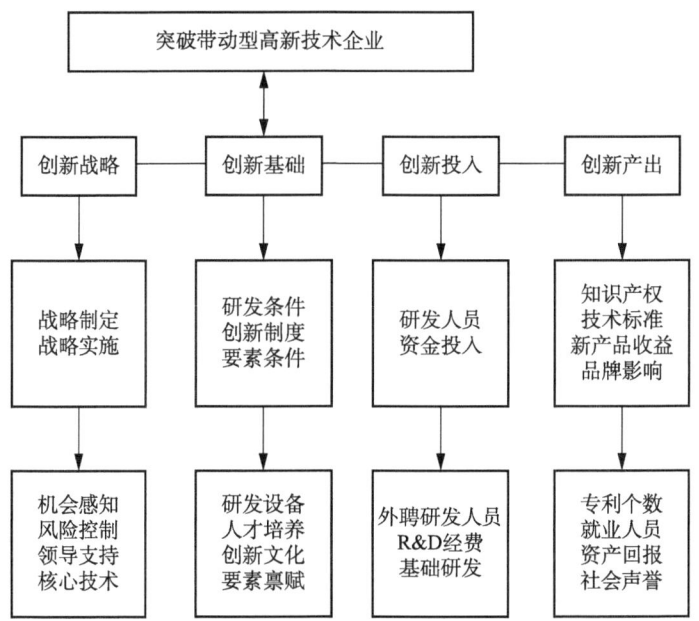

图 7-17　突破带动型高新技术企业甄别模型

从图 7-17 可以看出，甄别高新技术企业的基本条件包括了创新战略、创新基础、创新投入和创新产出四个主要因素。每一个方面又包括两个层次的次要因素。从创新战略层面甄别高新技术企业，主要考察其是否具有清晰洞察外部环境、明确指出企业发展定位和策略的能力。从创新基础层面甄别高新技术企业，主要分析其是否具备一定的研发设备固定资产，而且研发设备的固定资产要占总资产的一定比例。从创新投入层面甄别高新技术企业，主要看其是否拥有足够的全职 R&D 人员数量和兼职技术人员的数量，包括 R&D 费用占营业收入比重、基础性研究经费占研发费用总额的比重等。从创新产出层面甄别高新技术企业，主要研究其是否拥有相关数量的发明专利，包括参与制定本行业国际标准数量、新产品销售收入、境外销售收入等。此外，甄别高新技术企业的领导是否对基础和前沿创新的研究足够重视，企业生产所采用的技术是否具有一定比重的自主知识产权也是十分重要的指标。另外，还包括高新技术企业在境外资产的数量、企业使用境外员工的数量、浓厚的容错文化、完善的人才培养机制等引导性指标。

第八章
河南省突破带动型高新技术产业案例分析

通过前文对河南省突破带动型高新技术产业的甄别,初步判断了河南省突破带动型高新技术产业的基本类型以及与周边省份高新技术产业的差别。为了深入分析河南省突破带动型高新技术产业对社会经济的带动作用,本书选取了宇通集团、许继集团和中铁工程装备集团进行分析,有针对性地提出河南省突破带动型高新技术产业对社会经济的重要影响。

一、宇通集团案例分析

(一)宇通集团简介

河南省宇通公司的前身是郑州宇通集团有限公司(以下简称"宇通")。该公司原来隶属于河南省交通厅郑州客车修配厂,之后更名为郑州客车厂。郑州客车厂最早成立于1963年,在当时的计划经济背景下,该客车厂规模小、底子薄,技术也很落后,是典型的地方国有小企业。改革开放后,河南省逐步实施城市工业转制的改革,这样的环境促使宇通客车在1993年进行了股份制改革,在当时是郑州市第一批股份制改造试点之一。宇通作为河南省股份制改革的试点单位,成为河南省开展股份制改革的探索者。正是这样的探索为企业创造了更为自主、灵活、有利的经营环境。所谓时势造英雄,宇通的兴衰与当时公司所处的环境和时代紧密相关。在此之前,宇通的大部分订单都来自交通系统的"包办"。1993年开始,郑州市政府把宇通推向了广阔的市场,作为探路者,其既是风险担当者,也是自由向上的开拓者,之后,政府逐步放开了对宇通的限制。宇通步入广阔的市场后,为了适应市场需要,在内部进行了大刀阔斧的改革,首先抱着开发一片"试验田"的想法,将试制车间分离出去,采用普遍的工厂承包方式进行分红，特别是在对外合作领域进行了大胆放权。由于当时的技术水平不能满足市场需求，郑州宇通大胆地采取了技术引进的策略，将同行业先进技术拿过来使用，这样就使生产订单开始有了较快增长。宇通看到了河南省的现实，人口多、交通运输滞后，特别是西部山区交通更为滞后，社会经济发展需要大量的客车运输工具，这是宇通在20世纪90年代初面对的一个绝好机会，也就是说，河南省具有潜在的长途客运需求。于是，宇通积极构思推出了深受市场欢迎的卧铺客车，就此开启了长途客运新篇章，有力地缓解了群众的出行难题。

20世纪90年代，由于铁路客运能力有限，航空价格又偏高，对一般群众来说公路出行是性价比最高的选择。但是，当时的河南省公路的路况不好，影响长途客运的发展，乘客乘坐客车不仅耗时长，而且感觉不舒服，座位以及空间都显得比较狭小。宇通抓住了这样的机遇，为了满足众多乘客的需求，在1991年设计了首辆卧铺客车。宇通公司的新型客车一推向市场就大受欢迎，不仅满足了河南省群众的需求，而且企业的收益大幅度增加。随后，宇通又对这款客车进行了改造升级，使客车产销量不断增加，产品持续热销。到了1994年，河南省宇通公司在全国客车行业站稳了脚跟，在全国客车整体销量下降11.7%的情况下，宇通客车销量却上升了98%。这在当时可以说是创造了客车业销售的奇迹，之后的卧铺客车的市场占有率始终保持在50%以上。

宇通在按照郑州市政府的要求探索承包责任制过程中，加强了企业管理，例如，1993年率先在行业股份制改革推进的过程中，引入了现代化的经营管理理念，加强人才的培养和引进工作，严格企业考核制度，建立企业文化。1997年宇通公司在A股上市，成为我国客车行业第一家上市公司，并在1999年进行企业改制。这两次变革不仅使宇通获得了发展资金，还提升了单位人员的劳动效率，推动企业迅速驶入了发展的快车道。于是，宇通依靠上市融资的资金首先扩大了厂房规模，建成了占地1700亩、当时亚洲规模最大的新客车生产基地。宇通1998年开始启用新客车生产基地，当年就将客车的产销量提升至4700辆，迅速成长为国内客车行业领军品牌。宇通在2003年的销量取得重要突破，位居全国客车行业前列，且一直保持到现在。

宇通由过去的政府包办到走向市场化运作，经历了一个从政府全部投资支持到政府转向政策支持的演变过程。1993年2月28日，宇通抓住了国家实行股份制改革试点的机遇，正式成立了"郑州宇通客车股份有限公司"。实施股份制改革后的宇通立即开始生产管理的变革，即由原来的计划生产改为特殊的定制化生产，以满足客户的个性化要求。1999年宇通在开始第二次改制的时候，主要是利用资本市场脱离了政府资金的支持。1997年宇通在上海证券交易所挂牌上市，成为国内大客车企业第一家上市公司，公司股本总额为7300万股。通过资本市场上市，宇通获得了企业发展的充足资金，不仅彻底摆脱了生产线陈旧、产能不足的困局，也得以在客车行业大施拳脚，逐渐脱离了依靠政府资金投入，依靠信贷维持生产的局面。随着国有资本彻底退出宇通，宇通实现了完全由投资者通过资本市场持有公司股权的基本架构。通过这次股份制改革，宇通成了一家完全市场化的上市公司，并建立了稳定、合理的法人治理架构。同时，改制为企业注入了新的活力，提高了适应市场、参与竞争的能力，也为之后建立各项现代化的企业制度奠定了基础。这可以说是宇通健康发展的基本保障。宇通在体制改革的基础上，继续建立健全了企业内部的管理机制、激励机制、责任机制，解决了机制层面的问题，队伍的积极性得到了充分调动，宇通成功之门就此打开。

宇通不满足仅适应国内市场的需求，通过树立较好的品牌形象，积极把发展的视野投向了国外。宇通不仅以产品赢得市场、创造价值，而且立志做全球领先的公共出行解决方案商和全球更多用户选择的中高端客车品牌，为美好出行而奋斗。为了实现这样的理想，宇通客车抓住了"中国制造走出去"的政策大势，利用国家有关的政策支持，积极开拓并深耕国际市场，目前已成为中国客车装备制造业的"出海"典范。截至目前，宇通累计出口客车超70000辆，批量分布在六大洲，大中型客车连续多年全球销量领先。宇通开创的多元化出口方式，也为中国客车企业在海外发展积累了经验。事实上，宇通客车早在2002年就探索性地实现了客车出口。2006年，河南省宇通公司成为国家整车出口基地并拿到了国家进出口免检证书。到2018年，宇通累计出口客车64287辆，大中型客车连续8年全球销量领先，产品批量远销欧洲、拉美、非洲以及中东的30多个国家和地区。宇通出口的数据记载着宇通拓展海外市场的稳健步伐，说明了凭借优质产品和技术创新为全世界创造美好出行体验的业绩。

在非洲，宇通已在近 50 个国家建立了完善的销售服务网络，累计销量已经超过 15000 辆，在中国客车出口行业中稳居第一名。宇通不仅在整车产品输出方面表现突出，还在当地建立 KD（散件组装）工厂，为当地经济多元化发展、汽车工业水平提升提供了大量的技术和人才方面的支持。

在古巴，宇通市场占有率已经超过了 90%，不仅给古巴带去了整装备的车辆产品，更为古巴提供了涵盖交通规划、服务网络建设、车辆设计、车辆后台监控系统搭建的全套解决方案，还通过对古巴的出口总结出了一整套的海外拓展的独特模式。宇通不仅在海外扩大了客车销售市场，还为当代的环境保护做出了积极贡献，如在智利，宇通为其提供的纯电动客车每年能为当地减少碳排放 9700 多吨。

宇通在欧洲环保要求最严格的国家也大有可为。为了占领欧洲客车市场，宇通加快纯电动客车研发，除了满足欧洲人的个性化需求外，还不断提升服务质量，通过综合措施成为欧洲优先采购的品牌之一。在法国，宇通是当地最大的纯电动客车的供应商；在英国，宇通累计销量超过 410 台；在俄罗斯，宇通销量已超 3559 台；在北欧的丹麦、冰岛，宇通也成为当地首批采购的纯电动客车品牌之一。2018 年俄罗斯世界杯期间，300 多辆宇通客车承担大部分明星球队的通勤服务；在联合国气候大会上，宇通作为非欧洲客车品牌进行展示和推广，受到了广泛关注。这是宇通在欧洲市场上坚持了个性化设计的结果。宇通每进入一个国家，都会先派技术团队对这个国家的路况、客户的使用习惯以及当地的法律法规等进行全方位的调研，以此为依据来优化相应的出口车型。此外，宇通还积极通过在境外建立自己的配件中心、维修站，力争在当地遇到的问题能够第一时间在当地解决。宇通就是凭借这样的优质产品和服务，成功地开拓了海外市场，畅销全球，成为代表河南省甚至是中国品牌的一张亮丽名片。

宇通集团董事长汤玉祥认为，宇通的长期稳健、高质量发展，来源于企业不断创新。只有扎扎实实做事，才能长久；只有为用户创造价值，才能走得更快更远。宇通秉承这一理念，长期坚持品牌概念，形成了良好的企业文化。因此，宇通每年都会拿出大量的资金用于研发创新，通过提升科技含量打牢产品基础。长期以来，宇通坚持自主创新，在产品制胜的道路上走得越发坚定。宇通销售负责人介绍说，宇通一路走来，坚持创新，注重用科技创新推动企业壮大和行业进步，取得了一系列成就。如今，宇通在公路客运、旅游、公交、团体、校车、机场摆渡车、专用车等各个细分市场均表现出色，市场占有率持续提升。凭借良好的品牌形象，宇通的海外市场不断扩大，出口量节节攀升，单笔订单的数量和金额不断增长。这也是宇通能够持续发展的根本原因，即以创新为灵魂，以品质为生命，在科技创新的道路上不断追赶，为实现"中国制造"到"中国智造"而努力。

宇通的发展在于不断创新。宇通能够顺应社会经济发展的需要提前布局。因为当今的时代是一个快速变化的时代，技术变化推动社会变革，使得人们的需求不断提升。宇通同大多数优秀的企业一样，每一次的成长都准确地贴合了行业趋势，顺应了社会发展需要，把握了时代的脉搏，实现了顺势而为。例如，宇通从成立开始就成功试制了河南省第一辆 JT660 型长途客车，20 世纪 90 年代又率先推出了国内第一款双层卧铺客车，然后又生产出了国内第一款 T7 型的高端商务车，目前又推出了新型高端智能网联公交车，并实现了新能源客车销量突破 13 万辆的好成绩。这些成绩的获得是宇通始终秉承科技创新底色，勇立时代和行业的潮头的结果。目前，宇通又抓住新一轮科技革命的重大机遇，在自动驾驶客车方面也取得可喜的成绩。例如 2015 年，宇通完成了全球第一个自动驾驶客车开放道路试运行；2019 年河南省"智慧岛 5G 智能公交"项目落地，宇通的 L4 级自动驾驶巴士在智慧岛开放公交道路试运行表现较好。宇通在氢燃料电池客车研发领域也取得了明显的进步，通过技术改革，突破了氢燃料电池在某些方面的局限性，实现了量产，已在张家口、张家港、郑州等地区投运了研制的氢燃料电池客车，加速推进了燃料电池汽车产业化进程。

宇通研制的新型高端智能网联公交车代表了中国制造企业的优良作风和成长准则。2019 年 10 月 22 日，由中国汽车工程学会主办的年度中国汽车工程学会年会暨展览会（SAECCE）上，中国汽车工业饶斌奖颁奖典礼隆重举行。郑州宇通客车股份有限公司董事长、党委书记汤玉祥获得此项奖励。这是自该奖项设立以来第六位获此殊荣的中国汽车工业突出贡献者。这标志着宇通作为河南省客车工业发展的见证者和参与者，在改革开放的浪潮中发展壮大，在"一带一路"倡议的指引下扬帆出海，在科技革命的大势下坚持创新，成就了中国制造的"宇通力量"。

总结宇通的发展经验，宇通客车董事长汤玉祥认为："体制和机制改革是激发企业的各种活力、实现持续健康发展的基础。企业必须建立适应市场环境的体制、机制,进而形成良好的经营环境,方能取得竞争力。"如果说股份制改造是宇通的一个重要转折点,企业上市则是宇通飞速发展的新起点。宇通公司的上市意味着可以从社会募集资金,这让宇通可以在更广大的范围内配置资源。同时宇通也抓住了时代机遇,1998年初,建成了宇通工业园区,从此河南省宇通成为亚洲大型客车生产基地之一。宇通携技术优势和资本优势,迅速扩大了自己的规模,由1997年产能不足4000辆,到2003年前后产量达到13500辆,对河南省社会经济发展起到了重大的突破带动作用。特别是2001年,宇通抓住了国家加入WTO的机遇,大力拓展了海外的客车市场,通过内部组织的变化及时适应国际化发展需要,完成了宇通客车产业继改革开放后的二次变革。面对加入WTO的机遇,宇通大胆进行体制改革、产品创新,让宇通脱困,从激烈的国内市场搏杀中转移到海外。从此,宇通开拓了国内和国外两个市场,一方面利用国外市场吸收先进技术,为企业技术创新提供了学习的"榜样",另一方面利用国外市场拓展了产品销路。这两个市场的良性循环不断加强造就了宇通的良性发展途径。宇通的发展也打破了不少客车企业迷信合资上市的模式,为客车公司自主创新树立了标杆。在政府管理方面,宇通也为政府良性管理提供了有益的启示,即政府在对高新技术企业管理中要坚持实施政企分开和市场竞争的措施,因为这不仅能够给客车生产企业增添更多的自主权,有效调动企业在经营上的积极主动性,也增强了客车企业的自主创新能力和对市场的洞察把握能力。宇通有了前期发展的积淀,从2011年起一直到2020年,逐渐迈入了品质提升和新能源开拓阶段,目前宇通客车开始致力于努力提升产品的安全性、可靠性和舒适性。

(二) 宇通研发效应

河南省宇通客车公司的崛起与研发投入密不可分。随着自主品牌客车企业的崛起,客车生产的规模化、集中化程度飞速提升。无论是在公路、旅游客车领域,还是在公交车领域,中国的客车生产都已走在了世界前列。河南省宇通是中国客车生产和出口的代表性企业,长期坚持合理的研发投入,每年的研发费用保持在营业收入的3%~5%,并且建立了国家电动客车电控与安全工程技术研究中心、国家认定企业技术中心、国家认可实验室、企业博士后科研工作站、客车安全控制技术国家地方联合工程实验室等多个研发创新平台，承担46项国家和省级科研项目，建立了105项国家和行业标准，拥有1927项有效专利。宇通在长期钻研和前瞻布局的积淀下，客车的技术创新成果始终与行业的发展导向保持一致，在新能源、智能网联、自动驾驶等前沿科技领域取得了令人瞩目的成就。

  2015年，宇通销售各类客车67018辆，销售额超过330亿元，净利润35亿元，占国内市场份额的31.6%，占出口份额的32%，也是国内整个客车行业中占有率最高、产品线最全、同行业品牌价值最高的企业。宇通客车年销量从1993年的708辆增长到2015年的67018辆，增长了90多倍。20多年的时间，宇通从一个传统保守的国有企业转型为在竞争中自由搏击的新型股份制公司，由一个濒临破产的小修配厂成长为领军国内客车行业的大型企业集团，实现了从成长到成功的蜕变。成绩的取得是公司长期坚持技术创新的结果。2016年1月8日，宇通客车凭借"节能与新能源客车关键技术研发及产业化"项目获得2015年度国家科学技术进步奖二等奖，成为中国新能源汽车领域唯一获奖的汽车整车企业，这也成为中国战略新兴产业发展过程中的重要里程碑。目前宇通除了生产卧铺客车外，还研发生产出了"10米销量之王""旅游—客运经典""新一代高档客车典范"等不同的客车类型。宇通生产的机场摆渡车打破了国际垄断；宇通生产的客车在上海滨江路承载了最大的运量，构建了超大城市交通智能化产品和客车运输服务的良好解决方案。此外，宇通客车在国内的中小学校车生产中也是首屈一指。宇通客车已经成为全球客车和国内校车领域的"双料"销量冠军。可以说，国内市场上每两辆校车中就有一辆是宇通生产的校车。宇通从研发生产第一代校车到第三代校车，始终坚持技术创新并不断引领行业创新，为中小学生提供了良好的客运服务。

  2018年11月，宇通生产的T7客车充分彰显了国内客车制造工业水平。当年的首届中国国际进口博览会在上海国家会展中心开幕，宇通提供的440辆智能网联纯电动公交服务客车为博览会提供了优质的智能客车服务。这些车的先进性就在于公交车上搭载了一系列主动安全技术和智能化辅助驾驶系统，融合了现代通信与网络技术，实现了人、车、路等信息的交换共享。宇通智能网联客车在上海进口博览会上的表现，不仅是宇通助力我国城市公共交通向绿色智能转型发展的一个缩影，也是宇通的再一次自我超越。宇通的研发投入来自自身的良好收益。2006年，宇通经过十几年的不懈努力，实现营业收入101.398亿元；2007年还获得了"最具全球竞争力的中国公司"的称号，以及"市值管理百佳企业""2007中国最具价值汽车类上市公司""股东回报百强企业""河南省创新型企业""河南省出口创汇先进企业""郑州市首批知识产权优势企业"等荣誉称号。2019年，宇通全年累计销售客车58688辆，实现营业收入304.79亿元，实现归属于上市公司股东的净利润19.40亿元。这些成绩既是宇通过去的成果，也是其未来发展的基础。宇通清楚地知道，未来的科技进步将为客车生产带来革命性的变化，客车行业将进入电动化、智能化、网联化的时代。宇通在这些方面的生产使得自主品牌和合资品牌的差距已经逐渐缩小。以宇通客车为代表的客车制造企业，正在凭借优质的产品、创新的技术和完善的服务，塑造着享誉全球的中国客车品牌。

宇通为河南省社会经济发展做出了积极贡献。例如，在郑州国际航空港的建设中，为满足河南省大型民航机场摆渡车的需求积极投入研发资金，保证了郑州国际机场摆渡车的供应，还开辟了民用机场摆渡车新业务。2013年郑州航空港经济综合实验区正式批复，航空经济区充分利用航空运输的便利拉近与世界市场的距离，这将对河南省经济发展起到重要作用。但是，当时的机场摆渡车长期被外国垄断，在一定程度上阻碍了郑州航空港经济综合实验区的发展。宇通采用新型工艺配备全承载车身，一体成型大顶，满足了郑州机场摆渡车的需求，并且宇通生产的摆渡车安全性更高，整车阴极电泳，十年防腐，全部电路采用阻燃线束，在生产环节还采用了流水线节拍式生产，质量全程监控，最大限度保证了摆渡车的上乘品质。宇通以最快的速度、最好的质量为郑州国际机场提供了摆渡车。这是宇通不断坚持创新的结果，目前宇通的机场摆渡车也正在凭借其优异性能和超高的性价比提升销量，扩大市场占有率。在郑州新郑国际机场有8台宇通生产的摆渡车，在全国民航宇通生产的摆渡车保有量达到38%，并且宇通积极进军国际市场，初期国际规模已达到3%。宇通不仅在技术领域坚持创新，而且在销售环节也不断进行创新。例如，2014年11月，宇通为了更好地推销其生产的纯电动客车，在国内第一家发布客车生产纯电动机器的基础上，还从消费者购买意向开始，为购买者提供包括产品、配套、服务、金融四个方面的全过程保姆式服务，提出新能源客车商业化推广的系统操作思路,在产品安全、电池性能、电控技术、整车可靠性等多方面为行业树立新标准。宇通的方案被国内行业所认可,在天津、南京等客车生产企业被广泛地复制应用。宇通在商业模式、金融支持方面的服务,可以省去地方政府为公交企业提供车辆采购费用的大量资金,未来可以为全国公交系统实现大批量使用电动公交提供一个新途径。

(1) 宇通集成创新

宇通的集成创新是在把握技术的需求环节,在创造符合需求的产品与丰富的技术资源供给之间创造出匹配和协同。这类基于系统的集成创新既是企业新产品开发的驱动力,也是企业生产组织方式的重构和再造。

首先,宇通重视技术集成。宇通先进行技术调查、选择、加工、优化、评估等一系列过程,然后将自己的理念、思路整合到先进技术学习过程中,通过加工改造让先进技术更加适合具体市场需要。这一创新过程是技术集成的前提。宇通的内生技术积累是技术集成创新的基础,外部有效联结是技术集成的保障,而集成技术开发是技术集成的关键。

其次,宇通加强了技术集成能力。宇通通过强化技术监测能力、技术学习能力、技术系统整合能力和组织系统整合能力,提升公司的组织学习能力,使每一个员工都关注技术学习和技术改造,使公司优化和组合效应显著提升,并成为获得集成竞争优势的重要源泉。

再次,宇通的技术集成创新围绕技术创新展开。技术集成必然要伴随战略集成、组织集成、管理集成和知识集成,宇通"崇德、协同、最新"的企业价值观催生了要素之间的有机整合,实现了集合系统的整体功能。

最后,宇通技术集成创新的模式各有不同。公司针对不同企业、不同的技术集成能力,对应采用特定的技术集成创新模式。宇通客车集技术开发平台、科技开发实力、研发资金投入为一体,将企业内部研发中心、实验中心、质检实验室之间的交流融为一体,将内部创新资源有效整合,能够更有效地在关键技术、核心技术方面取得突破。

不仅如此,宇通的重点集成经验也很有特色。公司专注在车架底盘及车身电泳涂装上按 YES 电泳标准的防腐工艺创新、节能型智能化的核心控制方式创新、发动机热管理系统综合技术等方面集中攻关,实现多项集成创新。例如研发睿控(Rectrl)系统,实现了聚焦电控策略的技术核心,变原有的离散式、分离式控制方式为集总系统,能够精确判断车辆的实际状态，智慧匹配最佳的动力组合方案，从而驱动车辆发挥出最佳效率，使车辆发动机工作时间更短、燃料燃烧更充分，最终实现节省燃料30%以上，降低RM排放值90%以上。从整车角度，集成的电动四化技术（驱动、冷却、转向和制动）遵循高效、节能、可靠和科学的设计理念，对混合动力客车实现了双电机控制的纯电驱动、混合驱动模式，保证车辆在起步、靠站、停车、滑行等功率需求较小的时候发动机停止工作，而在功率需求较大时，发动机快速启动，从而做到能量按需分配，不造成浪费。另外，公司使用高效电机取代传统客车变速箱，实现无级变速；采用先进的动态变频技术实现转向电动精确化，使用集成电子电扇控制器实现了冷却电动化控制。在典型城市路况下，搭载睿控系统车辆的发动机50%以上时间处于停机状态，大幅度降低了燃料消耗和有害气体排放。睿控的制动电动化功能，能在车辆减速滑行或刹车过程中自动回收能量，转化成电能储存起来重新释放。

由于受市场变化影响，宇通形成了覆盖多个细分市场的、不同档次的多于150种客车的完整产品链，因此，在强化各个部件性能、功能和作用的同时，考虑整车大量零部件的匹配，在节能减排原则、系统思维原则、用户至上原则指导下，在规划、设计、选择、联结的各个阶段，以产品运行特性和产品全寿命周期性能为焦点实现有机联系，也是公司技术集成战略的重要组成部分。公司组建了门类齐全的各级质量检验实验室、金属材料实验室、化工材料实验室、电气实验室、非金属材料实验室、自动控制实验室、电器元件实验室，对外协的主要部件、集成的相关技术节点、生产工艺过程进行质量监督，建立行业最齐全、最精密的测量计算设备。例如，公司安置了6000多个计算测量设备，设置了32个关键控制点进行监控，对整车生产实现有效控制，使得每一个产品、每一个生产环节都能按照整体规划，实现可靠的动态匹配，通过了GB/T19022—2003体系A级认证。公司实施了智能四化，即实现发动机启停、驱动管理、全车CAN控制、远程技术支持，保证部件匹配的效率。例如，冷却智能控制实现发动机冷却液温度精确控制在最适合发动机做功的90℃，运转状态长期保持理想工作曲线；风扇智能控制保证了合理转速和最佳工作效率，减少了风扇运转对燃油的无效消耗。

宇通强调系统集成，推出了节能减排控制指标、机车总线系统、智能化运营控制模式等全方位解决方案，实现经济性、可靠性、安全性、舒适性、便捷性和操控性的优化组合。系统优化的原则即在使用有限的资源和要素前提下，通过整体构建合理的过程及循环，研究系统特性、优化部件结构和产品控制策略，最大限度提高产品效率和可靠性。宇通在资讯、决策、计划、设计、测试、外协、外包、试生产、静动态实验、工装配套、中间检验、成品检查的相关环节，都由公司主导部门进行调度调控，寻求研发目标的最优方案，及时反馈、调节、重构和再造，使得整车产品具有良好功能，性能指标经济。例如，风阻是影响客车整体性能的重要因素之一，直接影响着客车燃油的经济性。宇通从系统着手，一方面通过数字模拟分析研究客车的空气动力特性，掌握各种条件下的流速场、风压场，分析客车周边气流的速度分布和压力分布；另一方面通过风洞试验，对客车造型整体优化，对数字模拟结果进行证明，达到降低风阻和节约燃料的目的。如客车的操作稳定性，按照项目集成的开发流程，利用仿真分析和K&C特性试验进行了模拟样机环境下悬架开发、虚拟样机环境下整车开发，完成了操作稳定性主观评价和客观评价体系建设、新开发产品操作的自主研发，实现了科研成果的工程化，有效保障了车辆运行中车轮定位参数变化更合理、轮胎与路面接触印迹受力分布均匀，提高了操作稳定性，并大大降低了轮胎的异常磨损。

在新能源领域，宇通掌握了新能源"三电"核心技术，自主研发的睿控技术及产业化项目曾荣获国家科技进步奖。早在1997年，宇通就开始了新能源客车的研发，1999年开发出第一款纯电动客车。2019年8月底，宇通成功交付第12万辆新能源客车，不仅巩固了在新能源客车领域的领导地位，还标志着宇通新能源客车进入更加成熟的新阶段。宇通在技术创新上的又一成果是T7的问世。历经11年多轮攻关，宇通T7于2015年正式上市，成为中国中高端公务商务用车主导品牌，并凭借高品质和良好口碑，成为国内外重大会议和活动的用车"标配"。2019年5月，宇通自主研发的L4级自动驾驶巴士在郑州智慧岛开放公交线路落地试运行，并正式推出5G智能公交系统解决方案，让国人离"未来客车"梦想更近一步。在《中国汽车报》主办的纪念改革开放40周年"与改革开放同行，中国商用车40年巨变"颁奖典礼上，宇通客车一举揽获"大国重器""创新车型"和"经典车型"三项大奖。改革开放40年来，宇通客车在艰苦奋斗中不断创新突破，留下一个又一个闪光点，不仅成为中国客车业当之无愧的"领头羊"，还向世界展示了"中国制造"的实力。

(2) 宇通的技术积累与扩散

河南省客车生产起步较晚，20世纪90年代河南省高速公路开始快速发展的时候，对客车的速度也提出了新的要求，原来的客车速度不适合在高速公路上行驶。当时高档客车在国内还是凤毛麟角，国内生产客车的企业就是"一通三龙"。随着客车生产规模化、集中化程度的不断提高，"一通三龙"格局中的宇通开始重视技术引进。宇通首先引进的是管理技术，大大提升了企业整体运转效率和在行业内的竞争力。比如在1999年引进并通过了ISO 9001国际质量体系认证以及2004年引进并通过了ISO/TS16949质量管理体系认证。这些管理技术的引进让宇通的产品有了进军海外的底气，也为河南省其他企业的管理树立了标杆。河南省的众多制造企业也开始逐渐明白，只有在好的管理体制下，围绕用户需求不断开发新产品，从产品导向型向技术导向型转变，才能维持企业旺盛的生命力。

与此同时，中国新能源汽车产业化的大幕也被徐徐拉开。2001年，科技部确定了电动汽车中的科技专项，明确"三纵三横"发展战略。"三纵"就是指混合动力汽车、纯电动汽车、燃料电池汽车；"三横"就是指电池、电机、电控的研发布局。2009年，国家四部委启动了"十城千辆节能与新能源汽车示范推广应用工程"，客车行业走在了新能源汽车推广应用的最前列。客车的新能源化，在带来新机会的同时，也带来了大量的新的竞争者。2009年之后，众多的非制造客车的企业也纷纷进入客车业，快速推进了客车市场竞争的局面。宇通对此有充分的认识，坚持技术创新的积累并不断增强技术的"底蕴"，使自己在客车行业的技术一直保持领先。

宇通长期的技术积累使自己很快经过了"当时行之不觉"的拐点。由于宇通的长期技术钻研和前瞻性布局，其客车的技术创新始终踩在时代的鼓点上。比如，宇通前瞻性地开展对新能源客车的研发，1999年开发出第一款纯电动客车。而国内新能源汽车真正形成规模销售则是在2012年，此时的宇通在新能源产品上已具备显著优势，当年新能源客车销量1934辆，销售额突破20亿元，市场占有率超过25%。再比如，早在2005年宇通已经关注到校车安全问题，并开始广泛借鉴国外先进经验，积累技术，研发产品。2012年国内校车市场开始火爆时，宇通在专业校车领域的占有率超过了 45%。还有高端商务车 T7，早在 2005 年，宇通便开始研究高端商务车产品，历经十年的摸索和尝试，直到 2015 年，可以与进口品牌比肩的 T7 车型问世，并取得了高端客户的一致认可。2016—2018 年宇通研发投入从 14.58 亿元上涨到 18.63 亿元，占营业收入比例从 4.07%增长到 5.87%。这个研发强度和占比在国际上都属于较高水平。1993 年宇通技术人员共 18 人，那时候的客车基本属于组装，有车能跑就行；现在仅宇通的研发体系，不算研发体系以外的科研机构，就有 12 个正规的职能部门，专职技术人员 2573 名，其中博士 28 人，硕士 158 人，中高级职称人员 700 人。不到 20 年的时间，宇通研发实力发生了巨大的变化，每年将不低于 3%的销售收入用于研发，使其步入了良性发展的轨道，以更强大的研发成果引领了市场的需求，从而获得更多的订单。企业更多的市场认可提升了客车的销售业绩，并促使企业在下一轮技术提升和转变中抢得先机。现在的宇通，无论从底盘配置、车身设计，还是制作工艺，在耐用可靠性方面都达到了国际同行先进水平。

宇通的技术积累来自自身的研发投入。2000 年宇通建成了客车行业首家博士后科研工作站。2004 年宇通技术中心被国家四部委认定为国家级技术中心。与此同时，ERP 信息平台在技术体系中得以运用，使公司技术系统的决策层、业务支持层、业务运营层之间的信息得到了有效连接和传递。接着，为提升设计手段和效率，公司又在国内汽车企业中首次采用法国达索飞机公司的 CATIA 软件对客车新品进行自主开发，大大缩短了研发周期，在行业内引起轰动。2007 年 9 月宇通与美国铝业正式签署合作协议，双方合作应用世界领先的客车结构设计、材料及制造技术，共同开发新一代节能环保全铝车身城市客车。2008 年宇通成为国家科技部、国务院国资委和中华全国总工会联合授予的国家首批"创新型企业"之一，成为客车行业内唯一入选的企业。2013 年 10 月，工信部和财政部联合公布了 2013 年国家技术创新示范企业名单，宇通凭借在技术创新方面的突出贡献被认定为"国家技术创新示范企业"，成为国内客车行业唯一登榜企业。可以说，宇通在提升自我研发能力进程中，进行了大量投资，无论是资金投入还是人力资源投入都在行业中处于领先地位。例如，在传统能源客车研发方面，宇通独有的发动机热管理技术，可降低百公里油耗 5%~10%，实现了客车节油最大突破，同时达到提高发动机使用寿命，增加风扇轴承、传动皮带使用寿命，降低车内外噪声等效果，为客户创造更多价值。在新能源研发方面，宇通在整车控制、系统集成等核心技术上取得突破，推出了自己的混合动力和纯电动系统，其中 2013 年推出的睿控新能源技术系统可使普遍混合动力系统节油率达到 30% 以上，插电式混合动力系统节油率高达 50% 以上，性能指标达到国内领先水平。宇通不断树立员工的价值观，提高员工的生产站位，自然也就提升了河南省的价值。不少宇通的忠实客户参观宇通不断创新的展示后感叹，每看一次宇通的产品，就能感受这个企业的新想法和思路；每到宇通一次，就能发现这个企业新的改变。

宇通的不断创新为宇通持续发展注入了强大的动力。宇通高利润的秘诀就是通过创造性的管理手段提升团队的能力，并且创新技术，提供高附加值的产品，以满足市场需求。汤玉祥董事长曾经对宇通的发展做过简单的概括，认为宇通的发展就是一门心思做好技术改造，通过技术的积累提升客车制造的品质，为河南省制造业发展做出积极贡献。宇通客车企管总监杨张峰也认为管理创新、技术创新、产品创新是宇通发展的核心原动力。宇通管理创新的重点是提升各项管理的专业性和系统性，持续和国际一流咨询公司开展常态化合作，引入国际先进的管理理念，不断缩小和国外一流企业的差距。宇通对技术创新始终保持高投入、高标准和前瞻性，特别是对代表未来发展趋势的新能源技术，提前布局、不断探索，已逐步掌握了核心技术。2015 年，宇通主持的"节能与新能源客车关键技术研发及产业化"项目，荣获国家科学技术进步二等奖。这是中国开始研究新能源汽车以来唯一整车获奖项目。在产品创新方面，宇通注重前瞻性布局和长期钻研，历经十年的摸索和不断尝试，终于生产出可以与进口品牌比肩的 T7 车型高端商务政务接待车。T7 的出现为转型升级中的中国制造"提气"，也是河南省制造业高新技术产业创新奋进的缩影。20 多年的奋斗历程，宇通人始终坚持一个信念：改革是保障，创新是关键。

（3）宇通新业态形成

中国是制造业大国，河南省也正在步入制造业大省。过去的"Made in China"只是"中国制造"，如今，越来越多的企业不断扩大海外业务，"Made in China"也在被赋予新的内涵。尤其在 2020 年的新冠肺炎疫情暴发时期，中国制造业的实力，特别是河南省宇通客车的制造能力被世界所称赞。宇通在新冠肺炎疫情暴发时期表现了河南省中原文化的博爱和友善精神，显示了河南省品牌在"抗疫"中的勇气和担当。2020年当病毒在武汉市肆虐时，火神山、雷神山、方舱医院火速建成，撑起了整个抗疫大局。宇通也显示了河南省制造业的坚强的韧性和强大的生产能力。宇通不仅生产口罩，还协助其他企业生产检测试剂盒、呼吸机、药物等，使得这些防疫物资能够及时从河南省工厂发往世界各地。宇通生产的负压救护车驰援武汉。作为国内客车行业的领军企业，宇通在这场"抗疫"中同样创造了宇通速度，贡献了宇通力量和宇通智慧。在武汉疫情最紧急的时候，宇通是全国第一个把负压救护车送到武汉支援抗疫的企业。宇通在十几天的时间里圆满交付55辆负压救护车，体现了临危受命后的担当和争分夺秒的速度。为助力交通运输行业"抗疫"，宇通出台车辆免费救援、车辆免费检查等一系列暖心措施。宇通还发挥专业所长，主动升级研发出双向车内新风换气技术、"离子净化复合光催化"空气净化装置等"黑科技"，用"健康客车"为公众安心出行保驾护航。另外，宇通基于自身大数据能力及时发布全国31个省份的复工率指数，运用科技手段助推行业复工复产，推动国民经济快速恢复正常。宇通面对海外肆虐的疫情，快速加入驰援海外相关国家的抗疫行动中，捐赠超过1000万只医用口罩、2万套防护服和10辆负压救护车。宇通在新冠肺炎疫情暴发时期表现出的友爱精神不仅是河南省文化的体现，也是对企业能够从事新业态的能力的展示，受到政府、媒体、合作伙伴等多方肯定，为河南省社会经济发展提供了正能量。

宇通能够在新冠肺炎疫情到来时展示出衍生新业态的能力是与其长期的技术投入和积累分不开的。宇通在技术投入方面一直表现出色，例如，宇通每年都将客车销售收入的4%以上的资金用于技术创新和研发。2017—2020年宇通投入到研发领域的资金不断增加，2018年研发支出达到18.63亿元，占客车营业收入的5.87%。宇通正是基于强大的研发投入，建成并拥有6个国家级创新平台，承担"863"计划等重大专项46项，拥有1927项有效专利。强大的创新技术为产品自主研发和主动升级换代提供了支撑。以高端公商务车宇通T7为例，该车的问世成功打破了国外品牌对高端公商务用车市场的垄断，证明了中国自主品牌汽车的实力和中国制造的强势崛起。而宇通L4级自动驾驶巴士更是宇通基于智能化和网联化等前沿性技术研究的创新成果，目前，该自动驾驶巴士已在郑州智慧岛累计安全运行超过 10000 公里，充分证明了自动驾驶技术的安全性和稳定性。而在管理创新方面，在汤玉祥的直接推动下，宇通着力打造全产业链的高效管理和运作，先后开展研发转型、产品全生命周期管理、客户关系管理、配置器管理、生产执行系统、打通运营主线、质量管理体系建设等，并全面实施企业信息化，为行业树立了全业务链条科学化、信息化管理的标杆。

（三）宇通突破带动型高新技术发展启示

河南省宇通从一个小型的国营汽车修配企业发展成为国际知名的客车制造高新技术企业，不仅抓住了国家层面的改革开放机遇，而且顺应了河南省社会经济发展的需求。从国家战略看，宇通利用了改革开放的政策成为河南省第一家由国营企业进行改制试点的公司，随后又利用国家金融市场改革政策抓住了在上海证券交易所上市的机遇，可谓是赢得了国家政策的先机。从河南省层面看，宇通能够顺利成为改制试点单位，成为河南省最早在证券市场融资的上市公司，确实是因为河南省需要大力发展交通行业。当时全国各地都对交通领域优先发展报以极大的希望。有一句口头禅说得好，"要想富，先修路"。那么有路了必然要有车子跑。正是因为这样的大背景，宇通的发展适应了省内外社会经济发展的禀赋条件。另外，河南省企业改制起步相对比较慢，企业家精神与沿海地区相比相对欠缺。河南省政府为了推动省内企业发展必然要将宇通作为河南省制造业发展的典型，这就无意中培育了宇通客车的企业家精神。正如宇通的掌舵人汤玉祥所说，宇通在政府鼓励和支持下养成了具有超前的战略眼光、敏锐的市场洞察力及强烈的创新意识的企业家团队。宇通的企业精神是一个团队的共识，引领宇通积极融入国家改革开放大潮，使一家濒临倒闭的客车修配厂一跃成为国内第一、全球销量领先，并走俏海外市场的客车制造商。宇通作为中国客车知名品牌走向世界，向世界证明了中国制造的崛起，彰显了强大的中国力量。宇通的创新发展、引领行业进步、振兴民族工业的拼搏之路，为河南省企业发展做出了不可磨灭的贡献，也向其他的汽车行业乃至全社会展示了真正的企业家精神。

（1）宇通的社会影响

宇通客车的社会影响是带动了河南省企业家精神的成长。企业家精神是企业领导人长期形成的由企业文化所决定的战略定力、思维方式和生活习惯，它是融入企业家内心的精神层面的物化管理经验。创新是企业家精神中的精髓部分。宇通的企业家精神就是企业领导人能够引领行业发展、带动周边相邻产业进步的情怀。这种情怀通过创新灵魂的附加可以成为其他企业学习效法的榜样。宇通的社会影响也正是突出地表现在这些方面。例如，宇通的发展必然会带动与之相关的配套产业不断升级创新，以满足宇通产业发展的需求。这就为河南省产业发展做出了积极贡献。

宇通产品的知名度比较高。1991 年宇通客车生产的 ZK6980 卧铺客车在当时就获得了"经典车型"奖。因为在 20 世纪 90 年代交通还不是十分发达的情况下，宇通推出的首款卧铺客车就很受市场欢迎。这一款车型经过不同市场的磨砺后，宇通又对其进行了多次改良升级，使得产品的品质大幅度提升。这个过程不仅完善了宇通自身的技术，还带动了相关产业的发展，例如电镀工艺创新、材料供应商质量的提升等，为河南省相关产业创新发展起到带动作用。宇通生产的 T7 车型曾经获得"创新车型"荣誉，这是由宇通客车自主研发的车型。这款宇通 T7 在国内进行了高寒、高温和高原试验，还通过了国家标准的"半载侧翻试验"的考验。这款冲压车型是国内客车行业的高端商务乘用车，它不仅是对国内中高端公商务客车市场格局的重构，更是中国自主品牌的主动突围与自我超越。该车型进入市场后，频频服务重大活动，成为展现自主客车品牌的实力的经典产品。宇通组织了相关企业参与到客车的设计改造之中，起到了明显突破带动发展的作用。

回首改革开放激荡 40 年，不难发现宇通的社会影响越来越明显，为河南省自主品牌客车的发展添上了浓墨重彩的一笔。宇通除了自身发展，还以其科技"烙印"和自主创新为底色，主动承担起推动行业升级的使命。落户宇通的国家电动客车电控与安全工程技术研究中心，定位于电动客车"电控""安全"等核心技术研发和产业化，致力于提高电动客车的经济性、可靠性和安全性，助力我国汽车产业的技术升级。宇通正在敏锐把握政策和行业趋势，积极投身科技创新浪潮，为打造中国制造的"宇通样板"奋力前行。

（2）宇通经济影响

宇通对河南省经济影响更加明显。2017 年宇通实现了集团经营业绩的新突破，全年实现营业额 478.18 亿元，比 2016 年增长 5.8%；全年销售客车及专用车 67568 辆，其中，海外市场销售 8712 辆，比 2016 年增长 22.3%。近年，宇通建成了世界上规模最大的节能与新能源客车生产基地，获得了中国首个燃料电池客车生产的资质，创建了中国客车行业首个燃料电池与氢能工程技术研究中心，发布了首个纯电动客车解决方案。同时，宇通的出口市场结构也发生了变化，已从单纯地向发展中国家出口，逐步扩展到向法国和英国等欧洲发达国家出口。2018 年宇通实现了超过 1 万辆的出口销售目标。毫无疑问，宇通已经成为河南省制造业领域的纳税大户，为社会经济发展做出巨大贡献，这些贡献是公司社会责任的体现。以宇通生产的高端公商务车 T7 为例，该产品是宇通客车按照乘用车的开发标准，历时 10 年研发，耗资 4 亿多元打造的。这样做除了有对产品品质极高的要求外，主要是面对海内外需求必须要承担起社会责任。宇通除了做好由点到面输出客车产品外，还通过技术、品牌的输出植根当地市场，实现长远发展。销售经理任宏认为宇通客车之所以能够连续多年领跑客车行业，根源在于其对"工匠精神"的坚持、对产品研发的精益求精以及对海外布局的深谋远虑。我们认为这也是宇通主动承担的一份社会责任。

宇通在开拓海外市场的过程中，还总结出适合自身发展的一套创新经营和管理海外市场的模式。宇通长期坚持针对不同市场、不同客户的需求，给予相应的产品、服务、配件、融资等全面的服务保障，从而提升合作方对宇通品牌的满意度，实现全面经营市场和管理市场的目标，保证海外市场健康持续发展。宇通依托高品质的产品和完善的服务保障体系，在英国、法国等欧洲高端市场销售逐步稳定，并树立了良好的品牌形象。此外，宇通在产品结构优化、服务配件体系完善、组织模式优化、融资方式创新以及品牌影响力打造上也下足了功夫，为保障出口的持续增长奠定了基础。宇通对海外市场的拓展不仅令自身发展取得了进步，还带动河南省企业一起在海外发展。这种经济效益是难以用金钱来衡量的。

随着海外市场需求的变化，宇通也在逐步调整海外市场的产品结构。宇通针对各个市场的需求变化及时开发出新的产品或适应性调整开发产品，所有产品都按照当地的法规标准和客户的习惯开发设计。例如，针对英国、法国、澳大利亚等高端市场，宇通开发并投放了高端产品。此外，宇通还积极布局新能源产品，未来将继续加大对新能源产品的投放，并逐步在海外市场进行推广。宇通"计划在常规开拓海外市场的同时,与各海外市场开展产能及技术合作,实现从整车出口到散件出口、当地组装的拓展,即实现'商标授权+技术转让+散件出口'的海外营销模式"。这一方面实现了优势产能"走出去",由产品出口到技术出口、标准输出,提升中国优势产业国际竞争力;另一方面带动当地提升工业化水平。目前,宇通已在巴基斯坦、缅甸、泰国、马来西亚、印度尼西亚,以及古巴、委内瑞拉、墨西哥、哥伦比亚,非洲的埃塞俄比亚、尼日利亚等国实现了客车散件当地组装和产能及技术的合作。未来,宇通将继续加强与各国的产能及技术合作,为实现经贸强国贡献力量。

宇通对整个客车制造行业的影响也日益显著。2017年第一季度宇通发布报告称:宇通国内市场占有率达38.4%,同比提升4.8%。2017年第一季度,宇通客车实现营业收入38.68亿元,净利润3.16亿元。宇通客车在5米以上客车销量和销售收入中仍稳居行业第一,且市场占有率进一步提升。在客车整体销量大幅下滑的背景下,宇通取得这样的成绩实属不易。

(3) 衍生新业态

宇通的不断发展衍生了相关产业。由于宇通不断提升客车研发的技术水平,其在工艺创新和材料创新方面都有新的业态产生。知名咨询平台大搜车智云最近发布了一份报告,指出在汽车行业出现"技术向头部企业靠拢"的趋势下,《2019年乘用车市场分析报告》中显示,在以技术抢占市场的当下,加大技术投入和研发成为几乎所有车企关注的焦点,如何打破垄断、拉开技术差距,也成为决定企业发展前景的关键因素。其中,新能源、汽车、航空等领域的核心部件,都需要采用激光焊接和切割技术才能满足其性能和加工效率的要求。然而在过去,这类高端制造装备都被国外企业所垄断,自主品牌需要进口才能获得这些核心零部件。宇通就是能够打破这种垄断的车企。近日,国务院颁发2019年国家科学技术进步奖证书,宇通客车"中厚板及难焊材料激光焊接与复杂曲面曲线激光切割技术及装备"项目荣获国家科技进步二等奖,这是继宇通客车荣获2015年度国家科学技术进步二等奖后,时隔四年再次获得国家级奖项,这说明宇通客车技术工艺在不断提升。宇通工艺部副部长刘炳伟介绍说:"宇通客车基于自身对客车制造品质的追求,经过近13年的产学研用攻关,联合湖南大学以及其他科研院所在激光切割技术领域取得了重大突破。联合研制生产的系列高端装备，正在宇通公司大批量应用，并且打破国外对激光切割技术及设备的垄断，大批量替代了进口，取得良好的社会和经济效益。"事实上，宇通在工艺技术领域的突破也正是一种新的产业的形成和发展。2016年宇通凭借"节能与新能源客车关键技术研发及产业化"项目，荣获国家科学技术进步二等奖。该奖项也奠定了宇通客车在新能源汽车领域领航发展的基础，助力宇通新能源客车在未来发展中能够销往南美洲、欧洲的几十个国家。宇通以技术为根本，以市场需求作为内生驱动力，生产了属于自己的优质产品，为省内外乃至国内外公共交通美好出行提供了便利，这在一定程度上也可以认为宇通为新业态的衍生做出了积极贡献。

2019年第一季度，宇通在新能源客车整体市场同比大幅下降的背景下，实现新能源产品市场占有率25.3%，同比增长6%，其中插电式产品销量同比增长141.36%。在海外市场，宇通客车不断拿到大额订单，2019年出口量同比大增56%。宇通客车相关负责人表示，这一成绩与宇通客车在新能源市场的前瞻性布局及创新核心技术是分不开的。据了解，2006年起宇通就建设了国内规模最大、技术能力最全面的实验室，总投资约2.6亿元。截至2016年底，公司拥有有效专利1147件，其中发明专利73件。宇通每年在研发方面的投入资金占全年产品销售额的3%以上。截至2016年底，公司拥有研发人员3013人，占公司总人数的16.92%。强大的研发实力和庞大的科研队伍为宇通不断取得技术突破奠定了基础。从2019年第一季度客车行业产销数据来看，新能源客车依然是拉动市场的引擎。工信部等三部委联合发布的《汽车产业中长期发展规划》中明确表示，要以新能源汽车和智能网联汽车作为引领产业转型升级的突破口，而宇通客车公司的新能源客车在技术研发和市场推广方面已经实现了先发优势。宇通正在集中突破客车领域的基础研究、整车正向开发等方面的问题。宇通在新能源汽车产业的全面发力一定会带来新的产业格局，不断加大新能源客车的研发投入，一定能够带动河南省加快产业转型升级。因为在《中国制造2025》战略规划中，国家已经提出将"节能与新能源汽车"作为重点发展的十大领域之一，并明确了"继续支持电动汽车、燃料电池汽车发展，掌握汽车低碳化、信息化、智能化核心技术，提升动力电池、驱动电机、高效内燃机、先进变速器、轻量化材料、智能控制等核心技术的工程化和产业化能力，形成从关键零部件到整车的工业体系和创新体系，推动自主品牌节能与新能源汽车与国际先进水平接轨"的发展战略。宇通依照国家汽车技术发展路线，结合自身特点，从新能源技术、智能化技术、基础技术等研究方向开展了大量工作。

在技术创新上，宇通始终保持高投入、高标准和前瞻性。宇通每年投入 3% 的销售收入用于技术创新和研发，特别是对代表未来发展趋势的新能源技术高度重视、提前布局、不断探索，已逐步掌握了核心技术。2015 年，宇通主持的"节能与新能源客车关键技术研发及产业化"项目，荣获"国家科学技术进步二等奖"，这是 2015 年我国整个汽车行业唯一的一个整车获奖项目。在客车制造领域，宇通在安全、节能、环保、舒适、电子化、轻量化、智能化等技术方面，已经形成了行业领先的技术储备，并不断地应用于产品，提升产品的市场竞争力。在产品创新上，宇通特别注重前瞻性布局和长期钻研。比如，早在 1997 年，宇通已经开始进行新能源客车的研发，1999 年开发出第一款纯电动客车。而国内新能源汽车真正形成规模销售则是在 2013 年之后，此时的宇通早已经在新能源产品上具备显著优势，这些优势正是来自超前的准备。2005 年，宇通开始研究高端商务车产品，历经十年的摸索和不断尝试，直到 2015 年，可以与进口品牌比肩的 T7 车型问世，并取得了高端客户的一致认可。这些成绩表明宇通公司具备了衍生新业态的基础和能力。

宇通管理机制灵活也是能够衍生新业态的基本条件。宇通的机制非常灵活，鼓励员工不断创新，几乎能把个人所有的潜力都挖掘出来。国家实验室主任李飞强说，宇通的核心技术人员可以提出创新设想，提交宇通技术委员会评估通过后，即由宇通的成熟体系来集全公司之力支持整个项目。基于这样的机制，宇通多年来吸引了包括中科院、清华大学等知名高校博士研究生在内的一流人才。

宇通集团董事长汤玉祥认为："创新机制是一个企业的核心竞争力，管理改革、技术创新、产品创新是宇通发展的核心原动力，适应市场需求变化的客车新产品持续不断地投入市场、占领市场，产品竞争力和企业影响力持续提升，推动宇通达到领先地位。"宇通客车也正是凭着自己的技术创新机制和自主知识产权，批量远销拉美、中东、亚太、非洲、欧美等区域的 30 多个国家和地区，让"中国制造"享誉海外。

宇通的技术创新能力是衍生新业态的基础。宇通客车作为行业领军企业一直主动坚持技术创新,并以此作为发展根本。2019年9月6日,由中国电子商会智能电动汽车专业委员会主办的2019年度大会上颁发了2019年智能电动汽车领域技术创新奖。宇通客车"基于智能感知系统的安全节能技术研发及系列化产品应用"项目获得奖励,标志着宇通在智能化安全节能领域的突出技术成果得到行业高度认可。据了解,这次评奖活动非常认真,组委会自7月起就已正式筹备,经企业单位申报后,由专委会行业专家层层筛选、评审,最终共有五家企业的五个项目成功获奖。其中,宇通是唯一一家获奖的客车企业,且综合成绩排名第一,充分彰显了宇通以技术创新引领行业发展的企业风范。

宇通在智能化客车生产领域可能会衍生新的业态。在倡导低碳出行的新时代,汽车行业的电动化、智能化已成为发展趋势。宇通客车"基于智能感知系统的安全节能技术研发及系列化产品应用"项目,充分对标安全与节能的智能化技术研发成果,通过开展多目标协同节能技术、安全辅助驾驶技术、新型电子电气架构等关键技术研究,全面提升了车辆的经济性、安全性和智能化水平,为实现公共交通美好出行奠定了坚实的基础。首先,基于人、车、环境的立体交互,通过掌握多目标协同节能控制方法,宇通新能源客车在节能降耗方面全面领跑行业,其中12米插电式混合动力客车百公里油耗仅为17.75升,12米纯电动客车百公里电耗更是低至57.4千瓦时。经专家鉴定,这一成果完全处于国际领先水平,为全球新能源客车节能化发展树立了标杆。其次,从智能感知角度出发,宇通客车通过深入研究安全辅助驾驶控制技术,大大提高了行车的安全性,解决了城市复杂交通道路环境下辅助驾驶系统应用场景单一的难题。如此,未来的客车不仅能够以技术保证安全,还能通过车辆的智能化水平提升,让驾驶员更加轻松。此外,通过对区域内的控制器互联技术进行研发创新,宇通客车还推出了新型电子电气架构。该架构集功能安全、信息安全、多核异构于一体,还可满足系列化车型对智能化、网联化功能不断迭代升级的需要,其技术水平同样处于行业领先地位。宇通客车正在以深厚的技术积淀,为未来全面推广应用智能化、网联化新能源客车进行前瞻性和全方位布局。基于一系列技术创新研发,该项目共获授权专利16件,其中发明专利11件,实用新型专利5件,充分彰显了宇通客车强大的技术研发实力。目前,该项目研发成果已广泛应用于宇通系列化电动客车产品。截至2017年12月底,应用该技术的新能源客车已累计销售 18618 辆，销售额达 154.46 亿元。

以科技创新为引擎，开启绿色智慧出行新时代。智能制造不仅是未来发展的趋势，也是国家鼓励的重点，宇通客车作为行业领军企业更是积极践行国家战略，引领行业发展。2018 年，440 辆宇通智能网联纯电动公交车交付上海，担当进博会服务主力，不仅让世界见证了中国制造的强大实力，也让智能网联纯电动公交车得到了进一步推广。2019 年 8 月 30 日，宇通客车推出全新造型高端智慧公交车新品，为行业绿色、智慧出行提供全新选择。2019 年 9 月 4 日，宇通在郑州智慧岛进行试运行的 L4 级自动驾驶巴士安全运行达到 10000 公里，充分证明了我国自动驾驶技术的可靠性和稳定性，也成为我国自动驾驶智能化发展进程中里程碑式的成果。不仅是智能化技术，宇通客车自主研发的三代整车控制技术、电驱动控制技术、车载能源管理技术、整车轻量化技术等同样保持行业领先水平，为其持续引领行业发展提供了有力支撑。

宇通第 12 万辆新能源客车成功交付，其深厚的技术积淀也得到了市场的充分认可。目前，宇通新能源客车已经覆盖全国 350 多个城市，并批量远销至法国、英国、澳大利亚等全球 20 多个国家和地区，累计销量已经突破 12 万辆，成为行业首个也是目前唯一取得该成绩的客车企业。宇通客车正在以更先进的技术、更优秀的产品引领中国客车业持续向上发展，助力全球绿色智慧出行，共建更美好的未来。

二、许继集团案例分析

（一）许继集团简介

许继电气股份有限公司成立于 1993 年 3 月，1997 年 4 月 18 日在深圳证券交易所挂牌上市。许继电气是国内同行业首家上市公司、中国上市公司协会首批理事单位、国家科技部认定的国家重点高新技术企业，拥有国家认定的企业技术中心和企业博士后工作站。许继集团的发展一直受到党和国家的高度重视，李克强、王岐山、胡锦涛、吴邦国、贾庆林、李长春、张德江、刘云山等党和国家领导人多次到许继视察指导工作，对许继改革创新发展的成就给予充分肯定。2010 年许继电气股份有限公司加入国家电网后，进入了发展的"快车道"。许继电气股份有限公司作为国家电网公司直属产业单位，专注于电力、自动化和智能制造的高科技现代产业，也是电力装备行业的领先企业，长期致力于为国民经济和社会发展提供高端能源和电力技术装备，为清洁能源生产、传输、配送以及高效使用提供全面的技术、产品和服务支撑。许继电气主要从事特高压、智能电网、新能源、电动汽车充换电、轨道交通及工业智能化五大核心业务，综合能源服务、智能制造、智能运检、先进储能、军工全电化五类新兴业务，产品广泛应用于电力系统各个环节。许继电气坚持规范化运作企业，把改善公司治理结构作为企业持续发展的根本，走出了一条持续发展、诚信经营的良性循环道路。许继电气连续多年荣获深圳证券交易所信息披露工作"优秀"评价；"许继电气"股票被深圳证券信息有限公司列入"最有市场影响力的100只股票"，并入选沪深300、深证100、深证自主创新指数初始成份股，许继电气是深港通首批投资标的公司之一。

许继集团是全国首批创新型企业、国家技术创新示范企业和装备中国功勋企业之一，并荣获首届"中国工业大奖"表彰奖、"中国质量奖"提名奖、河南省"省长质量奖"等多项奖励。公司用工总量1万余人，拥有国家认定的企业技术中心、国家高压直流输变电设备工程技术研究中心、国家能源主动配电网技术研发中心、国家工业设计中心、国家电工仪器仪表质量监督检验中心等创新平台，建有河南省能源互联网工程技术研究中心、许昌市电动汽车充换电技术重点实验室等创新平台，是国际电工委员会第85技术委员会（IEC/TC85）、全国电工仪器仪表标准化技术委员会（SAC/TC104）和IEEE PES中国区标准委员会等5个标准化组织秘书处承担单位。

许继集团控股1家上市公司，下设19家子（分）公司，打造了许昌1个研发中心，北京、上海、西安、哈尔滨、郑州5个研发分中心，以及许昌、珠海、福州、厦门、济南、哈尔滨、成都、随州8个产业基地。许继集团坚持创新驱动发展战略，构建两级研发体系架构，打造集团创新平台，实施自主创新和借脑引智双轮驱动，实现了一批核心关键技术突破；累计参与完成国际标准96项、国家标准320余项、行业标准210余项；48项创新产品技术指标达到国际领先或先进水平。其中，许继集团参与的"特高压交流输电关键技术、成套设备及工程应用""特高压±800千伏直流输电工程"荣获国家科技进步特等奖，"超高压直流输电重大成套技术装备研发及产业化"项目荣获国家科技进步一等奖。

（二）许继集团社会效应

许继集团社会效应主要体现在积极参与国家重大工程建设，先后为特高压智能电网建设、长江三峡工程及核电建设、高速铁路建设等大型工程项目提供了大量的优质成套设备，打破国外垄断，为国家节省了大量的工程投资，作为民族工业走在了世界的前列。如在直流输电领域，参与建设"向上""云广""青豫"等国内特高压直流输电工程和舟山、乌东德柔性直流输电示范工程。在智能电网领域，参与北京、山东等 30 多个省市及地区配电网工程；参与陕西延安 750 千伏等数百个智能变电站工程及湖北金马、济南商西等智慧变电站工程。在新能源领域，许继集团参与建设龙羊峡、南麂岛、珠海万山海岛等微电网示范工程；参与建设张北、哈密、华能夏店等风电场；参与建设北京、上海、青岛等大中城市充换电示范工程；参与京沪、京港澳、青银高速公路等城际快充站工程。在轨道交通领域，许继集团参建青藏、津秦、云贵铁路，京沪、武广、哈大、京石武、沪昆等高铁工程以及北京、上海、广州、深圳等地铁工程。许继集团在工业智能化领域参与阿里巴巴数据中心、富士康园区、上海宝钢、北京奥运会、上海世博会等众多项目。许继集团在综合能源及储能领域，参与建设山西大同能源革命园区、苏州同里、天津北辰等综合能源示范项目及青海海西州储能电站项目等。许继集团以实施"服务领先"战略为契机，持续加大服务投入，倾力打造行业领先的服务保障体系，在国内各省市设立营销服务分支机构，在东南亚、南亚、非洲等区域的十余个国家和地区设立海外办事处，打造覆盖全国、辐射海外的营销服务网络体系，2600 余名营销服务人员分布全国各地，实施就地化服务，致力于为客户提供 7×24 小时"一站式""零距离"敏捷服务。集团大力推进服务信息化建设，充分利用"云大物移智"技术构建客户服务统一指挥管控平台，让客户在最短时间内获得有效反馈，并全过程管控服务质量，致力于为客户提供"全方位"的极致服务体验。许继集团致力于将先进的产品、技术服务于"一带一路"沿线国家的电力发展与全球能源互联网建设；积极布局海外市场，构建覆盖东南亚、南亚、中亚、非洲的营销网络；依托特高压输电、智能电网、智能用电、清洁能源等领域的技术、制造、服务优势，以系统集成、本地化生产等模式积极开拓全球市场。目前，许继产品已在全球范围内 49 个国家和地区的火电、水电、输变电、轨道交通等项目中广泛应用。

（三）许继集团创新发展

许继集团坚持以"创新驱动、质量为先、服务保障、降本增效、激励约束"的二十字工作思路为指引，着力推进"服务领先、智能制造、集团国际化、质量许继"战略落地，全面落实"堵漏洞、补短板、降成本、谋发展"工作要求，强化管理、提质增效，持续推动集团高质量发展，为国家电网公司建设具有中国特色国际领先的能源互联网企业做出新的贡献，再创新的辉煌。许继集团的核心业务创新，主要体现在特高压直流输电及电力电子领域，例如许继集团参与建设了国内±800 千伏特高压直流工程，拥有"国家直流输变电装备工程技术中心"，是目前国内特高压直流输电设备成套能力强的企业。许继集团在特高压直流输电控制保护系统、常规及柔直换流阀设备、动态无功补偿设备等方面取得了一系列具有自主知识产权的成果，技术水平处于国际领先地位，引领了世界特高压直流装备技术的发展，实现了该领域中国电力装备制造从跟随到超越的转变。许继集团还掌握了 1000 千伏交流输电系统的关键技术，"特高压交流输电关键技术、成套设备及工程应用"荣获国家科技进步特等奖，并为"晋东南—南阳—荆门 1000 千伏特高压交流输电线路示范工程""淮南—南京—上海特高压交流输电示范工程""浙北—福州""蒙西—天津""淮上—锡山"等特高压交流输电工程提供了成套设备和技术支撑。

许继集团在智能变电方面的创新主要体现在为 750 千伏及以下电压等级的 300 多座智能变电站工程提供了设备和技术服务，具备了丰富可靠的运行经验，部分工程代表了当今国际先进技术水平。其中，CBZ-8000B 智能变电站系统在国际上首次提出了变电站集中式保护控制技术体系，攻克了三网合一、PTN 通信技术、集中式保护控制等一系列世界性技术难题；采用许继集团集中式保护控制系统的全球首座高度集成的智能化变电站"辽宁朝阳 220 千伏何家智能变电站"以及"重庆大石 220 千伏新一代智能变电站""上海叶塘 110 千伏新一代智能变电站"，国内电压等级最高的"陕西 750 千伏延安智能变电站"均已成功投运。

许继集团在智能配电系统的创新表现在，从 2000 年开始主要专注于智能配电网技术及相关产品的研发和制造，目前可提供智能配电网一体化综合解决方案及全套智能配电产品。全面实行配电自动化后，城市电网可靠性提高到99.997%以上，即达到年度户均停电时间不超过15分钟的世界先进水平，有力保障了生产、生活用电连续性，大幅度减少了供电故障率和供电损失，并提供了新能源接入的完备技术方案。目前许继电气为北京城区、山东省域的百余城市提供了14万套配网自动化成套设备及160余套系统，国内市场占有率30%以上。

许继集团在智能用电系统领域的创新主要体现在拥有哈尔滨电工仪表研究所和许昌、济南2个智能用电产品产业基地，可提供全系列智能电表、用电信息采集系统和智能家居系统设计与集成。许继集团先后发布电工仪器仪表国家和行业标准153项，参与发布和在编的国际标准39项，其中主导编制9项；拥有自主研发的全自动电能表生产检测线，具备年产2000多万只智能测量终端产品的生产制造能力，处于行业先进地位。

许继集团在电动汽车充电领域的创新发展表现在电动汽车智能充换电领域。许继集团是目前中国规模大、技术水平和市场占有率高的电动汽车智能充换电系统制造商，拥有"国家能源主动配电网技术研发中心""国家电网公司电动汽车充换电技术实验室"，并参与了国际标准IEC62840的制定，实现了我国在该领域国际标准零的突破。

许继集团在新能源领域的创新主要表现在新能源发电及并网领域，拥有风能、太阳能等新能源发电与并网全面解决方案。许继集团在分布式发电、智能微电网系统、光伏电站监控系统、电网友好型风电机组、风机变流器、动态无功补偿装置、光伏逆变器、储能系统等新能源开发利用与并网所需的成套系列产品、系统解决方案及EPC总承包业务方面，能够可靠支撑大规模、间歇性可再生能源平稳地接入电网。

许继集团在节能及智慧城市方面也有创新发展。许继集团致力于电网、工业、社会等领域的节能技术研究开发与产品工程应用，在配农网节能、电能质量综合治理、电能替代、能效管理与分析等节能业务上资质齐备，居于国内先进水平。近年来，许继电气积极参与全国10余个省份重大节能工程项目，已完成配网节能项目每年可节电2.77亿千瓦时，折合9万吨标准煤，减排二氧化碳22.5万吨，在节能低碳领域做出了突出的贡献。在智慧城市领域，许继集团从"智慧能源支撑智慧城市"角度提出了"能源驱动型智慧城市"的建设思路,以城市发展经济高效、环境友好为目标,先后制定了"许昌智慧城市""郑州智慧航空都市""上海临港新区智慧城市"等多个试点建设方案,参与规划建设了山西临汾源荷互动项目智慧城市试点工程。作为先行者,许继集团为智慧城市的发展积累了宝贵经验。此外,在智能轨道交通方面许继集团也有明显创新。许继集团在轨道交通智能牵引供用电领域,作为设备制造和系统集成企业,为高速铁路、客运专线、城际铁路、城市地铁、城市轻轨等交通工程建设提供具有自主知识产权、国际先进的牵引供电和电力供电系统集成解决方案,为国家高速铁路和城市轨道交通建设提供了关键技术支撑。目前,许继集团的高新技术产品在中国高铁项目中得到了广泛应用。在工业智能供用电领域,许继集团已经为石油、石化、港口、机场、钢铁、煤炭、冶金等行业的近万家工厂,提供了智能供用电系统、电气一次设备、智慧工厂等系列化的核心设备、工程服务和整体解决方案。

(四)许继集团创新积累

许继集团支撑技术创新的基础在于依托国家和河南省建设了一批高级别实验室。例如,许继集团2009年申报获批了国家高压直流输变电设备工程技术研究中心,该中心于2012年通过国家科技部验收。工程技术中心主要是瞄准国家特高压工程建设急需,在立足自主创新的基础上,通过引进、消化、吸收和再创新,积极进行技术研究、产品开发、系统集成、试验检测和产业推广,相继攻克了特高压直流控制保护、换流阀、换流变压器、平波电抗器及直流场设备等20多项核心技术,创造了6项世界第一,总体技术均达到国际领先水平或国际先进水平;这项国家级研究中心的建设,成就了世界面积最大的直流仿真中心和国际先进的特高压换流阀研发试验基地;实验室的科研成果先后应用在世界上第一个特高压直流输电工程"云南—广东±800千伏特高压直流输电工程"和世界上输送容量最大的"四川—上海±800千伏特高压直流输电工程",以及宁东—山东、三沪二回、糯扎渡、溪洛渡、锦屏—苏南等国家重大工程,改变了直流输电成套设备关键技术对国外企业的依赖,促进了国家电工制造业的升级,确保了国家电网的安全,为"西电东送"战略实施提供了支撑,也为国家高压直流输变电设备走出国门、占领国际市场奠定了坚实基础。

2014年许继集团申报获批了国家级的"电动汽车充换电技术实验室",占地面积约1760平方米,包括电动汽车充电系统实验室、动力电池实验室、数字仿真实验室和电动汽车充换电系统试验站等,主要围绕电动汽车充换电系统试验检测技术研究、电动汽车电池自动更换技术研究、电动汽车动力电池成组技术研究、电动汽车智能充电技术研究四个方向开展工作;先后投入约3000万元,现拥有各类仪器设备400余套,包括充电系统测试平台、动力电池综合测试平台、振动试验台、高低温试验平台、充电设施试验站、电磁兼容测试平台、仿真试验平台等。实验室主要致力于解决电动汽车充换电技术领域的共性关键技术问题,提升公司在电动汽车充换电设施领域的试验和检测能力。通过实验室的建设,许继集团逐渐成为具有技术辐射和带动作用的电动汽车充换电技术研发中心和试验基地。

此外,许继集团积极申报省级实验室,增强了技术的积累能力,例如省级的机械工业电力系统特高压控制保护工程实验室,该实验室作为省级实验室主要致力于机械工业电力系统特高压控制保护工程实验,即专注于特高压直流输电控制与保护技术研究、特高压交流输电保护及自动化技术研究、特高压直流输电控制与保护仿真研究、特高压交流输电动模试验研究、规约测试技术研究等。实验室占地面积达6790平方米,其中办公场地1295平方米,试验场地5495平方米。目前实验室拥有由22个Racks的最新配置的RTDS构成的超大规模电力系统数字仿真系统,以及由4台发电组、12台变压器、2000多公里线路和各种负载模型构成的电力系统物理模拟系统,可以同时进行8个全电压等级的各种交直流控制保护的动模试验,是国内规模最大、实力最强、经验最丰富的电力系统仿真试验室,可以满足特高压及以下等级保护系统的仿真试验,填补了交流继电保护和超高压直流输电的试验空白。在电磁兼容试验方面,拥有3m法电波暗室,具备实施IEC标准要求的14项电磁兼容测试能力;在规约测试方面,具备IEC61850、IEC61870-5通信规约一致性测试能力,形成开发国际先进水平的特高压控制保护的试验研究和验证能力。还有省级的机械工业继电保护及自动化工程研究中心,该中心主要从事机械工业继电保护及自动化工程研究,以科研机构、大专院校为技术依托,整合行业科技力量,不断积累特高压二次保护控制与直流控制保护的运行经验,研制适用于特高压的交流直流控制设备,开发和生产制造具有独立知识产权的保护控制和综合自动化设备，在示范性的试验线路中应用；该中心还与国内外同行业进行技术交流合作和沟通，通过与国外同行业交流和学习，为国内电力系统输变电制造行业的发展提供了切实有效的技术支撑，确保机械工业继电保护及自动化行业保持技术上的领先，促进了国内电力系统输变电制造业迈上新台阶。

河南省继电保护及自动化重点实验室不仅是河南省重点实验室，也是河南省资源共享的科研试验基地，主要从事继电保护及自动化领域研究，为电力企业的长期可持续发展提供良好的技术平台，为各高等科研院校提供良好的科研试验环境，成为河南省高等科研院校的试验基地和培训基地，为电力行业提供更为优质的技术服务，使河南省电力产业区成为国内乃至世界知名产业区，成为高新技术城、产业之都，带动全国电力产业发展。实验室重点研究方向为"电力系统装备试验及技术研究"，包括电力系统分析与研究，电力系统相关标准及电力设备测试方法、标准的研究，电力系统演示系统以及检测测试设备的研究开发，电磁兼容技术研究，设备检测五个科研层次。

智能配电设备河南省工程实验室主要从事智能配电设备方面的研究，开展智能配电设备核心关键技术攻关、试验检测，建立国内领先的智能配电设备产品研发、检测、技术推广、技术交流和咨询的产业基地，形成智能配电设备工程产业化平台，具备国内领先的研究能力和设备成套设计能力，有效解决中国的智能配电设备所需的关键技术难题，实现技术上的国内领先。该实验室结合国家产业政策要求进行深入研究，掌握核心技术，取得具有自主知识产权的成果，全面提升河南省的智能配电设备制造业技术水平。实验室的主要建设目标是加快智能配电设备关键技术研究和试验能力建设，掌握智能节能变压器、新型电抗器、智能消弧成套设备和集一次开关、变压器为一体的变电站设备、智能矿用产品等核心技术，形成智能配电设备解决方案，形成具有完全自主知识产权的科研成果。实验室的中长期发展目标是全面掌握智能配电设备关键技术，具备高水平的试验研究和验证能力，对具有重要应用前景的科研成果进行系列化、配套化和工程化研究开发，同时能够为本业务领域提供技术支持和咨询服务，从而攻克和解决制约我国智能配电设备领域的瓶颈问题。

河南省风力发电装备工程技术研究中心主要是围绕打造产业集群的战

略部署，由许继集团牵头，由河南省 13 家相关企业、科研院所、高等院校共同参与成立的"河南省风电产业技术创新战略联盟"发起成立的。河南省依托联盟成立了"河南省风力发电装备工程技术研究中心"，布局在许继集团。该研究中心开创了以产业链为纽带、产学研相结合的创新组织形式，建立稳定合作机制，优势互补、协同创新，共同打造"河南省风电"品牌，整体提升河南省风电产业自主创新能力和国际竞争力。该中心有效地发挥和强化了河南省在风电装备领域的已有和潜在优势，实施集约式发展，推进河南省风电产业跨越发展，促进产业结构的优化升级。将直接或间接培育、拉动河南省的机械、电力、复合材料、电缆、运输物流等相关行业的发展，可形成 100 多亿元的产业规模。同时，生产的发电机组可实现年发电量 200 亿千瓦时，减少二氧化碳排放 48 万吨，将为国内外节能减排做出重大贡献。

国家能源主动配电网技术研发中心是许继电气股份有限公司和北京交通大学于 2013 年联合组建的研究中心，该中心工作涵盖动力电池应用、微网变流器、新能源轨道交通、主动配电网能量控制（含城市轨道交通）等领域。该中心主要开展主动配电网的基础理论研究、技术标准及规范制定、试验检测及认证等工作；通过争取国家各部门的支持，积极参与主动配电网的示范工程，将主动配电网技术在轨道交通和电力系统进行应用。研发中心围绕主动配电网的产业发展战略，进行相关基础理论研究，并利用中心的基础研究理论成果，结合各自研发能力，进行技术研发及产业化，保持许继集团在电动汽车充换电系统、微电网、储能系统领域的行业领先地位，并建立相关的检测平台，形成产品测试能力，开展相关试验测试工作。

截至 2020 年，许继集团申请专利 1431 项，其中发明专利 637 项；授权专利 658 项，其中发明专利 114 项；申请海外专利 25 项；取得软件著作权 195 项；制定国际标准 43 项、国家标准 172 项、行业标准 318 项；荣获省部级以上科技奖励 155 项，包括国家科技进步奖 4 项，其中"特高压交流输电关键技术、成套设备及工程应用"荣获国家科技进步特等奖，"超高压直流输电重大成套技术装备研发及产业化"项目荣获国家科技进步一等奖，为提升企业自主创新能力、增强市场竞争力提供了强劲动力。许继集团主要科技成果见表 8-1。

表 8-1　许继集团主要科技成果

产品名称	技术水平
±320 千伏、1500MVA 柔性直流换流阀	国际领先
±1100 千伏、5000 安特高压直流输电换流阀	国际领先
±1100 千伏特高压直流输电控制保护系统	国际领先
±800 千伏特高压直流输电控制保护系统	国际领先
±800 千伏、3125 安特高压直流输电换流阀	国际领先
±800 千伏、4000 安特高压直流输电换流阀	国际领先
1000 千伏交流输电保护控制系统	国际领先
±500 千伏超高压直流输电控制保护系统	国际领先
VBE200 高压直流输电换流阀控制设备	国际领先
电动汽车充换电系统	国际领先
高速铁路自动过分相系统	国际领先
区域集中式网络保护系统	国际领先
大容量电炉变压器差动保护解决方案研究	国际领先
DPS-3000 直流输电控制保护系统	国际先进
CBZ-8000B 智能变电站系统	国际先进
超高压线路及辅助保护装置	国际先进
850 系列 500 千伏变电站成套保护装置	国际先进
WFB-800A 微机发电机变压器保护装置	国际先进
FCK-800 系列微机测控装置	国际先进
变电站网络化二次系统研究及应用	国际先进
WBH-800A 超高压变压器保护装置	国际先进
WMH-800 微机母线保护装置	国际先进
G.I.S.E.L.A SF6 环网柜开关设备	国际先进
G.I.S.E.L.A-V SF6 环网柜开关设备	国际先进
BKGK 系列树脂绝缘干式空心并联电抗器	国际先进
WXH-810A 系列微机线路保护装置	国际先进
WBH-810A 系列微机变压器保护装置	国际先进
WKB-800A 系列微机电抗器保护装置	国际先进
820A 系列中低压微机保护控制装置	国际先进

续表

产品名称	技术水平
F6-10000 试验专用多功能录波分析装置	国际先进
Profisim 直流现场层模拟系统	国际先进
FJK-520 2.0MW 风力发电机组变桨距系统	国际先进
CBS-800B 变电站高压设备在线监测系统	国际先进

许继集团建设的多种类、多项目的实验室为企业技术提升奠定了基础。表 8-1 中所展示的科技成果可以说明许继集团的技术创新能力。同时，许继集团也在河南省相关行业内形成了技术扩散，例如在新能源汽车、互联网应用等领域都产生了明显的外部技术溢出效应。

许继集团依托自身的产品优势和集成能力，先后为"西电东送""西气东输""南水北调"工程及核电建设、铁路建设等国家大型工程项目提供了大量的成套设备，取得了骄人的工程业绩，为国家电力工业发展做出了突出贡献。

许继集团的社会工程量巨大，施工技术以及质量水平不断提升，获得不少国家和省部级的各种奖励证书。在国家知识产权局网站上可以看到第十七届中国专利奖的评选结果。许继集团申报的"一种正负序故障分量方向和零序功率方向判别方法"和"一种用于高压直流输电的晶闸管换流阀阀塔"两项发明专利荣获第十七届中国专利奖优秀奖。

许继集团的正负序故障分量方向和零序功率方向判别方法的发明专利，提高了反方向元件的动作可靠性，解决了方向灵敏度的问题，适用于线路的零序、负序功率方向、反应正序故障分量和负序分量复合量的方向元件保护。许继集团利用该专利研制的高压线路保护装置广泛应用于国内电力系统继电保护领域，为电网的安全可靠运行提供了保障。

许继集团的用于高压直流输电的晶闸管换流阀阀塔的发明专利，攻克了传统换流阀阀塔内部检修空间小、检修难度大、检修潜在安全风险较大的技术难题。许继集团利用该专利研制的换流阀产品在结构布局和现场维护方面的人性化、巧妙化设计，得到了用户的一致认可和好评，目前广泛应用于国内高压、超高压及特高压直流输电工程。

中国专利奖每年评选一次，重在评价专利质量，强调技术的先进性、技术的运用与保护、经济效益和市场份额、社会效益及发展前景。许继集团以创建国家知识产权优秀企业为契机，不断加强政策引导，完善激励措施，激发广大员工参与创新的积极性，公司专利申请量和授权量显著提升，有效地保护了科技创新成果，进一步增强了企业核心竞争力。许继集团已有6项发明专利荣获中国专利奖优秀奖。

许继电气股份有限公司成为国家电网公司创新和支撑的重要力量，是支撑国家电网公司的高端装备研发中心和效益创造中心，紧紧抓住国家支持能源领域发展的机遇，勇于攀登技术高峰，不断加快提升企业创新发展能力和核心竞争力，服务于国民经济建设和社会发展，取得了丰硕的科技成果。

（五）许继集团人才队伍建设

许继集团多年来始终秉持人才至上的原则，凭借"惜才、爱才、重才、用才"的优良传统，聚集了一支具有"多元化、梯队化、高端化、国际化、年轻化"五化特点的优秀人才队伍。截至2014年底，公司用工总量10000余人，其中国家级专家人才5人，省部级专家人才23人，硕士、博士学历人员920余人，高级职称人员310余人，高级技师100余人。许继集团还在1998年成立了博士后工作站，是河南省首批设站单位之一。许继博士后流动站建站以来，先后有华中科技大学、哈尔滨工业大学、西安交通大学、浙江大学、上海交通大学、南开大学、复旦大学、天津大学等高校的23名博士进站工作，这些高校博士毕业生在站工作期间开发、研究出多项产品和科研成果，对推动许继电气的科技进步、保持许继电气的技术领先、提高企业的科学管理水平做出了突出贡献。为此，许继集团博士后工作站建站以来多次获得国家表彰奖励。

此外，许继集团积极拓展海外市场。许继集团以许昌、福州、珠海、厦门、济南等产业基地为依托，大力开拓海外市场。相关的电力设备先后进入东南亚、南亚、非洲、中东、南美等48个国家和地区，在水电、火电及输配电工程中大量应用。许继集团以过硬的产品质量和优质的现场服务赢得了客户的广泛好评。

许继集团在缅甸、越南、孟加拉国、泰国、尼日利亚等10多个国家设立办事处，初步搭建起国际营销网络，扩大海外业务辐射范围，积极开展信息搜集、市场开发、前期调研、对外联络等工作，多元化拓展国际业务。

巴基斯坦默蒂亚里—拉合尔±660千伏直流输电工程是推进"一带一路"建设和国际产能合作战略的重要实践。2017年5月，许继集团成功中标默拉项目直流控制保护、换流阀、测量装置等直流主设备的供货任务，成为本项目的核心装备供应商。

土耳其凡城600兆瓦背靠背换流站工程是土耳其与伊朗背靠背直流联网项目，该项目位于土耳其东部，通过在土耳其东部的凡城建设一座600兆瓦背靠背换流站，实现土耳其和伊朗两国电网互联和电力互送。2017年6月，许继集团成功中标中电装备土耳其凡城600兆瓦背靠背换流站工程，负责提供换流阀和阀厅金具设备。此项目是国家电网公司背靠背直流自主知识产权的首个出口项目，工程设备完全国产化，是中国直流技术和装备的重要突破。许继集团承担的肯尼亚电厂项目，位于肯尼亚内罗毕阿西河地区，目的是缓解首都内罗毕日益紧张的电力需求缺口。项目由肯尼亚电力照明公司国际招标，属于独立投资电厂建设运行项目。许继电气为项目EPC总包商，负责整个电厂的设备供货、土建工程、安装调试。这是中国公司打败诸多欧洲劲敌，在非洲承建的第一个重油发电厂项目。

此外，还有缅甸和越南等国家的项目。例如，缅甸多功能柴油机厂是许继集团第一个EPC海外工程总包项目，是在距离仰光约400公里的TUNGWOO省达各亚工业园区建设一个占地20公顷，年产700台柴油机，包括铸造、锻造、热处理、机加、装配等车间的现代化工厂。这个项目是缅甸时任最高领导人丹瑞大将亲自提出的缅甸国家五年计划建设重点项目，也是中缅双方经贸合作的重点项目，受到中缅两国领导的高度重视。工程的顺利实施赢得了业主好评。

越南南那河Ⅱ级水电站装机容量3×22兆瓦，位于越南莱州省。该电站项目是许继集团在越南的第一个水电站机电设备总包项目。产品涵盖机械和电气设备，其中电气部分全部采用许继集团产品。该项目实现了许继集团在国际项目总包领域的突破，也为开拓越南电力市场奠定了坚实基础。

许继集团通过拓展海外市场建立人才国际化交流机制，把生产中发现的问题投放到国外去解决，不仅弥补了自身人才短板，还加强了行业领域内的知识交流。特别是利用互联网将国内外的生产设计和应用整合为一体，使得专业领域的知识和技术能够在海内外流动，拓展了人才使用的范围，也壮大了企业的科研队伍。

三、中铁工程装备集团案例

（一）中铁工程装备集团有限公司简介

中铁工程装备集团有限公司（以下简称"中铁装备"）是中国铁路股份有限公司（以下简称"中国中铁"）旗下工业板块的重要成员企业，也是世界500强企业。中国中铁的股份由中铁装备、中铁山桥、中铁宝桥、中铁科工四家企业整合上市，成为中国中铁高新工业股份有限公司（股票代码：600528）。中铁装备落户于河南郑州，多年来以"员工幸福、企业发展、制造强国"为初心，以"振兴民族工业，打造世界品牌、打造世界一流的地下工程装备综合服务商"为使命，深入践行"三个转变"重要指示，已发展成为隧道掘进机、隧道机械化专用设备、地下空间开发三大产业有机联动，以地下工程装备综合服务统领多元发展的综合性企业集团，并于2020年4月入选国家"科改示范行动"企业。

中铁装备核心产业是生产盾构机，同时生产相关产品，长期以来坚持以地下工程装备产业一体化的发展为核心优势，致力于构建完整产业生态。在隧道掘进机领域，公司横向形成了"大""小""异"不同断面以及土压、泥水、硬岩等不同适应性的全系列盾构/TBM产品，全面应用于城市轨道交通、铁路、公路、矿山、新能源、水利水电等诸多领域；纵向拓展了集设计研发、新机制造、旧机再制造、技术服务、工程服务、机况评估、操作培训、技能鉴定等于一身的产业链条，其中以马蹄形、矩形断面为代表的异形盾构机是中铁装备的创新产品。中铁装备的"彩云号"TBM入选2017年度央企十大"国之重器"；"春风号"盾构机作为目前我国自主研制的最大直径（15.8米）泥水平衡盾构机，入选2018年度央企十大"创新工程"；马蹄形盾构机荣获国际隧道界最高奖项，即"国际隧道协会2018年度技术创新项目奖"；"龙岩号"TBM为世界首台四代半盾构机，其搭载的高压水力耦合技术是对TBM传统破岩理念的革命性创新，也是业界首次通过产品化实现掘进机的代际更迭，对于行业技术发展具有里程碑意义。2020年9月29日，中铁装备自主研制的第1000台盾构机成功下线，标志着我国盾构机国产化迈入高质量发展新阶段。在隧道机械化专用设备领域，中铁装备以三臂凿岩台车、悬臂掘进机、混凝土湿喷机械手、拱架安装机、门架式支护台车、防水板铺设台车、连续皮带机等开挖、支护、出渣设备为核心产品，为客户提供多样化、成套化、智能化装备及全方位的综合服务，相关产品在北京石景山磁悬浮隧道、郑万铁路、玉磨铁路、重庆曾家岩隧道、贵阳八鸽岩隧道、贵阳地铁三号线等复杂地质项目中成功应用，并且公司发起成立了专用设备产业联盟，推动了专用设备产业链企业优势资源的互补。在地下空间综合开发领域，中铁装备在总部基地采用组合式顶推工法，建成了全国首个装配式地下停车场示范项目，验证了大型断面地下工程机械化分部施工的可能，可为综合管廊、地铁车站、"海绵城市"等地下空间项目提供无须"开膛破肚"的实践新方案，并且公司联合各相关方合资成立了郑州公用坤城地下空间综合开发有限公司，为产业化推广搭建了良好平台。

中铁装备始终坚持将装备制造与工法推广高度融合，在业内赢得了"最懂施工的装备制造商"和"最会制造的综合服务商"称号。中铁装备传承并丰富了中国隧道施工经验，对装备的地质适应性有着充分理解，组建了一支强有力的工法研究队伍，不仅能够为不同地质设计最具适应性的掘进装备，而且以"机土一体化"为核心理念，实现了设计与施工的良性互动，既为现场各类问题提供解决方案，又从中得到全面的应用信息反馈，循环往复对产品和工法进行优化，为客户提供最优价值服务。

中铁装备始终坚持创新驱动战略，高度重视以科技创新为核心的良性发展道路，完善建立了"五院三站三中心一平台"的科技研发架构：即通过设计研究总院、专用设备研究院、地下空间设计研究院、智能工程研究院、重大专项研究院五位一体，对产品设计与研发、配套工法研究、智能制造进行统筹协调；通过博士后科研工作站、河南省掘进机械院士工作站、河南省盾构装备协同创新工作站，聘请了国内著名学者进行合作共建，搭建了高端的人才集聚和科研平台；通过河南省地下工程装备技术创新中心、河南省盾构产业公共技术研发设计中心、河南省盾构成套装备工程技术研究中心，为盾构关键技术的基础研究提供试验条件；通过国家工业强基工程项目——"盾构/TBM主轴承减速机工业试验平台"，助力盾构/TBM关键部件国产化。此外，中铁装备还紧密依托国家"863"计划和"973"计划，深度开展"政产学研用"协同创新，推动基础理论和前沿理论研究。2013年，中铁装备参与的"盾构装备自主设计制造关键技术及产业化"的科研项目荣获国家科技进步一等奖，标志着我国真正意义上突破了国外隧道掘进机关键技术的壁垒。2015年，公司承担的"TBM安全高效掘进全过程信息化智能控制与支撑软件基础研究"项目获得国家"973"计划立项，成为当年国家9大基础研究领域中唯一由企业主持的科研项目。由此，公司还建立了业内首个TBM混合云平台、TBM掘进海量信息多层级标准数据仓库；2018年，公司先进轨道交通盾构机智能工厂项目入选智能制造综合标准化与新模式应用项目。2019年，公司牵头的"异形全断面隧道掘进机设计制造关键技术及应用"项目荣获国家科学技术进步奖二等奖，标志着中铁装备的异形全断面隧道掘进机核心技术在世界范围内已经从跟跑、并跑走向了引领。

中铁装备成立十年来，在实现从"追赶"向"引领"转变的进程中，行业影响力不断增强，品牌价值获得了社会各界广泛认同。公司在全国布局了多个生产基地，盾构/TBM年产能280台，订单累计已突破1000台；产品应用于国内40余个省区市，国内市场占有率连续八年保持第一，并远销法国、意大利、丹麦、奥地利、阿拉伯联合酋长国、新加坡、马来西亚、黎巴嫩、以色列、越南等21个国家和地区，有效服务了"一带一路"沿线国家的建设。公司在国内构建了"服务片区+服务中心+服务项目组"的即时响应服务网络；在新加坡、德国、丹麦等国建立了海外服务中心，为客户提供无国界的"5S"标准化服务，即专业服务（Service）、配件供应（Spare part）、状态监测（Survey）、快速响应（Speed）、技术培训（School）。"中铁盾服"已经成为中国盾构机服务领域第一品牌。中铁装备秉承"专业制造、专业服务"的企业方针和"产品是人品，质量是道德"的品质观，采用"全寿命周期质量管理"措施，以人品、产品、企品"三品合一"为品牌核心，实现产品价值、顾客价值和社会价值的有机统一。近年来，中铁装备先后荣获"河南省省长质量奖""中国质量奖提名奖""中国工业大奖表彰奖""服务型制造示范企业""国家技术创新示范企业""国家制造业单项冠军示范企业""国家企业技术中心"等荣誉，成为国内首批隧道掘进机企业特级生产资质企业之一，企业强大的研发实力和制造能力广受认可。

(二) 中铁装备社会效应

中铁装备作为中央企业落户在河南郑州，肩负着振兴民族装备制造业的光荣使命，其发展历程也是河南省盾构产业的缩影。中铁装备在发展的各个阶段，都得到了党和国家领导、有关部委负责同志及业界同人的关注与厚爱。2014年5月10日，习近平总书记在中铁装备考察时就中国制造业发展提出了"中国制造向中国创造转变""中国速度向中国质量转变"和"中国产品向中国品牌转变"，即"三个转变"的重要指示。中铁装备践行"三个转变"理念，牢记总书记嘱托，恪守"开拓地下空间，创造美好未来"的企业使命，发扬"一往无前"的盾构精神，紧跟国家"一带一路"倡议和"中国制造2025"战略，推进企业成为世界一流的地下工程装备综合服务商。中铁装备这种高新技术企业精神感染着河南省大地。2019年8月22日，河南省科技厅组织省内隧道施工及装备制造领域技术专家、财务专家赴中铁装备集团公司总部，对公司承担的2016年河南省重大科技专项"跨海隧道施工装备关键技术研究及产业化"项目进行了现场验收和观摩，专家组现场听取了项目组的结题汇报，审查了验收材料，并对项目成果进行了实地考察。河南省副省长霍金花在全省科技工作会议上表扬中铁工程公司，科技厅厅长、党组书记马刚等多次到中铁参观。郑州大学、许昌市科技局、郑州高新区管委会、中铁装备集团公司、中船713研究所、清华大学高端装备院洛阳基地等单位到中铁装备公司学习并研讨技术方案。

2019年8月29日，河南省科技厅又组织召开项目专项验收会议，邀请多位国内知名隧道施工与隧道装备制造领域的外省专家，会同省内专家一起，对该项目进行会议验收质询，经与会专家讨论，一致认定中铁承担的项目完成了任务书规定的所有技术、效益绩效考核指标要求。这样的评审会议不仅为中铁装备项目的结项评审，更为重要的是促进河南省技术创新精神的学习和创新意识的提升。河南省相关单位不仅能够参与学习中铁工程项目的研发和生产过程，而且可以通过实地考察建立合作方案，对省内相关企业技术提高具有重要指导意义。

此外，中铁装备公司的人才引进体系也为河南省高新技术产业发展提供了良好的技术支持。为进一步集聚高端智慧资源、充分挖掘高端创新平台潜力、发挥"政产学研用"优势，聚焦全断面隧道掘进机基础研究和应用基础研究，中铁装备相继引进院士进驻院士工作站，建立国家博士后科研工作站。中国工程院院士杜彦良、石家庄铁道大学教授杜立杰等著名专家学者都为国家博士后科研工作站做出了很大贡献。卓普周总经理指出，中铁装备坚持创新驱动战略，高度重视以科技创新为核心的全面创新，建立并完善了包含设计研究总院等5个研究院，国家博士后科研工作站、河南省掘进机械院士工作站、郑州市掘进机械院士工作站3个科研平台，以及河南省盾构成套装备工程技术研究中心、盾构关键部件工程技术研究中心2个基础研究中心在内的"五院三站两中心"科技研发架构。公司充分发挥院士团队的高端智库作用，在关键基础技术研究、难题攻关、成果转化、高科技人才培养及引进、企业管理提升等方面，积极主动地与院士团队进行沟通交流，提升人才和研发实力，为隧道建设行业发展提供更优质服务，做出更大贡献。这不仅是中铁装备工程公司的发展，也是河南省装备制造领域的进步。杜彦良院士对中铁装备一直以来潜心致力于全断面隧道掘进机原始性、颠覆性创新技术研究，通过集聚国内高端智慧资源，建立国家博士后科研工作站、院士工作站、企业技术中心等创新手段，发挥"政产学研用"的研发优势，自主研发一大批原创性、奠基性、战略性、颠覆性创新产品给予高度评价。中铁装备工程公司以进驻院士工作站为契机，结合国家川藏铁路规划和一批重大水利工程建设，充分发挥自身经验和平台优势。中铁装备科研团队聚焦全断面隧道掘进机基础研究和应用基础研究，携手为国家社会经济发展打造新一代高端智能化全断面隧道掘进机等系列产品。

（三）中铁装备技术创新

中铁装备集团生产的隧道掘进机，是集机械、电气、液压、传感、信息、力学、导向研究等技术于一体的高端装备。中铁装备工程公司获得过多次国家奖励，例如，在2018年度国家科技奖励大会获得了"异形全断面隧道掘进机设计制造关键技术及应用"的科技进步二等奖。这次奖励受到了党和国家领导人习近平、李克强、王沪宁、韩正的肯定。该项目标志着我国异形全断面隧道掘进机核心技术从"跟跑""并跑"走向了引领，走出了中国异形全断面隧道掘进机自主创新的发展之路，彰显了中铁装备作为全断面隧道掘进机开拓者和领军者雄厚的技术创新实力。2018 年是中铁装备工程公司科技创新取得喜人成绩的一年。不仅"异形全断面隧道掘进机设计制造关键技术及应用"项目荣获 2018 年度国家科学技术进步二等奖，还有"一种开敞式全断面岩石掘进机"获得河南省专利奖特等奖，"大断面马蹄形土压平衡盾构在黄土地层中的首次应用""矩形顶管机施工的天津新八里过黑牛城地下通道"被提名国际隧协大奖，"全断面岩石隧道掘进装备（TBM）自主设计制造关键技术及应用"获得中国机械工业科学技术奖一等奖，"超大断面马蹄形土压平衡盾构机关键技术研究与应用"获得中国交通运输协会科学技术奖一等奖，"适用于复合地层的小直径泥水平衡顶管设备技术研究及应用"获得中国施工企业管理协会科学技术进步奖一等奖，"12 米大直径土压平衡盾构机关键技术研究"等 5 项成果获得中国铁路工程总公司科技进步奖。同时，2018 年中铁装备自主研发的国内超大直径泥水平衡盾构机在郑州顺利下线，应用于深圳春风隧道；中铁装备工程公司 2018 年再次主持编制两项国家标准。2017 年已经有 5 项国家标准在中铁装备郑州基地发布。2018 年中铁装备获批国家知识产权示范企业；2018 年，中铁装备还荣获"国家技术创新示范企业"称号；2018 年，中铁装备品牌发展案例又分别入选工信部主编的《品牌培育之道》和品牌中国战略规划院主编的《品牌蓝皮书——中国品牌战略发展报告（2017）》。

中铁装备的技术创新史是企业持续发展的不竭动力，这与中铁装备领导对技术创新的重视密切相关。公司长期坚持科技创新不动摇，使科技创新成为企业发展的永恒动能。中铁装备正在实践着从"装备中国"到"装备世界"的梦想，为河南省乃至世界建设贡献着自己的力量。科技创新取得累累硕果激励中铁装备在打造民族知名品牌的道路上再创辉煌。

中铁装备工程公司的带动作用是非常明显的。例如，2019 年 1 月 8 日颁发的国家科技进步二等奖的获奖项目，就是中铁装备牵头并联合华中科技大学、浙江大学、郑州轻工业学院、中国隧道局集团有限公司、盾构及掘进技术国家重点实验、中铁隧道股份有限公司共同申报的"异形全断面隧道掘进机设计制造关键技术及应用"项目。中铁装备联合高等院校、科研院所围绕装备单刀盘到多刀盘协同切削、单维度到多维度隧道成型控制、单曲率到多曲率管片拼装"三单到三多"的三大世界难题，开展"产学研用"协同攻关，突破了多刀盘协同开挖系统、多维度位姿测控、多曲率管片拼装等关键技术，成功解决异形隧道高精、高效成型难题，自主研制出超大断面矩形、马蹄形、U 形等多种异形全断面隧道掘进机，并成功应用于新加坡地铁、蒙华铁路等 16 项重大工程，获得授权发明专利 42 项，形成了系统化的设计制造方法与技术，填补了国内外异形全断面隧道掘进机技术空白，多项创新技术达到国际领先水平。项目成果受到了国际极具影响力报刊如新加坡的《海峡时报》《联合早报》，英国的 *THE NEW CIVIL ENGINEER* 等整版头条的报道，极大地提升了中国高端装备在海外的知名度和影响力，提高了中国重大装备在国际市场上的竞争力，对中国高端装备"走出去"具有深远意义，实现了"中国制造"向"中国创造"的转变，促进了地下空间开发新工法与新设备的协同创新，引领了地下空间开发领域技术进步。

近日，中国施工企业管理协会 2017 年度科学技术奖评审结果公布，中铁装备的"适用于复合地层的小直径泥水平衡顶管设备技术研究及应用"项目，荣获中国施工企业管理协会科学技术进步奖一等奖。中铁装备公司自主研发的小直径泥水平衡顶管设备可同时适用淤、黏、粉、砂、卵石、硬岩、过渡复合地层等多种复杂地质条件，并成功应用于国内多个污水管道工程，填补了中国复合地层小直径泥水平衡顶管机的空白。中国施工协会的科技进步奖一等奖也颁给了中铁装备公司。这些成绩的获得提升了中铁装备在中国隧道施工设备的品牌效应，提高了中国重大装备在国际市场上的竞争力，对促进城市地下空间开发和新型城镇化发展具有深远影响。近日，国家铁路局公布铁路重大科技成果库 2018 年度入库成果，经过专家评审和社会公示，并经国家铁路局审定，由中铁装备自主研发的"ϕ12 米大直径土压平衡盾构机的研制与应用"等 48 项铁路科技项目入选。这些科研成果都是经过国家铁路局严格遴选入库的成果，在铁路行业科技创新方面具有标志性和代表性，展示了我国铁路科技的先进水平和发展方向。2018 年中铁装备牵头并联合浙江大学、大连理工大学、山东大学、中铁隧道局集团有限公司共同申报的"全断面岩石隧道掘进装备（TBM）自主设计制造关键技术及应用"项目荣获年度"中国机械工业科学技术奖"一等奖，此项殊荣进一步彰显了中铁装备作为行业领军企业的科技创新实力，全面展示了中铁装备自主研制并完全拥有自主知识产权的全断面岩石隧道掘进装备（TBM）先进技术成果，进一步夯实了中铁装备的行业龙头地位。

中铁装备工程公司的全断面隧道掘进机领域的技术创新获得了自主知识产权，这是公司长期以来坚持发挥自身优势，在企业发展过程中秉持"低头看、抬头看、回头看"工作方针的结果，也是河南省知识产权专利中心长期支持在该领域专利布局的结果。河南省知识产权专利中心全力以赴培育这种高价值专利，对公司的发展起到了重要作用。中共河南省委省直机关工作委员会常务副书记王忠梅与河南省科技厅副厅长刘英锋介绍说，河南省专利审查协作中心是保证国家级高新技术企业能够在河南省这片沃土上持续健康发展的支柱。特别是河南省专利审查协作中心对在豫企业的专利开发及保护工作对鼓励中铁装备加强知识产权工作给予了支持。可以说，中铁装备的科技创新发展离不开河南省政府和省科技厅的大力支持，公司自成立以来共承担河南省重大科技专项3项、郑州市重大科技及专项3项，首台复合式盾构机、超大断面矩形盾构机、主动铰接复合式盾构机、超大直径泥水盾构机等具有里程碑意义的创新产品都是省市级重大科技专项的成果转化。同时，中铁装备工程公司对河南省企业的技术创新也起到了突破带动作用，特别是在河南省企业响应国家"一带一路"的号召，将"中国制造"推向世界的过程中发挥了突破带动作用。

例如，中铁装备工程公司提出的"低头看"就是要求集团公司在自身积极践行科技创新的前提下，主动帮助下属相关公司进行技术创新，使相关企业与集团科技创新保持联系的同时，鼓励它们积极主动开展自主创新活动。集团公司积极推动与集团公司相关企业为主体的科研项目立项、科技成果申报、平台建设及专利申请等各项工作。

河南省与中铁装备相关的企业包括郑州市企业技术中心、郑州市隧道掘进机健康诊断工程技术中心、河南省小巨人企业、河南省/中国工程机械工业协会全断面隧道掘进机状态评估与检测技术中心、新乡市非开挖工程技术研究中心、河南省智能车间—自动化刀具车间等，它们在技术创新领域跟随中铁装备工程公司取得了很大进步。例如，2017年全省各类企业跟随中铁集团公司发展，年内通过高新技术企业税收优惠及奖励资金、加计扣除、研发费用梯次补贴等共计440余万元，专利申请34项，获得授权

8 项，发表论文 7 篇。郑州市盾构机关键部件工程技术研究中心，年内通过高新技术企业税收优惠、加计扣除等共计 1440 万元，2017 年申请专利 22 项，其中发明专利 7 项，实用新型专利 15 项，获授权专利 2 项。新乡市非开挖工程技术研究中心、河南省智能车间—自动化刀具车间，年内获得高新技术企业税收优惠、科技创新奖励资金、首台套奖励等 370 万元。2017 年申请专利 13 项，其中发明专利 3 项，获授权实用新型专利 5 项。

中铁装备工程公司 2016 年组织专家对符合股份公司评审要求的 212 个项目进行了科技成果网络和会议评审，经专家认真评审，集团公司申报的 4 项科技成果脱颖而出，其中完成的"适用于复合地层的小直径泥水平衡顶管设备技术研究及应用""ϕ6.3 米泥水盾构的研制""ϕ5480 毫米双护盾 TBM 研制"3 项成果达到国际先进水平，完成的"三臂隧道凿岩台"成果达到国内领先水平。这些成果再一次彰显了中铁装备作为全断面隧道掘进机龙头企业的科技创新实力，展示了中铁装备"渴求变革、倾力创造"的创新精神，提高了中铁装备的核心竞争力。

中铁装备始终坚持实施创新驱动发展战略，坚持以"让隧道施工更快、更好、更安全"为目标，以"占领世界隧道掘进机技术制高点"为动力，不断在隧道掘进机基础研究和原始创新方面取得骄人成绩，获得省市技术部门的肯定。"郑州市科技创新工作先进集体"荣誉称号就是对中铁装备科技创新工作的肯定，也是对中铁装备持续加强原始创新的鞭策，更是激励中铁装备在科技创新的道路上继续砥砺前行、开拓创新，为郑州市社会经济发展、建设国家中心城市做出更大贡献的动力。

（四）中铁装备集团人才队伍

中铁装备集团坚持"人才兴企"的发展战略，始终围绕企业发展中心构筑人尽其才的管理平台，优化人才环境与结构，构建充满活力的人才开发与激励机制；培养和造就数量充足、结构优化、层级合理、素质优良的企业人才队伍，为集团实现跨越式发展提供人才保证和智力支持。集团公司现有员工 3500 余人，其中工程、会计、经济等各类专业技术人员 1000 余人，具有高级及以上职称 130 余人、中级职称 410 余人，高级技师及以上 20 余人，技师 40 余人。享受国务院政府特殊津贴 4 人，荣获全国青年岗位能手、全国技术能手等国家级荣誉 10 人次，荣获河南省优秀专家、河南省学术技术带头人、河南省青年岗位能手等省部级荣誉7人次，荣获科技创新标兵、中央企业青年岗位能手、中国中铁专家、有突出贡献的中青年专家、中国中铁青年创新奖、郑州市特殊津贴专家等荣誉14人次，荣获茅以升铁道工程师奖、詹天佑铁道科学技术奖等行业协会荣誉4人次。

中铁装备集团公司的人才队伍的壮大也是河南省人才队伍的壮大。中铁装备集团与河南省交通规划设计研究院合作就是一个典型例证。河南省交通规划设计研究院是一家综合性全国性工程设计咨询单位，公司致力于提供道路、桥梁、隧道、轨道、地下空间、人防工程、智能交通、设计、科研等相关领域的工程咨询服务，是国家认证的高新技术企业。双方通过技术合作强强联合，有效整合优势资源，瞄准前沿科技，深耕地下空间综合开发新技术、新产品、新工法领域，助力我国地下空间开发建设。作为中国掘进机产业领军企业，中铁装备坚持创新驱动发展，不断探索盾构/TBM产品创新、隧道机械化施工和地下空间综合开发。中铁装备还与河南省交通规划设计研究院签订战略合作协议，进一步推动隧道与地下空间开发领域新技术、新产品、新工法的设计研发及应用推广，为河南省地下工程装备产业领域技术创新提供战略支撑。同时，双方以此次签约为契机，深化沟通联系，切实在地下停车场、综合管廊、人防工程、海绵城市、智慧城市等领域开展深度合作，为河南省社会提供更多更好的地下空间综合开发解决方案。

（五）中铁装备的社会影响

中铁装备集团以盾构机使河南省享誉全国。2020年9月29日，具有里程碑意义的中国中铁自主研制的第1000台盾构机在郑州中铁工程装备集团有限公司下线。这台直径8.64米的土压平衡盾构机（粤海14号），将用于广东珠江三角洲水资源配置工程。

中铁装备生产的盾构机不仅是中国装备制造业的典型代表，也是河南省制造业的一张名片。2008年以前，中国盾构机的关键技术还被国外垄断，国内使用的盾构机严重依赖进口，由于不掌握核心技术，设备需要外国专家远渡重洋进行检修。昂贵的进口成本，低效的设备维护，耗时的跨国沟通，中国在盾构机的应用上处处受制于人，严重影响着中国基建的效率和发展。中铁装备集团从2008年开始研发第一台具有自主知识产权的复合式土压平衡盾构机——中国中铁1号，经过多年探索与努力，直到今天能够生产多种复杂环境下从事挖掘生产的机器，简直就是中国人的"争气机"。盾构机生产关乎国家基础设施建设，是中国基建领域的稀缺产品，如今中国人的梦想在河南省得以实现，这无论如何都是河南省人值得自豪的一份事业。2009年在河南省郑州正式打造国内最大的盾构机制造基地，可以说是带动河南省高新技术产业的起搏器。中铁装备集团的发展也渐渐拉开了河南省装备制造业发展的序幕。

正如中铁装备集团车间内醒目的标语所写的那样，"造中国人自己的盾构，造中国最好的盾构，造世界最好的盾构"。这既是对中铁装备盾构机腾飞之路最真实的写照，也是河南省工业自强不息奋斗史的缩影。从2008年第一台具有自主知识产权的复合式土压平衡盾构机下线，到如今盾构机订单超过1200台、出厂1000台、产品出口21个国家和地区，河南省郑州也因为能够生产世界先进的盾构机成为世界知名的城市。2013年12月，中铁装备成功研制了超大断面矩形盾构，首次将矩形盾构用于城市下穿隧道和地下停车场的施工；2016年10月，中铁装备为浩吉铁路白城隧道定制世界首台马蹄形盾构——"蒙华号"，该盾构机型荣获2018年ITA（世界隧道协会）"科技项目创新奖"，标志着中国在异形盾构领域处于世界领先水平；2018年，国内首台联络通道盾构机在宁波轨道交通3号线鄞南区间工程成功应用。最近3年，中铁装备的盾构机产销量世界第一。业内人士赞许："上天有神舟，下海有蛟龙，入地有盾构。"

中铁装备集团的社会影响还在于为国内复杂基础设施建设做出了重要贡献。中国是世界上隧道及地下工程规模最大、数量最多、地质条件和结构形式最复杂的国家，因此，中铁装备隧道挖掘机械具备各种产品试验的复杂地理环境。从这个角度分析，中国复杂的地理环境也给中铁装备集团发展提供了宽广的舞台。目前中铁装备集团可以生产最大直径泥水平衡盾构机、世界首台马蹄形盾构机、世界最大直径硬岩掘进机等一系列标志性、创新性产品，并不断向世界最大、世界最小、世界首台发起冲锋，在世界隧道掘进机领域刷新中国高度。2012年中铁装备第一台盾构机走出国门，成功应用于马来西亚。如今，中国盾构机先后应用到新加坡、意大利、波兰、澳大利亚、法国等世界各国，中铁装备2017年、2018年、2019年连续三年产销量世界第一。

《工人日报》客户端 2019 年 9 月 1 日报道："中国盾构下一步将挑战 18 米直径的世界纪录，一个盾构机就有 6 层楼那么高。"在《工人日报》2020 年 9 月的报道中，在位于浙江杭州萧山区的中铁装备杭州盾构机生产基地内，一台直径 13.46 米的泥水平衡盾构机（中铁 759 号）正式下线，将运往杭州天目山道路改造工程。这是中铁装备为该项目量身定制的 4 台盾构机中交付的最后一台。天目山项目是杭州市环城北路——天目山路提升改造工程中贯穿杭州市东西向的"天目—环北—艮山"快速路最中心的一段。这条总长将近 40 公里的快速路是贯穿杭州中心区域的重要"一横"，整个工程计划在 2022 年杭州亚运会前建成。中铁七局集团总经理师建军介绍，天目山提升改造工程 01 标位于杭州市中心重要商圈，车流密集，还近距离穿越地铁 1 号线、2 号线，穿过 11 条破碎带、城市地表内河和建筑密集区。为了更好地适应杭州淤泥土质，中铁装备、中铁七局集团联手打造的这台"巨无霸"，将为优质、高效、安全地推进天目山提升改造项目控制性工程建设提供坚强保障。2020 年上半年受疫情影响，全球机械行业受到剧烈冲击，天目山项目 4 台盾构机恰好进入整机组装的关键阶段。中铁装备在做好疫情防控的同时，科学排序物资供应，有效带动了上下游产业协同复产，从 3 月中旬天目山项目第一台设备工厂顺利验收，到 8 月底最后一台设备成功下线，4 台"孪生"盾构机将全面开启项目掘进。

中铁装备在疫情期间坚决落实"六稳""六保"各项要求，统筹做好疫情防控和复工复产，先后出厂了 79 台隧道掘进机，广泛应用于地铁、水利、公路、煤矿巷道等项目建设，有力地保障了施工进度。

中铁工程装备集团党委副书记、副董事长卓普周说，企业坚持创新，不断加大研发投入，在大直径盾构研发领域取得突破，2020 年上半年分别下线了出口波兰和澳大利亚项目的大直径盾构机，出口格鲁吉亚的世界最大直径 15 米级硬岩掘进机正在紧张的生产制造之中。2020 年 8 月，国内首台 15 米级超大直径泥水平衡盾构机在汕头顺利贯通。截至 2020 年 9 月，中铁装备已经生产制造近 20 台直径 10 米以上的大直径泥水平衡盾构机，投入到国内外重大的民生项目中。"中铁装备用不到一年的时间成功攻克了天目山工程面临的施工区间覆土浅、地质复杂等问题，突破了轴承偏转等重点技术，这标志着中国在大直径盾构机的设计制造越来越成熟。"

据《工人日报》报道，2019 年中铁装备集团联合深圳地铁集团、西南交大研制的国内首台采用中心螺旋出渣模式的土压/TBM双模盾构"中铁738号"已经顺利通过验收,为深圳地铁硬岩、软土交替存在的复合地层建设施工提供了良好机械化施工方法。此次验收的"中铁738号"为土压/TBM双模盾构,刀盘开挖直径6.99米,整机全长约105米,应用于深圳市轨道交通14号线布吉站至石芽岭站隧道区间,区间隧道覆土厚度10.8~95.6米,位于强、中、微风化角岩,局部存在砾质黏性土地层,并下穿5号线布百区间、轨道3号线高架桥、龙岗大道高架桥、南门墩村、布吉新村、石芽岭小学、侧穿慢城四期等重要控制点。针对复杂的施工条件,该设备土压模式和TBM模式均采用中心螺旋输送机出渣,创造性地解决了土压模式向TBM模式转换时或在TBM模式掘进过程中可能发生的"突泥、涌水"无法密闭保压的行业性难题。中铁装备集团与深圳地铁集团开展深圳地铁双模盾构/TBM工法适应性研究,通过从生产制造到施工完成全生命周期复合地层条件下关键技术的探索,形成集设备制造、施工过程控制、结构安全保障于一体的复合地层双模盾构/TBM建设成套关键技术,有效解决深圳地铁工程复合地层隧道安全、快速修建问题。

"中铁738号"是深圳地铁集团"深圳地铁双模盾构/TBM工法适应性研究"科研项目的首台中心螺旋出渣土压/TBM双模盾构。截至2019年11月,深圳地铁四期工程拟投入12台中铁装备研制的土压/TBM双模盾构,其中6台为中心螺旋出渣双模盾构。设备应用区间涵盖深圳地铁12号、13号、14号线,掘进里程累计可达28公里,为深圳地铁安全、优质、高效建设提供了有力保障。

人民网2019年10月20日也报道说,川藏铁路极端装备研制技术交流会暨新品发布会在郑州开幕,中铁高新工业股份有限公司所属各单位携系列极端装备产品、技术首次公开亮相,参展装备及产品达100多件。

川藏铁路沿线地质条件复杂,全线1629公里,"八起八伏",累计爬升高度超过14000米,相当于在最艰险、最复杂的高山峡谷间修建世界上技术难度超大的"巨型过山车"。2018年10月,川藏铁路规划建设全面启动后,中铁装备集团对川藏铁路建设中的重大成套装备需求情况进行了详细梳理,实施了"极端装备研制攻关工程",重点选择国内外空白产品实施突破。此次中铁工业展示的极端装备,分布于全断面掘进装备、矿山法掘进装备、生态保护装备技术、智能应用平台技术以及桥梁架设装备,均为填补国际、国内技术空白的产品,并将应用于川藏铁路施工中。同时,中铁装备集团还展出了新制式轨道交通装备,这也标志着中铁制造正不断整合关键技术优势,拓宽产业门类,多产品线同步发力,全力冲刺行业顶峰。

中铁装备集团还生产有世界超大的悬臂掘进机 CTR450 设备,这是一款非爆法隧道开挖施工"利器",悬臂掘进机与全断面隧道掘进机相比,具有体积小、方便灵活、机械化程度高、安全高效的特点。它配备了高原型的电机系统、液压系统,以及独立循环冷却系统,全面保证了悬臂掘进机在 4500 米海拔高原情况下,进行隧道施工的适应性。

作为铁路建设的特种施工装备,架桥机发挥着"擎天架海"的强大功能。中铁科工自主研制的超级架桥机——40 米箱梁过隧运架设备也正式亮相。该设备于 2018 年 9 月成功应用于郑济高铁郑濮段站前工程施工,不仅标志着高铁 1000 吨级架运装备研制成功,同时意味着我国高速铁路建造技术的重大提升和突破。此外,发布会上,由中铁科工、中铁磁浮、中铁轨道自主研制的"新时代号"新制式轨道交通车辆,包括空轨、磁悬浮列车、跨座式单轨列车、氢能源有轨电车、旅游观光有轨电车等也首次集体亮相。

(六) 中铁装备集团案例启示

中铁装备作为高新技术产业在河南省不仅带动了就业增长和财税收入增加,还带动了河南省相关配套产业的发展,为河南省社会经济发展做出了贡献。

(1) 区域要素支撑中铁装备发展

中铁装备是典型的集成创新型高新技术企业。盾构机的研制来自 200 年前法国工程师布鲁诺尔的原创性技术。布鲁诺尔从一种名叫"凿船贝"的软体动物身上获得灵感,提出盾构掘进隧道原理,发明了"开放型手掘盾构",并应用于世界上第一条水底隧道——泰晤士河水底隧道,成为人类历史上隧道施工的一大技术突破。随着工业化水平的不断提高,机械力逐渐取代人力开挖。作为最先进的隧道挖掘机械工具,盾构机凭借快速、方便、安全的优势广泛应用于铁路、公路、地铁、市政、水电等多种隧道工程中,被誉为"工程机械之王"。盾构技术也成为衡量一个国家装备制造业水平的重要标志。

中国改革开放后面临大量的基础设施建设，尤其是社会经济发展带来的城市地下交通需求迅速增加，地下掘进机械需求大幅度增加。特别是高铁的发展需要开挖不同岩石类型的山体，需要有不同的掘进机。中国还是一个多山、多复杂地质类型的国家，因此，掘进机在中国存在着巨大的需求市场。中铁工程装备集团引进这些掘进设备恰逢其时。中铁也更应该为中国这样的巨大市场提供掘进机领域的技术供给。20世纪六七十年代的北京、上海等地的研究院所也曾在一定层次上对掘进机进行了研究，在掘进机的一些技术领域取得过一定的突破。但受当时技术、经济等各方面条件制约，发展一直较为缓慢。1996年12月18日，西安至安康的西康铁路开始修建，其中经过全长18.46公里的秦岭隧道。为了保障安全、缩短工期，国家以每台3.5亿元的价格从德国采购了两台盾构机。结果挖掘效率大大提升，隧道提前10个月贯通。使用外国进口的盾构机在加快工程建设的同时，也存在一个突出的问题，就是购买的设备都是外国用过的旧设备，在使用过程中需要不断地进行维护和修理，不仅所产生的巨额费用让工程单位难以承受，而且外国技术人员在维护和修理过程中还不让中国人参与，这给中铁装备技术人员以巨大的刺激。即便是发现了外国技术人员的设计存在错误，中铁装备技术人员也没有权利修改一下简单构件。因为中铁装备不是原来的设计方，也只好催外方技术人员派人处理，然而外国公司提出的条件是每天要给外国技术人员1万元咨询费，还要负责所有的差旅费。这样的例子给中铁装备公司以重大提醒，即世界上存在着技术霸权，没有核心技术就没有话语权，就会永远受制于人。2002年中铁工程装备集团为了打破西方在掘进机技术领域的垄断，申报了"隧道掘进机关键技术研究"的"863"计划，中铁隧道集团18人组成的盾构机研发项目组也于当年10月成立。盾构机技术领域的研究从此上升到国家层面，也正是这些技术研究为突破河南省掘进领域高新技术产业发展奠定了坚实的基础。盾构机研发涉及很多研究领域，包括众多的知识内容。它的研发涵盖了机械学、力学、液压学、电气学等数十个学科，精密零部件多达3万多个，一个控制系统就有2000多个控制点，而且项目组基本上没有技术指导，可以说是从零起步。因此，盾构机研发耗费了较长的时间，据中铁工程装备集团负责人介绍，仅是弄清刀盘刀具问题，中铁集团就花了近5年时间。课题组成员为了印证数据，长期坚守在施工现场，与一线工人一起施工，收集机械运转数据，根据施工情况及时调整设计和技术方案。中铁装备用了 6 年时间，终于完成了整体盾构机研制的方案。2008 年，中铁装备首台具有自主知识产权的复合式土压平衡盾构机——中国中铁 1 号成功下线，该设备应用于天津地铁项目。从此以后，河南省盾构机在国内一举成名，也真正打破了外国盾构机垄断中国市场的局面。

河南省盾构机的研制和成功就在于国家战略部署适应了中铁装备的发展。在 20 世纪和进入 21 世纪前后，国家面对着巨额外汇积累风险，为了将外汇基金财富变为国家财富，有计划地实施了大型基础设施建设，例如修建高铁和地铁，增建和扩建了急需的机场等，这些重大工程需要使用大量的盾构机设备。河南省作为人口大省又是工业化起步比较晚的省份，更需要加快基础设施建设，特别是地铁和城际轨道交通的发展迫不及待。此外，河南省有大量的农村劳动剩余人口需要转移，满足了实施重大基础设施工程的劳动需求。还有，河南省具有非常便利的交通条件和优越的区域地理位置。东南和西部的米字形铁路在郑州交会，新郑国际航空港正在发挥巨大的运输潜力。这些要素条件催生了中铁装备在河南省扎根生长的外在因素。河南省文化的坚毅不屈、勇往直前的精神也渗透到中铁装备集团公司，成为中铁装备成功的内在因素。河南省历史上就不乏能工巧匠，存在着像红旗渠精神那样的大型施工文化内涵，也是中铁装备能够创立自己的盾构机品牌的内在要素。

（2）带动区域社会经济发展

中铁装备拓展市场的能力为河南省企业发展提供了教科书版本。中铁装备最初尽管已经拥有了具有中铁自主知识产权的盾构机，但在国内市场却只有 10% 的市场份额。国内用户对中铁装备生产的盾构机还存在不少疑虑。2012 年 1 月，成都地铁 2 号线、4 号线开工建设，由于当地的地质条件复杂，地下有漂石、砂卵石、涌水等现象，在过去的施工中如果遇到这样的地质结构一般都会使用国外进口的盾构机。因为长期以来国内已经形成了习惯性思维，认为国外的盾构机不会发生故障，事实上，还是国内用户对中铁装备生产的盾构机缺乏足够的信任度。面对这样的局面，中铁装备组织专业团队到施工现场与施工单位进行面对面交流，通过查看施工现场、分析地质环境等，经过 3 个多月的详细交流与沟通，打消了施工单位对中铁集团生产的盾构机的疑虑，双方达成协议采用"1模式"，即国产盾构机和进口盾构机在左右线同时使用。这就给中铁集团一个同台较量的机会，经过 10 个月的使用，中铁工程装备集团生产的盾构机的各项性能指标均优于进口盾构机，这不仅有力提振了中铁集团研发人员的信心，还打开了中铁盾构机的成都市场。与此类似的产品拓展案例还有很多，例如 2020 年 8 月 7 日，中铁工程装备集团自主研制的 15 米级超大直径泥水平衡盾构机克服孤石、基岩、8 度地震烈度区等复杂施工条件，成功贯通汕头海湾隧道。中铁装备生产的盾构机与外国进口的盾构机也是采用东西线两座隧道同时施工的方案，实践中铁装备集团生产的盾构机比外国的盾构机掘进速度快了两个多月，为施工单位节约了大量成本。同时，中铁装备集团在超大断面矩形盾构、世界首台马蹄形盾构、国内最大直径土压平衡盾构、世界首台联络通道专用盾构、世界最大直径硬岩掘进机等新产品的推广中，与外国同类型产品进行实地较量均有较好的表现。目前，中铁装备集团生产的盾构机占国内市场的 90% 以上，占全球市场 2/3 份额。中铁装备集团生产盾构机还将国外生产的同类产品价格拉低了 40%。中铁装备发展历程传授给了河南省企业创新思维方法，从意识领域改变着河南省企业的认知，从观念上带动了河南省企业的创新发展。

中铁装备以现场试验的方式打开市场的经验也是河南省企业学习的楷模。盾构机核心零部件技术突破是中铁工程装备集团实现自主创新的重要环节，其中的主轴承是承担盾构机运转过程的主要载荷，也是刀盘驱动系统的关键部件。制造工艺复杂、原材料性能要求高、设计理论不成熟等，是造成国内盾构主轴承长期依赖进口的关键。2020 年 9 月 26 日，中铁装备在苏州轨道交通 6 号线 10 标项目现场，采用自己生产的 3 米级主轴承盾构机"中铁 872 号"顺利施工，这是展示中铁装备主轴承的最佳场所，这次现场试验证明了中铁装备生产的主轴承是经得起考验的，而且功能优良。这项成绩的取得得益于中铁装备生产的盾构/TBM 主轴承减速机发挥的作用。2015 年 7 月，中铁装备联合洛阳 LYC 轴承有限公司和郑州机械研究所，成功申报工业转型升级国家强基工程。项目团队与时间赛跑，和困难较劲，终于突破主轴承、减速机设计制造关键技术。2020 年 5 月，中铁装备对通过试验检测的首批国产化 6 米级盾构 3 米主轴承、减速机进行展示，标志着中国盾构核心部件国产化取得新的重大突破，将有效降低对关键部件进口的依赖。这项创新成果不仅给河南省相关研究企业带来了资金，而且带动了企业的研发能力，提升了河南省高新技术产业发展质量。

中铁装备集团海外市场拓展向国际展示了河南省自主创新的形象。中铁要从本质上提升技术创新能力，必须不断提升盾构机在国外的竞争力和影响力。马来西亚是中铁装备迈出国门的第一站。2012年，马来西亚正在推进MRT项目（马来西亚捷运线）。在一期工程期间，中铁装备承包了该项目并且使用了中铁装备生产的盾构机。当时的马来西亚并不相信河南省盾构机能够承担这项任务。他们认为河南省盾构机在中国做得好，不一定有海外市场经验，不放心河南省生产的盾构机应用在马来西亚。面对这样的问题，中铁装备向马来西亚方介绍郑州盾构机的发展历程，并邀请他们来河南省实地考察，并现场解答马来西亚方面提出的各种疑虑，最后马来西亚方决定购买两台河南省生产的盾构机，即"中铁50号""中铁51号"。在施工过程中，"中铁50号"盾构机曾遇到一块20多米长的孤石，其硬度达到300兆帕，远远超出地质报告所提的砂岩、泥岩的坚硬度（报告称坚硬度不超80兆帕），中铁装备技术人员亲自操作，顺利攻克了超长规的石块。河南省盾构机产品经受住了考验，得到了国外的认可。"中铁51号"掘进机成功穿过了具有百年历史的中央火车站等重要建筑物，并将最大累计沉降量控制在3毫米内，还创造了最高日掘进21米的当地盾构施工新纪录。事实证明中铁集团掘进机在马来西亚的施工是成功的，为中铁装备走向世界、迎接更大挑战打下坚实基础。2015年，黎巴嫩政府为了解决当地民众饮水难题，实施大贝鲁特供水项目，该项目需要直径为3.53米的TBM。2016年1月，中铁装备自主研制的两台世界最小直径硬岩掘进机下线。这是黎方首次使用全自动TBM施工，他们还专门为两台机器命名"丽雅""雅斯米纳"，代表慷慨、正直、开放和勇敢、果断、活力。该项目的成功实施不仅解决了当地政府困扰多年的饮水问题，还赢得了当地群众的好评。2018年3月2日，随着工程2号隧洞最后一片岩块轰然碎地，在场的当地民众一片欢呼。2019年，整个引水隧洞项目投入使用，基本解决了贝鲁特用水问题，约160万人从中受益。河南省生产的产品在中东乃至全世界逐渐被认可。河南省的亮丽名片也越来越明亮。

中铁装备集团的定制化生产模式也为河南省高新技术产业提供了学习经验。中铁装备为了将产品打入欧洲市场，通过定制的方式满足客户的需求。众所周知，在欧洲，丹麦是公认的对掘进机要求标准高、制度严苛的国家。2019年8月，中铁装备生产的两台盾构机出口丹麦，应用于哥本哈根CRSH1地铁项目，实现中国盾构首次进入北欧。该项目的两家世界顶级土建承包商有非常丰富的施工经验，对于安全高效施工有着自己的理解，所以对盾构机的设计方案也有很多细节要求。中铁装备集团就是在这样的严苛要求下为该项目定制了盾构机，并受到海外市场青睐。目前，中铁装备的盾构机已出口至全球21个国家和地区，连续3年产销量世界第一。河南省盾构机产品真正实现从"跟跑"向"并跑"和部分"领跑"的转变，未来中铁装备将朝智能化方向发展。

(3) 创新精神根植于河南省文化

中铁装备集团落户在郑州，吸收了河南省地域文化的内涵，这不仅表现在中铁装备集团的发展受到了河南省各级政府领导的支持和帮助，而且体现在河南省社会文化对企业的深入渗透。近年来，河南省坚定推进产业转型升级，加强自主创新，发展高端制造、智能制造，推动经济由量变转向质变，形成了输变电设备、盾构机、特高压输变电等产品产量跻身世界前列的局面。数据显示，2019年前三季度，河南省装备制造增加值同比增长16.3%。新兴工业大省正在成为河南省鲜明的标识。高新技术产业成为河南省新阶段发展支柱。例如，应用于法国巴黎地铁16号线的2台大直径土压平衡盾构机在中铁工程装备集团郑州基地正式下线，中国盾构进入全球顶级高端市场；许继集团自主研制的实现交直流变换的核心——世界首台套±420千伏/1250兆瓦柔性直流换流阀设备成功应用于渝鄂直流背靠背联网工程南通道换流站；等等。

这些成绩的取得得益于河南省坚定高质量发展方向不动摇，挺起先进制造业脊梁，走出的一条高质量跨越式发展之路，一大批先进制造企业正推动产业向中高端延伸。同时，河南省抓住促进中部地区崛起战略机遇，把制造业高质量发展作为主攻方向，把创新摆在发展全局的突出位置，加强重大基础设施建设，已经形成装备制造、中原电气谷等为代表的19个千亿级制造业产业集群，实体经济发展生机勃勃。河南省坚持首先挺起制造业脊梁，激活创新动力，厚植自身的基础优势，以人的发展为核心推进新型城镇化，强化开放引领，优化营商环境，抓住促进中部地区崛起的战略机遇，以更大力度在推动河南省经济高质量发展上奋勇争先。

中铁装备落户郑州带动了相关产业发展,特别是在企业文化领域起到了传帮带的作用。例如,河南省盾构电子科技有限公司就是一家集科研、设计、生产、维修、销售为一体的高新技术企业,该公司凭借在自动化领域的水平和成熟的技术,在工控领域迅速崛起,尤其是在服务地铁隧道盾构行业有着较强的优势。盾构电子为海瑞克、罗宾斯、小松、中铁装备、日立、中轨等盾构机提供配件服务,公司设有仓库、加工中心、科研中心,并由市场开发服务团队运营,极大地保障广大客户的利益和满意度。盾构电子的员工奉行的企业文化:"专注、务实、诚信"的方针,不断开拓创新;以技术为核心,视质量为生命,奉用户为上帝,竭诚为用户提供工控产品及无微不至的售后服务。这与中铁装备企业文化非常相似。

中铁装备成为河南省亮丽名片。尤其是中铁装备生产的大直径盾构机采用针对性设计,成功突破常压换刀技术、伸缩摆动式主驱动的设计、换刀操作流程简化、双破碎机分级处理渣土技术、刀具状态在线实时监测、小曲线施工盾构机防卡盾、四回路气体压力控制等多项创新技术,在开挖直径大、工程地质条件差、高水压及软弱地层带压进仓作业方面是国内唯一公司。中铁装备的优质产品给河南省带来了很大荣誉。中国工程院院士陈湘生说,"春风号"突破了一系列关键技术,实现了"中国造"大直径盾构机的设计制造。这是河南省的荣誉,更是国家的自豪。它填补了中国直径15米级别大直径泥水平衡盾构机领域的空白,标志着我国大直径泥水平衡盾构机研制技术达到了世界领先水平,是中国制造业迈向国际化、高端化的重要标志。还有国内最大断面硬岩掘进机、世界最小直径硬岩TBM、世界首台马蹄形盾构等,中铁装备一系列新产品的问世,不断刷新着自己创造的一项项纪录,有力地推动了我国工程建设乃至世界工程建设领域的重大变革,也成为河南省装备制造业"走出去"最为闪亮的创新名片之一。

中铁装备在河南省践行了"一带一路"倡议。中铁装备产品远销意大利、奥地利、阿拉伯联合酋长国、新加坡、马来西亚、印度、黎巴嫩、以色列、越南等16个国家和地区,参与到当地居民出行、饮水等民生工程,为它们提供中国装备、中国方案,贡献中国智慧。未来中铁装备在河南省将会带来更大的社会经济效益。河南省处在历史发展的关键节点,地下基础设施建设会有更快发展。中铁装备在河南省市场的潜力更是巨大。据了解，2020年河南省续建的地铁项目中，郑州市轨道交通3号线一期工程起于新柳路站，止于航海东路站，全长25.2公里；4号线工程起于安顺路站，止于河西北路站，全长29.1公里；郑州市轨道交通6号线一期工程，起于贾峪镇，止于临湖路站，线路长17公里；郑州市轨道交通8号线一期工程自银屏路站至绿博园站，线路长43.3公里；郑州市轨道交通7号线一期工程自东赵站至侯寨站，线路长26.9公里；郑州市轨道交通10号线一期工程起于上街机场站，止于郑州火车站，线路长21.3公里；郑州市轨道交通12号线一期工程自圣佛寺站至龙子湖东站，线路长17.2公里；郑州市轨道交通3号线二期工程自航海东路站至经南十五路站，线路长6.1公里。中铁必将在河南省产生越来越多的正向效应。

| 第九章 |

河南省突破带动型高新技术产业创新发展

河南省突破带动型高新技术产业发展需要政府根据社会经济要素条件,有区别地进行支持。政府首先要改变甄别高新技术产业的思维方式,不能只看是不是在国家高新技术产业名录之内,也要看该项技术的应用潜力和未来发展前景。

一、加强高新技术产业甄别、分层次支持发展

鉴于当前河南省高新技术产业主要是根据国家高新技术产业名录来区分,我们认为对河南省突破带动型高新技术产业需要进一步甄别,对能够适应河南省社会经济现实的高新技术企业加以支持,对不适应河南省社会经济现实的高新技术企业要暂缓支持,把有限的省级财政用到急需的地方。

(一)河南省高新技术产业资质认定

目前高新技术产业政策是典型的选择性产业政策,政策的实施主要体现在通过实施一系列的财政税收优惠政策,鼓励企业进行研发投资,持续进行研究开发与技术成果转化,形成企业核心自主知识产权,并以此为基础开展生产经营活动。高新技术产业政策在财税支持方面力度尤其大,按照《企业所得税法》相关条例,高新技术企业所得税由25%降低至15%。除此之外,高新技术企业还享受大量财政补贴,不同省份针对高新技术产业出台的政策有所区别。例如,广东省针对企业申请培育入库以及培育出库均按企业上年度应纳税所得额的5%计算奖补,最低可以获得60万~600万元奖补;类似地,河南省出台的高新技术企业倍增计划中也明确表示,首次通过高新技术企业资格认定的企业可以享受最高30万元配套奖补以及

最高 200 万元研发费用补贴，而且还提供一些优惠政策以积极吸引外地企业进驻本省。比如增加政府扶持高新技术产业发展的财政性资金，努力拓宽融资渠道；省工业结构调整和高新技术产业化资金要向重点高新技术产业化项目倾斜；引导政府投资主体逐步退出一些现有的投资领域，转向投入高新技术产业；政府还要求健全资本市场，引导企业通过股票上市、发行债券等方式筹集建设资金。此外，政府还引导社会资金进入高新技术产业，鼓励民间资本和外资进入，扩大创业资本规模，发挥政府对创业投资企业的引导作用，集中投向高新技术领域。高新技术产业是各级政府急需壮大的产业。

河南省在财税和土地资源配置方面还有更多的优惠措施。例如，企业在加计研发费用后再行计算扣税，将企业依照有关范围和标准为在职直接从事研发活动人员缴纳的"五险一金"（基本养老保险、基本医疗保险、失业保险、工伤保险、生育保险、住房公积金）和专门用于研发活动的仪器、设备维修费等纳入税前加计扣除范围。此外，按照《技术合同认定登记管理办法》规定，对经过技术合同认定登记的技术开发、技术转让合同所取得的收入免征增值税。对高新区居民企业一个纳税年度内，符合条件的技术转让所得不超过 500 万元的部分免征企业所得税，超过 500 万元的部分减半征收企业所得税。属于增值税一般纳税人的动漫企业的销售额，如果是自主开发生产的动漫软件，按 17% 的税率征收增值税后，对其增值税实际税负 3% 的部分实行即征即退政策。动漫软件出口免征增值税。2011 年 1 月 1 日起，我国境内新办的符合条件的动漫企业，经认定后，在 2017 年 12 月 31 日前自获利年度起计算优惠期，第一年至第二年免征企业所得税，第三年至第五年按照 25% 的法定税率减半征收企业所得税，并享受至期满为止。高新区企业购置并实际使用符合规定的环境保护、节能节水、安全生产等专用设备的，该专用设备投资额的 10% 可以从企业当年的应纳税额中抵免。当年抵免不足的，可在以后 5 个纳税年度结转抵免。河南省争取和利用国家高新区基础设施项目贷款财政贴息资金，统筹相关财政专项资金，重点对高新区基础设施建设项目给予贴息支持，并向战略性新兴产业和高新技术产业发展好的高新区适当倾斜。此外，还要求各级财政加大对高新区的创新投入。2014—2016 年，各高新区本级增值税、营业税、企业所得税收入超过 2013 年基数按比例上缴省财政的部分，全额奖励给高新区，专项用于支持高新区发展。各级财政用于扶持科技创新、产业发展、技术改造、结构调整和公共服务平台的各类专项资金，在同等条件下向高新区适当倾斜。省辖市分配地方政府债券资金时，要求向高新区适当倾斜。高新区财政要将科学技术经费作为重点支出予以保障，科学技术经费主要向支持企业研究开发和创新创业服务平台建设倾斜。

在土地资源配置方面，河南省为确保高新区科学发展用地，按照土地利用规划、城市发展规划、产业发展规划"三规合一"的要求，合理确定高新区规划用地规模和布局；对因为区域经济发展战略进行重大调整并经省以上政府机构批准的，或因经济社会发展较快使用地空间确实不足的，支持各地依法依规对相关土地利用总体规划进行修改，为高新区发展建设拓展用地空间，所需规模指标由所在省辖市、县（市、区）内部调剂解决，加大新增建设用地计划和城乡建设用地增减挂钩等用地指标对高新区的支持力度，大力盘活存量建设用地，保障高新区基础设施建设和高新技术产业、高新技术企业、科技企业孵化器等重点项目用地。省、省辖市均将高新区重大建设项目用地作为重点保障对象，其中省级审核批准的建设项目用地由省预留指标统一调配，其他项目用地由省辖市、县（市、区）在下达指标范围内优先保障，对符合相关规定条件的工业用地，在确定土地出让底价时，可按不低于所在地土地等别相对应《全国工业用地出让最低价标准》的70%执行。此外，河南省还统筹安排增减挂钩和土地利用计划指标，加大高新区用地保障支持力度，合理保障高新区用地，积极推动发展较好的高新区结合实际情况加快土地节约集约利用评估工作，按国家和省的有关审批原则及程序申请适当扩区。这样的支持力度是为了吸引更多的高新技术产业落户到河南省，这从另一个层面也说明河南省发展高新技术产业必须要进行甄别，以避免社会经济资源错配。

（二）支持高新技术发展一般途径

高新技术企业资质认定政策主要是通过税收优惠、政府补贴以及融资可得性三个途径影响企业风险承担。在税收优惠方面，高新技术企业的资质认定政策体现在以资金供给与引导投资两种方式促进企业风险承担。一方面，作为一种事后激励手段，税收减免减轻了微观市场主体的税收负担，并降低了企业投资活动的边际成本，从而提高了企业投资的期望收入,促进企业资本积累。进一步地,资本积累有助于提升企业内源融资能力,从而提升企业的风险承担意愿与风险承担能力。另一方面,税收优惠能够引导更多的社会资源流向高新技术企业,改善企业的投资环境,从而提高企业的风险承担意愿。此外,较为丰裕的内部融通资金与外部资源能够帮助企业更好地抓住投资项目,使企业更具有竞争力,同时更多的企业内部资金可以提升管理者的投资信心,增强企业的投资积极性,提升企业的风险承担能力。与税收优惠一致,政府补贴作为一种无偿的资金转移,从本质上提高了企业资金拥有量,进而影响了企业的投资行为。不同的是,政府补贴是一种事前激励方式。高新技术企业也需要使自己的企业价值最大化和保证股东的财富收入,因此必然要选择所有预期净现值(Net Present Value,NPV)为正的投资项目。然而,相比低投资回报项目,高投资回报项目往往具有高风险与高投入的基本特征,企业经理人在投资决策中不仅需要综合权衡投资收益与投资成本,更需要有充足的资金供给作为投资基础。因此,资金拥有量决定了企业对待风险的态度以及最终的投资选择。政府的补贴正是通过增加企业资金拥有量的方式影响企业的风险投资项目选择。另外,政府的补贴还有助于激发企业家的投资信心,从而更少放弃虽然高风险但NPV为正的投资机会,最终提高企业的风险承担能力。

在融资可得性方面,融资约束直接决定了企业的投资态度与投资项目的选择。一般来说,受融资约束较高的高新技术企业,往往选择放弃那些净现值为正,但风险相对较高的投资项目,而倾向于投资那些风险较小的投资项目。由于高新技术企业是政府为促进"大众创业、万众创新"重点支持的企业,同时也是政府培育创造新技术、新业态和提供新供给的生力军,所以政府往往会通过颁布高新技术企业资质的方法为高新技术企业提升企业融资可得性。这样也可以使高新技术企业享受到相关的政策上的信贷优惠,譬如安排发行一定额度的长期债券时,为支持高新技术产业的开发,银行等金融机构将尽可能安排高新技术企业的开发和生产建设所需资金。另外,通过高新技术企业的资质认证还能够降低企业与机构投资者之间的信息不对称与金融摩擦,向外界传递积极的认证信号,从而有利于改善企业的内外部融资环境,缓解企业融资约束,进而提高企业的风险承担能力以及风险承担意愿。

（三）区分不同发展阶段进行支持

高新技术产业是国家的代表性产业，决定着国家未来产业发展方向。自 20 世纪 80 年代美国提出发展高技术产业以来，高新技术产业崛起已成为衡量一个国家产业现代化的重要指标。中国在第九个"五年计划"后，大力推进高新技术产业投资，研发经费占产品销售收入比重翻了两倍，远高于一般制造业平均水平。由于中国处在计划经济向市场经济转轨时期，长期以来，人们对政府干预产业成长持有不同的看法。一种观点认为，产业成长要依靠市场规律和企业家敏锐的洞察能力；另一种观点则认为，政府应该对高新技术产业提供 R&D 资助，帮助产业在成长期发展壮大。同意政府 R&D 资助的理论认为，政府 R&D 资助存在外部性，将产业 R&D 活动完全托付市场调节，R&D 投资规模可能达不到理想水平。政府干预企业 R&D 投资是必要的。事实上，中国政府从 2000 年到 2008 年给高新技术产业的财政科技拨款由 575.6 亿元增加到 2581.8 亿元。支持市场引导产业的理论认为，政府 R&D 资助很可能对企业自身 R&D 投入产生"挤出效应"，最终会影响产业发展。然而，统计数据显示，2000—2008 年，高新技术企业开展自主 R&D 投入以及金融贷款都是相对比较充裕的，八年内由 196.2 亿元增加到 405.2 亿元。由此，研究政府 R&D 资助和金融信贷这两种形式推动高新技术企业发展效果问题就显得非常必要。

由于高新技术产业具有突出的风险性和高盈利性，不同阶段的企业受政府 R&D 资助和金融信贷影响程度不同，这里可以将高技术产业发展区分为三个不同的发展阶段，即"基础研究""应用研究"和"生产发展"。其中，"基础研究"阶段一般在两年内完成，主要是从事基础学术探索；"应用研究"阶段一般也在两年左右，主要实现由研究专利到实验产品的诞生；"生产发展"阶段也需要两年左右时间，主要从事成熟产品的生产调试和批量生产活动。高技术产业所处的不同创新阶段，也会影响到其在金融市场获得信贷的能力。分阶段研究政府 R&D 以及金融信贷对高技术产业不同创新阶段的影响，可以更科学地分析金融市场对高技术产业的影响过程，也可以深入探讨金融市场与政府之间的交互影响作用。同时，考虑到河南省和全国一样都处在计划经济向市场经济转轨阶段，不同所有制形式能够获得政府 R&D 资助和金融市场信贷的能力也不一样，即存在不同产权结构下，政府 R&D 资助和金融市场信贷的偏效应问题。弄清这些问题就可以更有效地利用政府 R&D 资助政策，而且可以验证政府与金融市场影响高新技术产业不同创新阶段的程度，对推动河南省高新技术产业发展具有重要的现实意义。

国内外学者围绕企业技术创新问题进行了大量研究，对政府 R&D 资助支持企业技术创新以及金融信贷帮助企业技术创新等相关问题都有一定的论述，大致归为如下几个方面：

针对政府 R&D 资助企业技术创新负效应问题的讨论。他们认为政府 R&D 资助企业技术创新不如采用税收激励措施，但从系统动力学原理分析又发现政府 R&D 资助的效果没有企业自身 R&D 投入的效果好，因为政府 R&D 资助企业技术创新存在较强的替代效应，在一定程度上会挤出企业 R&D 资金的投入，从而不利于企业长期技术创新。有学者对美国政府支持中小企业技术创新问题进行了研究，发现一旦有政府介入对企业技术创新支持就会出现企业自身的投入缩减的现象。对此，学者认为政府对中小企业技术创新不能进行 R&D 支持，应该完全靠企业自身的 R&D 投入进行研发。也有学者以信息理论为依据，提出了政府 R&D 资助企业技术创新的不合理性，认为政府的资助会造成企业为获得 R&D 资助骗取政府 R&D 补贴，不断向政府发出不真实创新信号的现象。针对中国企业的技术创新问题，也有不少学者进行了实证分析，一般的分析结论是：政府 R&D 资助与中国企业自主创新之间存在着明显的信息不对称性，由于企业用于基础研究的人力资源价格十分低廉，政府 R&D 资助在用于基础研究阶段后便不再继续下去，因此，政府的 R&D 资助补贴只能对企业基础创新起作用。同时，还存在技术创新的逆向激励效应，即政府 R&D 资助越多，企业就越依赖政府的支持，长期下去企业将丧失自主创新能力。在对政府 R&D 资助产生积极作用的讨论中，也有学者利用 Hansen 的"门槛面板回归模型"分析了政府 R&D 资助对企业技术创新所产生的差异性影响，认为政府 R&D 资助总体上对企业的创新绩效有一定的递增趋势，但政府 R&D 资助产生的效果与政府 R&D 资助力度、企业规模大小、企业技术创新水平和企业的产权类型存在"倒 U 形"关系。在对政府 R&D 资助与企业技术创新的分阶段研究中，我们主要是利用三阶段 DEA 模型对我国 2012 年高新技术区进行创新效率研究，认为环境效率中的政策因素是影响高技术创新的关键。政府在企业技术创新过程中是起到一定作用的，因为政府 R&D 投入可以带动企业更多的 R&D 投入；政府 R&D 投入在很大程度上降低了企业 R&D 投入风险，减少企业研发成本，为企业技术创新起到基础作用，进而企业开展技术创新的回报率也会有所上升，同时，还能够提高企业为进行自主创新所增加的 R&D 投入力度。

在金融信贷对企业技术创新具有正效应方面的研究中，主要观点是：金融信贷市场中存在两类不同国家金融市场问题：一般情况下发达国家的金融市场能够较好地发挥金融机构的信贷作用，较为充分地支持企业的技术创新发展；发展中国家的金融机构相对发展较晚，市场发育不成熟，对企业技术创新信贷需求不能充分满足。因此，不同国家的金融信贷对企业技术创新支持作用存在差异性。把政府 R&D 资助和金融信贷结合研究还发现，政府 R&D 资助与金融信贷两者对企业技术创新影响是相互的，两者在一定程度上都能够影响到企业的技术创新。学者还进行了比较研究并检验了政府 R&D 资助和金融信贷之间的效果，通过比较研究，发现政府 R&D 资助较金融信贷更能促进企业技术创新，表现在政府 R&D 资助可以带动企业的 R&D 投资，对企业技术产出具有较好的促进作用。

目前讨论较多的是政府 R&D 资助对企业不同阶段的影响。学者对政府 R&D 资助与制造业企业的技术创新的关联性研究发现，政府在企业发展初期提供 R&D 资金会使企业产生对政府的资金依赖性，一旦企业进入产品研发阶段，政府 R&D 资助对企业技术创新产生的效果就不再明显，因为这一阶段政府的 R&D 资助不会改变企业技术创新方向，但政府 R&D 资助在企业产品投入批量生产阶段还能够产生明显激励作用，能够加快企业技术转向。因此，政府 R&D 资助应在制造业技术创新不同阶段实施差异性政策，区分企业技术创新的阶段性特点进行 R&D 资助，即便是政府难以分辨企业技术创新的不同阶段，政府 R&D 投入的比例也要立足于政府 R&D 资助与企业产出相匹配的原则，进行细类划分。一般情况下，政府 R&D 资金的投入应该是越早越好，在企业创立初期，政府 R&D 资助会起到关键作用，因为此时企业 R&D 投入受风险厌恶效应影响往往是不足的。

站在河南省高技术产业发展的角度看问题，我们将河南省高技术产业作为研究对象，从高技术产业创新的不同阶段着手，探讨政府 R&D 资助与金融市场信贷对高技术产业创新不同阶段的作用,从实践层面为高技术产业不同创新阶段提供更有效的政府支持政策,从理论层面可以说明政府和金融市场对高技术产业发展的影响作用。

研究采用的数据:高技术产业成长期阶段是企业未来发展的关键阶段,决定着企业未来长期发展的走向。高技术是国家技术创新的重要基础,是河南省产业健康发展的引擎。河南省自进入"九五"计划以来,高技术产业迅速发展,1995 年到 2012 年高技术产业研发经费投入增长了数十倍,2000 年以后高技术产业与传统产业研发经费投入差距达到了 3 倍多。研究政府资助与金融信贷对高技术产业不同创新阶段进行 R&D 投入,可以说明政府资助和金融信贷之间对高技术产业创新成长的影响程度。此外,20 世纪 90 年代中期到 21 世纪初期,中国对高技术产业 R&D 投入明显增强。1995 年 5 月 6 日,中共中央、国务院出台了关于加速科学技术进步的决定,明确提出了将高技术产业摆在国家产业政策和发展规划的重要位置,强调中国的高技术产业产值要在 2000 年达到全国工业总产值的 15%,到 2010 年提高到 25%左右,达到美国 20 世纪 90 年代初期的水平。在此背景下,政府 R&D 资助和金融信贷都有快速增加,这在《中国高技术产业统计年鉴》中都有分行业的数据统计,可以作为高新技术企业 R&D 投入与产出的应用指标。

研究中的高技术产业阶段划分:将高技术产业创新划分为不同阶段是为了更好更深入地探讨政府 R&D 资助和金融信贷作用的关系。由于高技术产业需要的 R&D 投入经费相对较高,技术研究周期相对较长,如一个新产品从开发到成熟并走向市场需要长期的实验,比较吻合本书所提出的产业三阶段创新假设内容。如"基础研究"是指企业为了新产品开发进行的现象验证和事实基本原理的探究,也可以说是为形成新知识所展开的理论探索,是产业技术创新的基础活动;"应用研究"则主要是为获得新的创新产品所开展的创造性应用研究;"生产发展"是在"基础研究"和"应用研究"基础上对所获得的知识体系、理论途径所进行的实践活动,研制出新材料、新产品和新装置,从而进行生产的过程。该过程包含了产品生产过程的工艺创新、服务系统等创新。高技术产业在不同创新阶段的技术创新能力是不同的,对此,本书在采集数量指标中,将"基础研究"阶段的成果作为论文和著作,将"基础研究"阶段的高技术产业 R&D 支出粗略地等同于该阶段的研究成果,将"基础研究"阶段的研发投入约等于高技术产业创新的研发产出。由于"应用研究"阶段涉及知识的创造活动,本书将该阶段的高技术产业专利申请数量作为采集指标,同时,由于新产品销售收入介于高技术产业创新的"应用研究"阶段和"生产发展"阶段之间,因此,将新产品的销售收入分别作为"应用研究"和"生产发展"阶段的产出指标进行采集。此外,对产权结构的测量是利用《中国高技术产业统计年鉴》统计的国有企业和"三资企业"两种产权类型的数据,用国有及国有控股企业当年总产值占行业当年总产值的比重和"三资企业"当年总产值占行业当年总产值的比重两项指标,分别表示国有企业和"三资企业"两种产权类型。

关于数据的时间区间选择,考虑了如下几个方面问题:首先,从 20 世纪末期开始,政府十分重视高技术产业的发展,给予了大量的 R&D 投入。例如,1999 年到 2008 年,政府资助高技术产业 R&D 经费的增加量远远超过了这个时期的金融机构给企业技术创新的贷款。1999 年政府对高技术产业的 R&D 资助金额为 162777 万元,2008 年达到了 878819 万元,增长了 439.89%。1999 年高技术产业筹资金额中的银行贷款金额为 179579 万元,到 2008 年增加到 337937 万元,增长了 88.18%。这说明采用 1999 年到 2008 年政府 R&D 资助指标数据具有较好代表性。其次,高技术产业创新的三阶段需要 5~6 年时间才能显示效果,统计数据到 2008 年也基本可以概括 2015 年前后的高技术产业创新状况。最后,从《河南省高技术产业统计年鉴》中发现,1999 年之前的相关科技统计数据残缺的较多;2008 年美国爆发了金融危机,中国高技术产业出口受到很大冲击,对企业技术创新活动影响较大。在 2009 年之后,《中国高技术产业统计年鉴》不再有政府 R&D 资助和金融机构贷款数据的统计显示,为此,借鉴吴延兵研究方法,将统计数据限制在 1999—2008 年。鉴于 1999—2008 年政府对 R&D 资助的力度大,高技术产品出口较为自由,再加上高技术产业处在成长期,我们认为选择这一期间的数据具有一定的代表性。

利用 R&D 支出价格指数,将政府 R&D 资助与金融信贷的名义值进行了平减,即平减为 1999 年的实际值。以 1999 年不变价为基准,发现从 1999 年到 2008 年,政府 R&D 资助和金融机构信贷都处于上升的趋势。2006 年之前,高技术产业技术创新筹资金额中的金融信贷是高于政府资助的。2006 年之后，政府资助则出现了较快的增长。由此可见，政府对高技术产业的支持力度，从 2006 年开始发生了变化，导致了政府 R&D 资助高于金融信贷，但这并不能说明 2006 年前金融信贷作用大，而 2006 年后政府 R&D 资助作用大的问题。

分析模型构建。分别建立"基础研究""应用研究"和"生产发展"三个阶段的计量分析模型。由于"基础研究"阶段的成果多为科研机构的研究成果，这一阶段的产出成果难以用产品数量指标衡量。本应选用企业的 R&D 支出作为"基础研究"阶段的技术创新成果，然而，"基础研究"阶段企业对技术范式的形成尚不明确，企业 R&D 支出难以确定，所以选择企业的科研成果粗略地替代企业"基础研究"阶段的 R&D 支出。在"应用研究"阶段，选用企业的发明专利申请数作为衡量企业技术创新成果的指标。在"生产发展"阶段，选用企业新产品销售收入数额作为技术创新成果的衡量指标。研究涉及三个模型：①政府 R&D 资助与金融信贷对高技术企业 R&D 支出的影响。②政府 R&D 资助与金融信贷对专利申请数量的影响。③政府 R&D 资助与金融信贷对新产品销售收入数额的影响。

本书选取 1999 年到 2008 年分行业的高新技术企业作为样本分析，其数据含有时间序列和截面两个维度，即面板数据。使用面板数据可以避免时间序列分析受多重共线性的困扰，能够提供更多的信息、更多的变化、更少共线性、更多的自由度和更高的估计效率。将政府 R&D 资助、金融信贷作为高新技术企业技术创新的投入，创建模型分析两者对产出的影响。"柯布—道格拉斯生产函数"是探讨投入和产出关系的生产函数，因此，选取该模型进行回归分析。

"基础研究"阶段的回归模型：

$$\ln R_{it} = \beta_0 + \beta_1 \ln Zf_{it} + \beta_2 \ln Jr_{it} + \eta_i + \varepsilon_{it} \quad (9-1)$$

其中，R 为企业 R&D 支出，Zf 为政府 R&D 资助，Jr 为金融信贷，β_0 为常系数，β_1、β_2 为政府 R&D 资助、金融信贷对 R&D 支出影响的弹性系数，η_i 为高技术产业效应，且不随时间变化，ε_{it} 为随机误差。与此同时，为防止三阶段因变量对解释变量的偏效应，将产权结构引为控制变量，作为与政府 R&D 资助和金融信贷的交互项。

"应用研究"阶段的回归模型：

$$\ln(Y_2/L)_{it} = \delta + \beta_2 \ln(K/L)_{it} + \lambda_1 \ln Zf_{it} + \nu_1 \ln Jr_{it} + \eta_i + \varepsilon_{it} \quad (9-2)$$

其中，$Y2$ 为"应用研究"阶段的创新产出，Zf 为政府 R&D 资助，Jr 为金融信贷，K 为 R&D 资本存量，L 为 R&D 人员。ηi 为高技术产业效应，且不随时间变化，δ 为常数项，εit 为随机误差。为防止三阶段因变量对解释变量的偏效应，将产权结构引为控制变量，作为与政府 R&D 资助和金融信贷的交互项。

"生产发展"阶段的回归模型：

$$\ln(Y3/L)it = \delta + \beta 3\ln(K/L)it + \lambda 2\ln Zfit + v2\ln Jrit + \eta i + \varepsilon it \quad (9-3)$$

其中，$Y3$ 表示"生产发展"阶段的创新产出，K、Zf、Jr、L 所表示的变量均与应用研究阶段模型相同。同样引入产权结构作为交互项。

对变量定义。政府 R&D 资助用高技术产业技术活动筹资经费中的政府资金表示，金融信贷用高技术产业技术活动筹资经费中的金融机构贷款表示，企业 R&D 支出用科技活动经费内部支出表示，同时将三者用本书构造的 R&D 支出价格指数平减为 1999 年的不变价。R&D 人员用科技活动人员数表示，"应用研究"阶段的创新产出用专利申请数表示，"生产发展"阶段的创新产出用新产品销售收入表示。在整理新产品销售收入时，本书采用高技术产品出厂价指数平减为 1999 年的不变价。

在 R&D 资本存量选择中，参照白俊红等的方法，如第 t 年的 R&D 资本存量用 Kt 表示，采用基本公式 $Kt = Et-1+(1-\delta) \times Kt-1$。其中，$Et-1$ 代表 R&D 支出的现值（滞后一期），该现值的计算方法是依下面所构造的 R&D 支出价格指数，遵循白俊红、吴延兵等所设 δ 为 15% 的方法。基期的 R&D 资本存量 $K0$ 表示为 $K0 = E0/(g+\delta)$，$E0$ 为基期 R&D 支出现值，g 为各行业 R&D 实际经费支出的算术平均增长率。

在 R&D 支出价格指数构造方面，遵循目前常用的消费价格指数和固定资产投资价格指数的比例来确定，通过《中国高技术产业统计年鉴》（1999—2008）获取这些所需变量数据。同样依据白俊红等的估算办法，将 R&D 支出价格指数计算方法确定为：R&D 支出价格指数 = 消费价格指数×0.55+固定资产投资价格指数×0.45。

样本选取与数据来源。本书所选取的企业是高技术产业中的代表；研究方法采用实证研究。《中国高技术产业统计年鉴》中的高新技术企业，包括三位数代码行业 17 个、两位数代码行业 5 个，由于其中航天器制造、广播电视设备制造、其他电子设备制造、办公设备制造行业的数据缺失较多,所以,在进行数据分析时,将以上的企业数据剔除,以减小回归的误差。因此,样本中共包括 19 个高技术产业类别。

使用的原始数据中,消费价格指数、固定资产投资价格指数以及工业品出厂价格指数均来自《中国统计年鉴》,其余的原始数据来自《中国高技术产业统计年鉴》。

研究方法。实证研究模型为面板回归模型,用以检验政府 R&D 资助与金融信贷的创新产出效果。用 Hausman 检验,对回归的结果进行固定效应模型和随机效应模型的检验分析显示,并不是所有的企业均可以得到政府的资助,获得银行贷款,即政府 R&D 资助与金融信贷是存在一定偏向性的。而产生这种现象的原因是多方面的,例如,政府和金融机构均会根据企业规模考虑是否资助和贷款,以及资助和贷款数额。很显然,大型企业本身的资源丰富,顾客熟知度高,抗风险能力强,更有基础能力和丰富的资金去开展技术创新,即使失败,对于银行来说,其收回本金利息的可能性也大。因此,政府 R&D 资助和银行信贷并不是严格外生的,所以,在回归分析中,均需对其进行滞后处理,以减少因其外生性对结果的正确性产生的干扰。而且,在"三阶段"的分析中,其滞后的期数是应该存在差异的。因此,在"基础研究"阶段和"应用研究"阶段,将政府资助和金融信贷均进行一期的滞后处理;在"生产发展"阶段,由于从专利授权到销售产品获得收入需要更长的时间,所以将两者均滞后两期处理。

实证结果及其分析:

"基础研究"阶段的回归结果。表 9-1 为政府 R&D 资助、金融信贷对企业 R&D 支出的影响回归结果。第(1.1)列中的数据显示,政府 R&D 资助与金融信贷对企业 R&D 支出有显著的正向效应,其弹性系数依次为 0.432、0.11。0.432 意味着政府 R&D 资助每增加 1%,企业的 R&D 支出就会增加 0.432%;0.11 则表示金融信贷每增加 1%,企业的 R&D 支出就会增加 0.11%。从这些数据中还可以看出,政府资助对增加企业的 R&D 支出是优于银行信贷的。在第(1.2)列和第(1.3)列中,加入了产权结构作为交互项,政府 R&D 资助依旧显著地促进企业的 R&D 支出;对于金融信贷而言,在第(1.2)列中的影响效果是较为显著的,但在第(1.3)列中,其影响效果并不显著。后两列的政府资助的偏效应分别为 0.177、0.175。分析结果仍然显示,政府资助的影响效果好于金融信贷。

在后两列中，政府资助交互项的弹性系数为负，表示行业中的国有产权比例越高，越不利于政府资助的发挥，即政府资助越多，企业的 R&D 支出的影响效果越差。而对于金融信贷影响效果则不显著。

表 9-1　政府 R&D 资助、金融信贷对企业 R&D 支出的影响回归结果

	(1.1)	(1.2)	(1.3)
常数 c	5.170***	6.350***	6.341***
	(18.629)	(21.508)	(21.320)
$\ln Zf$	0.432***	0.369***	0.383***
	(8.019)	(7.726)	(6.01)
$\ln Jr$	0.110***	0.087**	0.076
	(2.854)	(2.580)	(1.624)
$Pow \times \ln Zf$		−0.593***	−0.641***
		(−6.967)	(−3.770)
$Pow \times \ln Jr$			0.048
			(0.326)
Hausman	25.389	44.649	42.815
模型	FE	FE	FE
R^2	0.834	0.875	0.875
F 值	37.617	49.493	46.964

注：括号内数值为 t 值，***、**分别表示在 1%、5% 的水平上显著。

如表 9-1 所示，根据第（1.2）列，政府 R&D 资助对企业 R&D 支出的激励效应为 0.369−0.593 Pow，将 Pow 的均值代入该公式，就可以得到政府 R&D 资助对企业 R&D 支出的激励效应为 0.177。根据第（1.3）列，金融信贷对企业 R&D 支出的激励效应为 0.076+0.048Pow，将 Pow 的均值代入该公式，就可以得到金融信贷对企业 R&D 支出的激励效应为 0.092。其余的采用同样的方法得出。

"应用研究"阶段的回归结果。表 9-2 为政府 R&D 资助、金融信贷对专利申请数的影响回归结果，第（2.2）、第（2.3）列的公式中加入了产权结构。采用 Hausman 检验法，将随机效应模型和固定效应模型进行比较，采用第一列为固定效应模型，而其余的用随机效应模型的做法。第（2.1）列中，政府 R&D 资助与专利申请数的系数分别为 0.248、0.010，金融信贷导致专利数提升，效果不太明显。政府 R&D 资助每增加 1%，企

业技术创新申请数增加 0.248%；金融信贷每增加 1%，企业技术创新申请数增加 0.010%。而且，政府资助的影响效果好于金融信贷。第（2.2）、第（2.3）列中，政府资助的偏效应分别为 0.1、0.094，政府 R&D 资助对企业技术创新产出依旧具有显著的正向影响。第（2.2）列金融信贷的偏效应不显著，第（2.3）列中金融信贷的偏效应为-0.004，说明金融信贷的影响是不稳定的。不仅如此，结果显示出金融信贷的影响要弱于该情况下的政府 R&D 资助影响，其中的原因在于银行对高新技术企业贷款条件相对苛刻，各种限制性条款多，并且银行为了拖延时间降低对高新技术企业的信贷风险，往往规定非常复杂的信贷手续，变相设计出阻碍这些企业信贷的时间成本，让企业感到费时费力；同时，银行规定这些企业的信贷期限相对较短，作为高新技术企业 R&D 投资信贷成本太高。因此，这类企业的借款额度比较小，R&D 投入所需要的资金不能全部由银行解决。再加上企业初期发展阶段的风险较大，银行根本不愿意给这类企业贷款，这就使得银行贷款大部分流向了有足够还款能力的国有企业，而国有企业的创新产出效率低，使得其影响效果不佳。

综合来说，在加入交互项的第（2.2）、第（2.3）列中，系数均为负，说明对于国有产权比例越大的企业，政府 R&D 资助与金融信贷对其创新产出的效果越不显著，而且，政府资助的效果要优于银行资助。

表 9-2　政府 R&D 资助、金融信贷对专利申请数的影响回归结果

	(2.1)	(2.2)	(2.3)
常数 c	-3.211***	-2.883***	-2.746***
	(-8.165)	(-8.540)	(-8.043)
$\ln K/L$	0.871***	0.744***	0.749***
	(12.508)	(10.844)	(11.032)
$\ln Zf$	0.248***	0.239***	0.143**
	(4.074)	(4.514)	(2.059)
$\ln Jr$	0.010	0.025	0.096**
	(0.243)	(0.715)	(1.993)
$Pow \times \ln Zf$		-0.429***	-0.150
		(-6.557)	(-1.032)

续表

	(2.1)	(2.2)	(2.3)
$Pow \times \ln Jr$			-0.310**
			(-2.142)
Hausman	50.553	8.419	9.710
模型	FE	RE	RE
R^2	0.840	0.858	0.863
F值	37.259	40.777	40.376

注：括号内数值为t值，＊＊＊、＊＊分别表示在1%、5%的水平上显著。

如表9-2所示，根据第（2.2）列，政府R&D资助对企业R&D支出的激励效应为0.239-0.429Pow，将Pow的均值代入该公式，就可以得到政府R&D资助对企业R&D支出的激励效应为0.1。根据第（2.3）列，金融信贷对企业R&D支出的激励效应为0.096-0.310Pow，将Pow的均值代入该公式，就可以得到金融信贷对企业R&D支出的激励效应为-0.004。其余的采用同样的方法得出。

"生产发展"阶段的回归结果。表9-3为政府R&D资助、金融信贷对新产品销售收入的影响回归结果。第（3.2）、第（3.3）列的公式中，同样加入了产权结构。仍使用Hausman检验，采用随机效应模型与固定效应模型两种选择结果显示，表中的前两列是固定效应模型选择，第三列是随机效应模型选择。第（3.1）列中，政府R&D资助与金融信贷的系数分别为-0.137、0.04，政府R&D资助的增加，反而不利于企业新产品销售收入的增加。这就是一些人认为的政府资助的挤出效应，即使在前两个阶段，政府R&D资助的增加有利于企业开发研究新的专利数的增加，但由于新技术的风险较高，很多专利并未作为新产品开发实际使用。政府的大量资助，一部分用于研究开发，而另外很大一部分可能被用在企业认为更能创造效益的地方。金融信贷的影响效应则并不显著，原因应与上面的应用研究阶段相同，是由多方面因素造成的。第（3.2）、第（3.3）列中，政府资助的偏效应分别为-0.153、-0.122，政府R&D资助对企业技术创新产出依旧具有较为显著的负向影响。金融信贷的偏效应则仍然不显著，说明金融信贷的影响是不稳定的，而且，金融信贷的影响作用弱于相应情形下的政府R&D资助，原因都是基本相同的。

表 9-3　政府 R&D 资助、金融信贷对新产品销售收入的影响回归结果

	(3.1)	(3.2)	(3.3)
常数 c	1.151***	1.149***	1.05***
	(3.187)	(3.224)	(2.704)
$\ln K/L$	0.398***	0.365***	0.359***
	(5.246)	(4.368)	(3.89)
$\ln Zf$	-0.137***	-0.126**	-0.115
	(-2.631)	(-2.362)	(-1.537)
$\ln Jr$	0.04	0.041	0.026
	(1.172)	(1.196)	(0.593)
$Pow \times \ln Zf$		-0.082	-0.023
		(-1.075)	(-0.116)
$Pow \times \ln Jr$			0.027
			(0.174)
Hausman	5.31	7.45	24.437
模型	RE	RE	FE
R^2	0.808	0.808	0.808
F 值	25.97	24.599	23.354

注：括号内数值为 t 值，***、**分别表示在1%、5%的水平上显著。

如表9-3所示，根据第（3.2）列，政府 R&D 资助对企业 R&D 支出的激励效应为-0.126-0.082 Pow，将 Pow 的均值代入该公式，就可以得到政府 R&D 资助对企业 R&D 支出的激励效应为-0.153。根据第（3.3）列，金融信贷对企业 R&D 支出的激励效应为 0.026+0.027Pow，将 Pow 的均值代入该公式，就可以得到金融信贷对企业 R&D 支出的激励效应为 0.035。其余的采用同样的方法得出。

通过对高技术产业创新的三个不同阶段的研究，我们认为政府 R&D 资助与金融市场信贷对高新技术企业发展的不同创新阶段都有一定影响，然而，实证结果显示，政府 R&D 资助对高新技术企业自身 R&D 投入的带动效应相对更大。政府资助在三个阶段的弹性系数分别为 0.432、0.248、-0.137，表明政府资助带动高新技术企业自身 R&D 投入的效果依次为："基础研究"阶段优于"应用研究"阶段、"应用研究"阶段优于"生产发展"阶段。政府资助在"基础研究"阶段对高新技术企业自身 R&D 投

入带动效果更为显著。高技术产业创新具有高风险特点，决定了政府资助在"基础研究"阶段起到了公共产品的作用，稳定了高技术产业中企业自身的 R&D 投资信心。"应用研究"阶段和"生产发展"阶段，高新技术企业在前期政府资助下，能够发现所开发产品的潜在价值，企业自身的 R&D 投资才会明显增加。尽管"应用研究"阶段和"生产发展"阶段，政府的 R&D 投资作用存在一定弱化，但在三个阶段中，政府资助相对金融市场信贷都在发挥更为积极的作用。

金融市场信贷在高技术产业创新的三个阶段中发挥的作用不同于政府 R&D 资助。实证分析结果显示，金融市场信贷较政府资助作用小。金融市场信贷的弹性系数分别为 0.11、0.01、0.04，说明金融市场信贷在"基础研究"阶段对企业自身 R&D 投入带动作用相对较大，"应用研究"阶段相对较小，"生产发展"阶段更小。分析其中原因，可能是在"基础研究"阶段，政府资助力度大，已经对金融市场信贷起到隐形担保作用，而在"应用研究"阶段和"生产发展"阶段，由于政府资助减少，金融信贷的隐形担保力度减小。这也说明了政府在高技术产业创新中比金融市场起到更为重要的作用。

此外，在不同产权结构下，国有产权比例相对高的企业，政府和银行的作用对企业自身 R&D 投入影响效果都较差。这可能是国有企业责、权、利仍然不明确，企业对 R&D 投入比较被动，缺乏足够激励制度造成的。

针对以上分析，政府在"基础研究"阶段的资助是必要的，它奠定了高技术产业发展的基础。不仅如此，政府还要对"基础研究"阶段的高新技术企业加大支持力度，为高技术产业创新融资奠定基础，因为企业"基础研究"阶段技术不确定，又要承担高风险，企业往往不敢投资。政府的 R&D 资助无疑能起到积极推动作用。相反，在企业发展的"基础研究"阶段，金融信贷由于害怕承担风险不敢贸然投资，它们一般处在观望和等待状态。政府还需要考虑企业由"基础研究"向"应用研究"过渡阶段的引导问题，采取积极措施激励企业将研究成果转化为实际利润，减少前期的资本浪费。

在高新技术企业发展到"应用研究"阶段，其技术条件基本成熟，或者说基本可以投入生产状态的时候，金融信贷已经能够看到企业的美好前景，再加上企业自身的自信心增强，所以，金融信贷和企业自身投资会不断增加。此时的政府R&D资助就显得可有可无，或者说政府R&D资助应该及时退出。

在高新技术企业发展到"生产发展"阶段，其技术完全成熟甚至会有更新的技术处在萌芽阶段。企业的高新技术产品已经占领市场，销售收入增加，此时的企业投入会不断增加，金融信贷发挥的作用也会减弱。政府R&D资助应该完全退出，如果政府R&D资助没有及时退出，就会影响到企业的发展。

因此，在支持高新技术企业发展的过程中，政府R&D资助并不是一劳永逸，永远都能发挥作用。这就要求政府甄别企业的不同发展阶段，针对不同的发展阶段采用不同的支持方法。政府在企业培育和孵化阶段可以投入更多的资金并采取扶持措施，促使企业不断发展壮大。一旦企业成长起来，政府就要构建完善的退出机制，让企业在市场中适应发展。同时，要制定金融信贷支持企业发展的措施，保证企业发展的资金充裕。

在金融市场作用方面，政府在加大力度扶持高技术产业创新的同时，要鼓励通过金融市场信贷支持高技术产业发展，即不仅要制定政策鼓励金融机构在"基础研究"阶段参与支持高技术产业创新，而且在"应用研究"阶段也要继续支持技术创新。政府要引导金融机构与政府合作建立高技术产业创新融资平台，建立高技术产业创新的长效融资机制，保证高技术产业融资开展创新活动的顺利进行。

针对不同产权比例的影响，政府对国有产权比例高的企业要加强资助的约束，同时，加大政府资助和金融市场信贷对中小型非国有企业的支持力度。落实企业平等待遇政策的根本是政府减少干预企业的创新活动，更为精准地发挥引导作用。

二、深入思考高新技术产业发展布局

新形势下高新技术产业发展要有新的布局，充分考虑国内外环境并结合河南省实际情况制定未来高新技术产业发展措施。

（一）国内外环境思考

从国际和国内环境分析，高新技术产业发展面临着挑战和机遇并存的局面。一方面，中美之间的贸易战甚至技术战等冲突可能越发激烈，特别是 2018 年以来，随着中美贸易摩擦不断升级，美国加大了对中国新兴产业发展的遏制力度，抢夺技术主导权，作为省域地区吸引高新技术企业的困难将会非常大。另一方面，中国提出的"一带一路"倡议为新兴产业发展带来新的机遇和空间，尤其是 2013 年以来，中国与沿线国家的新兴产业国际合作不断加强，多元化投资、三方市场合作、国际产能合作稳步增长，未来将在创新合作、政策沟通与资金融通等方面继续深化。河南省地处中原，是中部经济区的重要省份，也是"一带一路"倡议的重要支撑省份。这可能会给河南省高新技术产业发展提供更为广大的发展中国家市场。

从产业趋势分析，国内外都把新一代信息技术作为未来竞争的重要领域。可以预见未来的技术演进与传统产业融合的速度将会更快，特别是人工智能（AI）的发展将会迸发出巨大能量，催生新技术、新产品、新产业，尤其是第五代移动通信（5G）+AI 将开启重大产业周期。全球生物产业正处于生物技术大规模产业化的起始阶段，2020 年前后将进入快速发展期，有望逐步成为世界经济新的主导产业之一。

智能制造培育新动能是全球产业变革的重要方向。可以预见发达国家在高端制造装备和高技术装备领域的激烈竞争态势将继续维持，传统工业强国仍是智能制造的领军者。当今的关键材料产品日新月异，产业升级换代步伐加快，信息基础材料的需求不断攀升，高端装备制造的支撑材料已经成为新材料产业发展的核心关键。目前的煤炭资源依然是世界各国的主要能源，天然气水合物未来将持续受到关注，同时，核电技术已经从第二代核电为主进入到第三代核电升级转型、第四代核电技术研发与堆型示范应用的阶段。国际节能环保产业已经步入技术成熟期，产业发展重点由最初的末端治理转为当前的源头削减，已经成为发达国家的国民经济支柱产业之一。新能源汽车实现逆势增长，电动化、智能化、网联化、共享化加速融合发展。新能源汽车技术研发高度活跃，配套基础设施及服务平台快速发展，新型充电技术成为研究热点。移动互联网与数字技术的快速发展驱动了数字创意产业的爆发式增长。AI、大数据、云计算、虚拟现实、超级感知等新一代科技革命将数字创意产业推升至新高度。

从国内发展现状与经验分析，《国务院关于加快培育和发展战略性新兴产业的决定》提出了我国战略性新兴产业概念，确定的培育和发展重点方向为：节能环保、新一代信息技术、生物、高端装备制造、新能源、新材料、新能源汽车。"十二五"是我国战略性新兴产业夯实发展基础、提升核心竞争力的关键时期。《"十二五"国家战略性新兴产业发展规划》提出，到2015年，战略性新兴产业增加值占国内生产总值（GDP）的比重达到8%。"十二五"期间，产业规模持续稳定增长，产业技术水平不断提升；"十二五"期末，产业增加值占GDP的比重达到了8%，这为"十三五"的进一步发展奠定了良好基础。2015年，产业涉及的27个重点行业规模以上企业收入达16.9万亿元，占工业总体收入的比重达15.3%。《"十三五"国家战略性新兴产业发展规划》提出，到2020年，战略性新兴产业增加值占GDP的比重达到15%，形成新一代信息技术、高端制造、生物、绿色低碳、数字创意5个产值规模达10万亿元级的新支柱产业。"十三五"期间，在我国经济增速逐步放缓的背景下，战略性新兴产业仍实现了持续快速增长，整体发展保持强劲势头，重点产业稳步提升。2016年和2017年，产业工业增加值同比分别增长10.5%和11.0%，高于同期规模以上全国工业增加值增速的40%以上。2018年，产业延续快速增长态势，其工业增加值同比增长8.7%，比同期规模以上工业高2个百分点。

中国的发展经验主要是提升产业创新能力、提高发展质量、壮大新型产业集群、推进产业开放融合。在加快提升产业创新能力方面，中央政府实施创新驱动发展战略，强化现代化经济体系的战略支撑，推动科技创新和经济社会发展深度融合，既是新时期经济社会发展的综合要求，也是新兴产业迈向产业价值链中高端、加快打造产业发展策源地的关键特征。在推动供给侧结构性改革、提高发展质量方面，中国的战略性新兴产业的发展还不平衡，产业高质量发展所需关键核心技术、原材料在相当比例上依赖进口。积极推动供给侧结构性改革，扩大优质增量供给，培育新的增长点，形成新动能和新供给。在新型产业集群加快引领新兴产业的发展方面，中国正处在世界新一轮科技革命和产业变革与我国转变发展方式的历史性交会期，突出新兴产业的先导性、支柱性，提升产业集群的持续创新发展能力和竞争力。协同发展产业链和创新链，培育特色新型产业集群，带动区域经济发展转型，体现创新经济集聚发展的格局。在坚持开放融合发展方面，中国依照国家现代化经济体系建设要求，以更加开放的发展理念、更加包容的发展方式，加快国际创新与合作平台建设、全球创新资源高效利用、优势技术及标准的推广和国际化应用，面向全球配置产业链、创新链与价值链。

"十三五"以来,虽然国家层面的战略性新兴产业发展成效显著,但对比全球产业同期发展态势、对照国内产业高质量发展的需求,仍然存在着制约产业发展与升级的一些问题。首先是部分产业领域的关键核心技术"受制于人"的现象未能得到根本性消除。基础元器件、原材料、核心装备、高档工业软件等对外技术依存度较高,价值链的高端有所缺位,"卡脖子"问题依然存在。其次是产业发展的顶层设计和统筹协调有待完善。产业区域布局没有体现出差异化分工,区域特色和比较优势不足,产业趋同现象明显,产业链的协调配套不齐备。再次是相关法规和标准体系不健全。国家和行业标准、设计规范、质量控制规范等不成体系,部分细分领域的行业准入制度尚未建立。例如,节能环保相关立法仍属空白,重点产业产品能效标准、重点行业能耗限额标准和污染物排放标准等明显滞后。最后是产业创新环境和市场机制有待完善。"产学研用"有效结合的产业创新机制未能形成,技术创新成果的转化效率不高;部分行业存在创新产品进入市场难的问题,企业融资难、融资贵等市场性问题未能得到有效解决。

(二) 高新技术产业创新发展布局

根据国家 2020 年到 2035 年发展规划,河南省必须要有经济实力、科技实力大幅跃升,跻身创新型省份前列的发展布局。河南省在"十四五"时期的高新技术产业要以提升产业创新能力、坚持开放融合发展为发展方向,牢固高新技术产业发展基础,破解高新技术产业发展过程中的要素滞后问题,以集中河南省优势资源实施重大技术攻关,打造国内一流、世界领先的高新技术产业集群区。

在发展布局方面要面向"十四五"以及更为长远的周期,重点发展高新技术产业,使其成为河南省现代经济体系建设的新支柱,突破河南省经济社会发展相对滞后、技术创新不明显等难题。河南省在"十四五"时期,要全面贯彻新发展理念,培育壮大高新技术产业,筑牢现代化经济体系基础,推动高新技术产业成为经济社会发展和产业转型升级的重要力量。重点引导互联网、大数据、AI 等信息技术与实体经济在更深层面上融合,促进传统制造业改造,快速推进郑洛新国家自主创新示范区建设。国家把郑洛新国家自主创新示范区的发展作为支持河南省先行先试的窗口，河南省要充分利用这一机会，在认真分析河南省社会经济基本禀赋的基础上，深入分析郑洛新国家自主创新示范区发展的内涵，利用好国家赋予郑洛新国家自主创新示范区的政策红利。发展内容包括：河南省是人口大省，农业资源相对丰富，农产品加工生产符合国家战略发展，是应该得到重视的产业。同时，河南省制造业落后，技术创新能力较弱，农业人口向制造业转移存在本质性困难，即高等院校发展滞后，职业院校没有围绕产业发展开设基本课程，导致人口大省的人力资源极为贫乏，存在大量的从事简单生产活动的劳动力，缺乏能够从事技术劳动的人。这就需要河南省在突破带动型高新技术产业发展中，重点强调产业能够更多吸纳简单劳动力就业的因素。不仅要考虑产业对就业的拉动能力，还要保证产品的先进性和技术的先进性。因此，郑州片区要重点吸收一批具有自主知识产权，技术水平与国内先进制造业相当的企业入驻，以郑州国家高新区为核心区，再以郑州航空港经济综合实验区为依托，以郑东新区、金水区、郑州经开区为重点园区，进行辐射和带动，并把它们建设成为高校和高新技术产业紧密合作的突破带动型高新技术示范区。

洛阳片区具有河南省老工业基地之称，制造业基础相对比较好，有一定的技术能力，也有国家军工制造业在此长期入驻。因此，河南省也要以洛阳国家高新区为核心区，以洛阳的先进制造产业园区、洛龙科技园区和伊滨科技园区的重点园区为辐射区，建设军工地合作的突破带动型高新技术制造业基地。

河南省的新乡地区具有国家化学和物理电源产业园，要把新乡片区打造成为平原突破带动型高新技术示范区，将大学科教园、新东产业集聚区的重点园区作为发展的辐射区，重点建设突破带动型装备制造业基地。例如，新乡和新乡学院联合建设的 3D 打印设备的制造和生产将是该区域突破带动型产业发展的基础。此外，要把河南省散点布局的创新创业能力突出、创新要素富集的，具有一定突破带动能力的高水平创新平台、创新创业综合体等，作为独立创新单元，纳入国家自贸区范围，研究建设自贸区内动态管理和退出机制，应尽快研究不同自贸区的自然资源禀赋条件，凸显不同自贸区内部的产业差异化，使自贸区成为突破带动型高新技术产业引领、辐射和带动全省创新发展的综合载体与核心增长极。

着眼未来，河南省高新技术产业发展必须要打牢产业基础，扩大产业规模，能够保证高新技术产业在发展过程中拥有一定的领先优势。这是河南省高新技术产业发展的优先方向和着力点。此外，还要加大培育高新技术产业的力度，集中省内的优质资源与重点力量，积极推进高新技术企业把握产业技术的制高点，利用好全球范围内的创新资源，全面提升国内外技术合作水平。

根据河南省要素禀赋条件，选择对河南省社会经济发展带动能力强的高新技术产业，破解产业发展"卡脖子"问题，是河南省突破带动型高新技术产业高质量发展的迫切需求，刻不容缓。在创新驱动发展战略的指引下，根据本地的要素禀赋条件夯实高新技术产业发展基础，实现在"十四五"期间的高新技术产业的明显带动作用，真正摆脱高新技术产业主要依靠引进发展的局面。这就要求河南省做到如下几点：

首先，集中优势资源，实施技术攻关计划。河南省需要瞄准高新技术产业的关键核心技术和具有突破带动能力的重点产业实施定向扶持。加强省内资源整合，加快优秀人才集聚，关注集成电路（IC）、AI、生物医药等领域发展进度，采取重点高新技术产业的联合攻关形式，精准实施高新技术产业突破的攻关计划。同步加强郑州大学、河南大学等高校以及科研院所的基础研究、应用基础研究，找准并开展高新技术产业的关键共性技术、前沿引领技术、现代工程技术和颠覆性技术的研究突破，逐步缓解并最终突破高新技术产业发展依靠引进的问题。不断完善河南省创新体系，提升自主研发能力，加快形成以企业为主体、"产学研用"一体化发展的创新机制。注重发展前沿技术与产品，如宇通的新能源客车、新材料的制造、生物技术等，加强推进高铁、5G、电力等装备的创新发展，获取并保持领先优势。以中铁装备的发展为推动力量，实现部分高新技术企业的技术领先，加快河南省盾构机基础性装备的发展，选择优势产业培育发展一批高档数控机床、高性能医疗器械等，追赶并缩小与技术较强的省份的差距。

其次，打造国内产业集群，增强国际竞争力。河南省高新技术产业发展要尽量迈向全球价值链中高端，起码要培育若干个国内领先的先进制造业集群。因此，河南省要认真分析研判当前河南省社会经济发展趋势，找准河南省的要素禀赋优势，同时还要研究高新技术产业的发展规律，例如产业集群的演变规律、产业集群的地域要求等，把握好高新技术产业发展的阶段特征，并推动高新技术产业集群的形成；在当前河南省社会经济发展进程中要找到河南省未来 10 年内的变革发展动力，优化资源配置，科学营造高新技术产业集群发展环境；积极参与国际产业合作与竞争，正向提升河南省高新技术产业的国际竞争力。例如，河南省在"十五"以来取得的技术奖励较多地分布在超高压继电保护、生物技术育种等领域，因此，河南省就应该抓好这些技术方面的突破，努力在重大疾病防治疫苗、新药、超高压继电保护装置、数控机床、高精度铝材、食品安全、大豆纤维、生物技术育种以及下一代互联网核心路由器等领域实现产业关键技术突破。利用好河南省自己的 1423 个技术研发机构，充分与国家级企业技术中心、工程中心、重点实验室和博士后工作站对接，加快培育一批具有自主知识产权的高新技术企业，例如华兰生物、华晶超硬材料等。加快推动高新技术产业的对外开放，加强与世界科技及产业的合作交流，并力争协同发展，深度融入全球价值链分工体系。推动实施并进一步深化"走出去"战略，在"一带一路"倡议框架下引导高新技术产业的跨国合作，积极引进国外先进技术、人才和管理经验，以开放、合作、共赢来谋取河南省高新技术产业层级的提升。

根据国家对"十四五"规划建议的情况，预测面向 2035 年高新技术产业发展趋势。由于我国的高新技术产业发展面临长期挑战，在国家层面更为紧迫的任务是应对复杂的国际环境。国家层面的"十四五"发展规划主要是围绕筑牢产业安全体系，提升产业创新能力，打造世界级产业集群。河南省要在"十四五"期间聚焦适合本地区高新技术产业发展的产业共性技术、产业瓶颈技术、前沿跨领域技术等，尽快发展高新技术产业的核心技术，力争在"十四五"期间实现高新技术产业的高质量发展。具体分析可以看出，河南省未来应该在六大产业领域有所突破发展，例如在 AI、生物医药、农产品加工等领域打造先进技术体系，引领基础研究和前沿研究，在产业核心技术突破层面与国内外同步，构建多类别、宽覆盖、有机联络的高新技术产业集群。

AI 领域高新技术企业要起到充分的带动作用。河南省在"十四五"时期，要实现在云计算、AI、大数据、智能联网汽车、工业互联网等领域领先，引领产业中高端发展，带动经济社会高质量发展。河南省要尽快建成具有较强核心竞争力的新一代信息技术综合发展体系，并推进与第一产业、第二产业、第三产业的融合程度，使得对实体经济的拉动效应显著提升，最终实现该产业国际影响力进一步增强，在部分领域达到国际领先水平。因此，河南省在"十四五"时期的重点发展方向应该是：物联网、通信设备、智能联网汽车（车联网）、智能制造核心信息设备等。高新技术企业主要集中在新一代移动通信、下一代网络技术、信息安全、半导体、新型显示、电子元器件、云计算、边缘计算、操作系统与软件、AI、大数据等领域。

河南省生物产业要实现医药强省的目标。2020年新冠肺炎疫情中，河南省在组织管理方面有较为突出的表现。在"十四五"时期，河南省需要在新药创制领域形成并壮大从科研到成药的全产业链能力，奠定持续产生新药物和新疗法的基础。围绕构建创新药物研发技术体系的能力目标，培育一批以精准药物设计为核心，综合现代生物学、信息技术和材料科学相关领域的科研团队，支持他们发展高新技术产业；引进国内外与基因治疗、细胞治疗、免疫治疗、代谢调控等技术相关的医疗企业到河南省投资发展，使之能够在中国人口大省形成稳定的成规模的高新技术企业。同时，采取各种手段支持并推动河南省从医药大省生产地区向医药创新强省转变。

河南省突破带动型高新技术产业发展必须结合本省的社会经济发展现实，"十四五"时期河南省肩负国家粮食生产的重任，也承担着振兴河南省工业化的艰巨任务，同时还要考虑河南省已有的高新技术产业发展现状。因此，河南省需要加强统筹协调，优化顶层设计，强化战略引领，针对高新技术产业发展瓶颈，设立国内外的科技重大专项持续攻关；加强政府对各类计划的有效衔接，消除各类信息隔离、以邻为壑、部门争利的不良现象，提高政府资源的使用效率。统筹并完善高科技生物技术产业、民生装备领域的扶持政策，建立重点行业的政府职能部门的联席会议协调机制和政府战略咨询委员会。例如，建立高新技术部门联席会议协调机制，成立政府高新技术产业发展的技术战略咨询委员会等。

进一步完善创新基础，强化高新技术产业创新体系，加强省内的应用基础研究，促进群体性技术的涌现；组建高新技术产业战略性创新中心，探索全产业链协同创新模式。加快推进共性技术平台建设，完善省内重大科研基础设施共享机制。尽快推出农产品育种、食品加工等国内领先的高新技术产业的标准体系，使高新技术产业的发展过程"有法可依""执法有据"，保护高新技术企业的知识产权，使之逐渐走向自我融资发展的道路。

进一步激发市场活力，发挥高新技术企业创新主体地位的主导作用，依据竞争性原则，布局建设一批依托高新技术企业运作的国家技术创新中心，合理加大对高新技术企业中的中小企业支持力度，采用市场化的方式提供稳定和必要的资金支持。完善高新技术产业发展的多元化资金投入机制，鼓励和规范产业并购投资，培育高新技术产业的龙头企业。推行"产学研用"合作和市场化的技术转移机制，将对创新成果的评价转向实际产出和拓展应用。

进一步加大开放融合，坚持"走出去"和"引进来"并重，重点培育高新技术产业链条中的核心"长板"，面向国内外布局高新技术产业链条。鼓励高新技术产业平台参与国内外的合作研发与应用，使河南省高新技术产业的技术创新与国内外同行业技术接轨，并根据行业技术特点推行差别化的高新技术产业政策管理。充分利用国内外的科技成果、智力资源和高端人才，鼓励资源的双向有序流动。

（三）河南省突破带动型高新技术产业发展

河南省在装备制造业领域占有一席之地，未来要面向高端装备制造产业。目前河南省在盾构机生产领域有一定优势，应该围绕盾构机上下游产业链条拓展相关的高新技术产业产品。例如，在国家新一代重型运载火箭、海洋工程、民生领域、重大装备领域可以拓展自己的技术优势，发挥河南省在盾构机生产领域高技术产业的核心带动能力，积极主动地申报国家级相关项目，汇集国内外相关的创新资源，开展国家级科技重大专项的前沿布局和应用示范。

河南省在智能制造装备领域要发挥新乡科技示范区的电池生产优势，加快发展能够与国家重点领域科研项目对接的装备产品，如航天航空飞行器及航空发动机制造工艺装备、新能源汽车的电池以及零部件加工成套装备及生产等。

河南省在民生高端装备领域要推进新一代智能农业装备科技创新，加快推进农机化和农机装备产业转型升级；聚焦纺织工业未来智能制造与绿色制造，突破新材料与产业用纺织品领域生产装备瓶颈；食品装备发展强调柔性自动化、集成化、综合化、系统化、敏捷化和智能化方向；医疗装备注重基础、对标应用，加快高端国产医疗装备的产业化。

在新材料产业，要瞄准国际先进水平的目标，推进河南省新材料产业建设。河南大学纳米材料研究基地也是国内比较好的科研场所，围绕纳米材料的衍生业态布局，推行大规模绿色制造技术和循环利用，保障国民经济、国家安全、社会可持续发展的基本需求，加快实现材料强省的重大转变。

在节能环保产业，"十四五"时期，河南省突出实现国家的战略发展目标，重点提高环境质量这一节能环保产业的核心需求，加强大气、水、土壤的污染防治，倚重和发挥科技创新在源头削减、过程控制和循环利用等污染防治全过程中的关键作用。突破主要污染要素、主要污染点源、主要生态破坏类型、污染物监测等方面的关键技术，加快形成促进生态环境治理取得根本好转的环境工程科技体系。面向2035年，产业发展重点在于突破大气污染防治、水污染防治、土壤污染防治与修复、固体废物资源化等关键技术，实现普遍性应用并取得良好的环境质量收益。

在新能源汽车产业，"十四五"时期，河南省加强新能源汽车的核心技术创新，推进基础设施规模化建设、市场化发展，建立公共服务平台，形成自主、完整的产业链。目前全国纯电动汽车和插电式混合动力汽车年销量达到700万辆，保有量超过2000万辆；燃料电池汽车推广规模累计达到5万辆。面向2035年，河南省在新能源汽车的产业商业化与高质量发展，汽车技术的电动化、智能化、网联化、共享化方面具有潜在的发展优势。例如，宇通已经在新能源客车生产中的一定技术领域达到了国际先进水平，纯电动和插电式混合动力新能源汽车的销售量占据了国内客车生产的一半以上，其新能源客车的燃料电池技术及产业进入全面成熟期。

河南省在数字创意产业领域起步比较晚，但发展数字创意产业具有一定的优势。例如，河南省历史文化资源丰富，是国内历史遗留文化遗产相对较多的省份，可以供数字创意艺术挖掘的历史故事十分丰富。河南省需要推动信息技术的快速发展及相关产业的融合应用，为数字创意产业带来新机遇、形成新模式。河南省交通便利，人口资源丰富，村镇人口居住相对比较集中，通过10~15年的发展，数字创意产业可能在以下五个方面取得重大进展：一是创新设计体系；二是数字内容生产体系；三是数字内容传播体系；四是泛信息消费体系；五是泛沟通交互体系。

河南省发展能源新技术产业要立足能源发展规律、能源国情现状、能源新技术发展趋势，在"十四五"时期及面向 2035 年的发展阶段，聚焦能源资源清洁高效利用、碳约束下的能源安全、能源新技术及关联产业有效支撑经济增长等突出问题，重点发展煤炭清洁高效利用产业、非常规天然气产业、综合能源服务产业、生物质能产业、地热产业等，使河南省的煤炭产业向能够综合利用煤炭资源、更加清洁高效地利用煤炭资源方向发展。

三、重视内涵发展，提升突破带动能力

河南省的传统产业仍然占据社会经济发展的绝大部分比重。只有传统产业成功转型，才能保证河南省社会经济的可持续发展和劳动者可支配收入的持续提高。河南省的传统产业创新发展在吸纳劳动力就业以及增加国民收入等方面发挥着重要作用，因此，传统产业与高新技术产业在技术创新周期中的动态关联是河南省创新系统的核心动力机制。河南省的传统产业发展转型的问题，实质上是如何完善并提高创新系统的有效性的问题。要完成这样的转型和完善创新系统就必须要正视传统产业技术进步的模式与形态，并重视高新技术产业与传统产业之间的关联性。改革开放初期，河南省与全国一样，都是沿用建立大规模外向型生产能力为主来实现社会经济快速发展的战略。由于这样的战略是技术和市场两头在外，高新技术产业与相关的传统产业之间缺乏联系，再加上河南省传统产业发展不充分，技术创新相对低下等原因，河南省传统产业不可能完成复杂的产业升级任务，这就是河南省多年来一直强调传统产业升级却没有明显改观的主要原因。当前的新冠肺炎疫情和中美之间的贸易摩擦导致全球产业链条发生结构性变化，河南省的低成本制造业就更加因为失去技术来源和海外市场两个支柱而陷入非常困难的境地。尤其应该重视的是，河南省的部分高新技术产业链条往往也呈现出对外部依赖的特点，即高新技术产业的生产和销售并没有针对省内市场或者国内市场，而是主要面对国外市场。例如，河南省的生物制药企业基本依靠对国外大药厂提供实验服务来获得收益，这就造成了高新技术产业与本土规模庞大、需求多样的合作者的脱

钩，不利于高新技术产业依靠本土优势持续发展，也不利于企业抵御产业链条结构性风险。河南省传统产业转型升级的关键在于增强自我发展核心动力，即企业自身要具有"系统治愈能力"。河南省高新技术产业缺乏与传统产业以及本土消费者之间的有效联结，不能形成高新技术产业的创新在各相关产业之间的技术扩散。对此，政府在构建高新技术产业突破带动体系时要充分考虑联结高新技术产业与传统产业之间的渠道问题，例如，政府可以参与建立中介机构和其他的行业机构等，加强高新技术产业与传统产业之间的联系。政府通过给双方提供技术信息或者是进行设备调配等方式强化高新技术产业的外部性，也可以通过提供财税激励促进高新技术活动更关注本土传统产业应用，同时要激励传统产业企业主动寻找本土高新技术支持，或者是通过表彰与推广成功案例的经验来激活更广范围内的高新技术与传统产业的相互联系。

河南省突破带动能力发展可以分为四个阶段，而且是依次递进的阶段：第一阶段是依靠要素投入驱动阶段；第二阶段是依靠资本驱动阶段；第三阶段是依靠创新驱动阶段；第四阶段是依靠财富驱动阶段。河南省当前仍处于依靠要素投入驱动阶段。因为河南省内具有竞争优势的产业几乎都是得益于某些基本生产要素和资源禀赋条件的优厚，例如，河南省的劳动人口多，劳动力是河南省禀赋条件最为丰厚的资源。这就造成了河南省的产业技术层次低，产品的附加值不高。当然，河南省也有一部分产业处于依靠资本驱动阶段，这些企业的发展依靠自身的竞争优势，以企业自有资本投资以及与国内外企业合作生产为技术来源，具有一定的突破带动能力，但离突破带动产业的形成还有差距。河南省需要努力实现的是迈进依靠创新驱动阶段和依靠财富驱动阶段，这两个阶段是在要素成本不断增加、要素驱动能力越来越弱的情况下必然出现的阶段，接下来要靠政府和社会共同努力，形成创新驱动和财富驱动。河南省应根据制造业发展规律，多层次推进产业发展，形成动态协调和有序发展的格局。具体做法是：全面提升具有突破能力产业的发展质量，重点形成产业特色，从河南省整体上提高制造业的技术水平与制造业技术创新能力，尽快缩短与发达地区的差距。河南省已具有一定基础和竞争优势的产业，政府要重点支持，力求有所突破。河南省要形成产业的特色，也要加大对先进技术的引进、消化和吸收，增强技术创新能力和自主开发能力，优化特色产业的整合。

　　河南省突破带动型产业发展重点，就是在对具体行业进行战略定位时，应综合考虑该行业的市场需求增长的潜力、产业的成熟程度、产业的基础等因素。市场的需求增长潜力主要考察产业潜在的可持续的市场增长空间和能力。这是产业发展和竞争力提升的极为重要的市场资源。河南省的产业能否形成突破带动型产业，要研究国内生产能力和主导技术的成熟状况，以及该产业的规模经济性和出口规模等因素。研究河南省的产业基础，主要分析当前的产业规模、技术水平、产品质量、品种和成本等综合情况，判断它们在全国同类产业中的竞争地位。按照这样的思路，河南省应该重点把农副产品深加工产业、铝业制造等矿产资源深加工产业、煤炭化工业、中高档客车制造业等作为主要产业。此外，电子信息产业、现代中药产业、生物技术产业、新材料产业化等，可以作为具有潜在突破带动能力的产业进行培育。政府在具有突破带动能力的产业发展中，要重点打造突破带动型高新技术产业的生产链条，增加产品附加值，以此带动和提升传统产业的竞争能力。

　　通过内涵发展提升突破带动能力，要形成河南省具有突破带动能力产业的发展中心。经济中心是聚集经济科技资源的重要载体，从地区空间角度看，地区的经济中心既是主要的技术创新策源地，也是高等学校、科研机构集中，能够形成绝对科教优势，令新的科技成果不断产生的地方，而且每一个经济中心都集中了区域最主要的技术密集型产业和部门。河南省的广阔市场潜力和雄厚的资金实力能够使其成为最先吸收转化最新科学技术成果的集中地。要保证技术和经济中心两者相得益彰，一方面，经济中心可以更多地吸收经济腹地的剩余农副产品和剩余农村劳动力，为腹地的经济发展不断拓展空间；另一方面，技术又促使经济中心技术密集型产业快速发展，从而加快产业转换及产品与技术向更宽广腹地扩散的速度，为腹地的经济发展输送新的活力。因此，河南省要发挥好经济中心的扩散作用，让突破性技术成为经济中心的支撑力，这不仅可以密切经济中心与经济腹地的联系，而且，突破性技术也改善和加强了经济腹地和经济网络之间的联系，促进了它们的发展。例如，技术对交通运输和通信等基础设施条件的改善，使各种经济交往和信息传递的速度不断加快，进而使空间结构的各种关系变得更加协调，突破带动能力更加突出。

通过内涵发展提升突破带动能力，还要考虑技术对自然资源禀赋的影响作用。突破性技术可以改善要素的存在形态，提高要素的组合功能。决定河南省经济发展的有四大因素：内生性因素（自然资源、历史基础）、衍生性因素（劳动者、资金、技术）、牵动性因素（市场）、控制性因素（组织、管理）。高新技术对这些因素都有十分显著的整合作用。首先，高新技术可以通过交通技术、土壤改良、生态环境改善等方式，彻底改变河南省的自然资源的基本形态。此外，高新技术还可以有效地缓解自然资源禀赋在不同地区分布的状况，使得资源由原始的不均衡变为平衡，通过改善和调整资源的区域利用与配置，降低社会生产对区域土地、矿产、能源等资源的依赖。如人工合成材料可以替代功能相同的或相近的原材料。其次，劳动者的知识化、技能化，以及技术创新可以改善资金的使用形态，更有效地提高产出和效率，显著增强河南省的劳动力和资本这两个要素对河南省经济发展的贡献。再次，高新技术还可以通过创新产品、提高质量、降低成本来不断提升产品的市场竞争力，从而可以改善市场形态和功能。最后，高新技术还可以通过促进企业组织与企业管理的现代化，形成科学管理模式，不断完善组织管理形态和功能。

通过内涵发展提升突破带动能力，还需要思考河南省应该形成什么主导产业。河南省的主导产业应该具有三个特点：一是具有高新技术支持下的生产新变革；二是产业发展要具有持续的高速增长率；三是产业要具有很强的技术扩散效应，能够影响关联产业的成长。河南省发展突破带动型高新技术产业，要和技术扩散密切联系，技术扩散应该成为河南省产业发展的关键。突破带动型高新技术是形成主导产业的基础和前提。它们的技术扩散是影响河南省产业结构和区域经济发展的作用方式。突破型高新技术通过主导产业带动区域关联产业创新。主导产业通过产业关联对相关产业部门产生三种效应，即回顾效应、旁侧效应和前向效应。也就是说，形成以主导产业为核心和以关联产业为纽带的整体产业链的升级，推动产业结构的共同演变。突破带动型高新技术可以使主导产业的扩散效应得到充分发挥。一方面，突破带动型高新技术使主导产业的产品成本下降，降低了前向关联产业的生产成本，并对后向关联产业的原材料、半成品的生产方面提出了更高要求，迫使侧向关联产业必须采取相应的措施降低产品成本；另一方面，突破带动型高新技术降低了能源消耗，增强了资源可替代性,拓宽了前向关联产业的可利用资源,也为后向关联产业减少能源的消耗提供了条件。另外,突破带动型高新技术还将促使供应结构高级化,造成前向关联产业的中间需求结构高级化以及最终需求结构高级化。

  总而言之,河南省是中国欠发达地区,河南省突破带动型高新技术产业发展要坚持从实际出发,因地制宜充分考虑到河南省的创新资源和自然资源优势,以带动河南省主导产业和关联产业发展为依托,推动河南省整体经济持续发展。河南省要利用好"后发优势"。河南省不仅具有技术方面的后发优势,而且具有经济方面以及其他方面的后发优势。河南省可以利用技术上的后发优势获得两方面的后发利益:首先是用更低的成本获得相同的先进技术;其次是能在短时期内获得相同的技术,形成赶超优势。河南省利用经济方面的后发优势可以获得劳动力成本的比较优势,能够在一定程度上抵消生产率劣势;可以获得土地价格的比较优势;同时还可以获得发达地区经济发展的正外部性。因此,河南省突破带动型高新技术产业发展,不是追求技术越高或者越新就越好。因为技术创新所产生的效率和效益必然会受到所在区域的生产要素、资源禀赋结构以及相关方面多项条件的制约。河南省发展突破带动型高新技术产业,要重点发展适合自身资源禀赋的产业。围绕劳动密集型产业,促进传统产业更新改造,寻找突破带动型高新技术产业。

  实施内涵发展需要构建突破带动型高新技术产业发展体系。河南省突破带动型高新技术产业发展需要模仿,因为河南省的创新资源稀缺、产业链条短以及经济发展的偏好等问题,突破带动型技术创新的现实路径选择只能是以模仿创新为主。所谓的模仿创新技术,就是知道了技术带来的示范影响和利益诱导,然后让企业通过合法手段引进技术,并在此基础上进行一些改进的创新。事实上模仿创新并不是完全照别人的原样仿制,模仿后的产品需要在原来的基础上有所改进,实现技术方面的超越。模仿有它积极性的一面,至少避免了重复引进技术,充分有效利用了外部的先进技术资源,避免大量资金浪费。模仿的本质是在原有基础上逐步形成自主创新的能力。河南省通过模仿提升产业结构升级是有益的,但是需要注意的是,在我们的后发优势与后发利益逐渐递减时,或者是逐渐趋向于零时,就需要我们的自主创新技术的支撑。

  河南省要构建突破带动型高新技术创新发展体系。河南省是经济总量比较大的省份，因此需要一批有影响力的技术创新中心来支撑技术创新发展，更进一步说，就是要形成稳定的技术创新体系，才能对经济发展形成有力支持。我们所说的突破带动型技术创新，也并非只涉及技术问题，它与制度环境建设有着密不可分的联系。对此，河南省应该将构筑省内的创新体系作为实现突破带动型技术创新战略的重点。因为突破带动型技术创新过程的形成，不仅依靠区域内部的各种智力、人才、技术、资本等资源优势，还需要依靠区域外的智力、人才、技术、资本。突破带动型技术创新体系应该是一个能将内部自主创新和外部引进技术有机耦合，使之成为一体的开放型体系。

根据河南省情况，要构建突破带动型技术创新体系，需要做好三方面工作，即技术的调控体系、市场调控体系和全社会的服务支撑体系。所谓技术的调控体系，就是指企业在技术创新活动中，通过政府行为，运用行政、经济等手段，对企业技术创新进行总体布局。在省内的统一安排下，调配省内外创新资源，保证企业在技术创新过程中各个构成要素之间的相互协调与合理配合。这就需要省委和省政府等有关部门通过制定政策、行政法规以及行政制度等一系列措施，发挥政府在技术创新中的作用。这是突破带动型高新技术创新的一个有机组成部分。技术调控体系的本质内容，是为河南省突破带动型技术创新体系提供优质的制度环境。政府要具体做好目标设定、保障措施和辅助性功能等方面的工作。所谓市场调控体系，则是以价格和供求关系的作用为手段，促进企业技术创新的市场竞争、交流和相互协作等，使企业技术创新能力得以充分发挥。它通过价格机制、竞争机制和合作机制等一些市场手段为企业技术创新提供市场支持。所谓社会服务体系，就是要树立技术创新社会观念，引导社会尊重科学技术，重视知识学习和技术创新活动。对此，河南省要在目标设定方面，面向国内外市场，根据国家创新政策及相关的科技活动计划，确定河南省科技创新发展规划和目标，并通过产业规划引导和谋划企业技术的创新方向和创新领域，尤其是明确用突破带动型技术改造传统产业的方向。河南省在实施保障方面，要把政府的工作重点放在通过制定社会化工具和发布地区性技术创新的法规与政策，引导企业家、技术人才、技术创新资源等向河南省流动，鼓励企业和高等院校及科研院所之间开展多层次、宽领域的产学研合作，以此激励企业家、技术人才的创新积极性，规范企业技术创新的行为主体。通过制定财政政策、技术转让政策和职业培训政策等激励企业技术创新，推动技术与社会经济发展的密切结合。

在政策环境方面，要保证河南省的政策优势超过其他方面的劣势。河南省要构建突破带动型高新技术创新体系，必须以企业为主体。企业技术创新体系是河南省突破带动型技术创新体系建设的关键，该体系主要体现在企业对知识的学习以及企业在生产中的技术扩散能力等方面。企业内部技术的研究开发、生产营销与综合管理要协调统一。河南省企业技术创新体系的构建要突出以下几点：一是企业技术创新体系要与企业和社会制度的创新互相结合。因为技术创新的根本动力在于企业和社会制度的创新。河南省的市场化程度和企业内部制度改革均相对滞后，企业内部的制度创新的潜力更大。例如，完善企业内部的治理结构，使技术创新成为股东的内在要求，从而可以形成具有开展技术创新欲望和克服外在压力的企业内部制度，鼓励各种技术要素参与企业利润的分配，以此来调动企业科技人员、高校和科研院所的技术人员的创新积极性，确保在河南省工作的技术人才的贡献得到应有回报。二是加强与省外科研机构以及技术性强的企业之间的合作。做好这项工作就可以解决河南省技术创新资源不足问题，争取到更多的突破技术的机遇，也可加快科技成果向现实生产力转化。三是加强人力资源的培训，使企业的职业培训教育成为技术创新的重要突破点。同时，在企业内部形成尊重人才、崇尚创新的企业文化。

构建突破带动型高新技术产业体系是一项复杂的系统工程，要从四个方面构建好社会支撑体系：首先，要建立和完善技术创新基础设施。企业的功能是生产产品，它不可能投资技术创新的基础设施。政府要建设好河南省的信息化基础设施，完善技术创新这项政策，并不断完善河南省的信息发布系统，逐渐改善河南省的企业技术创新信息系统。其次，要构建行业性的公共研究开发中心。根据河南省要发展的主导产业和特色产业，政府牵头构建基本满足行业技术创新需要的公共研究开发中心，目的是要解决企业单独建设投资大、效率低、功能不全的问题。再次，要构建社会技术市场，解决科研院所技术水平层次低、技术资源缺乏的问题。建立河南省内的技术市场，可在全国范围内寻求符合产业结构的突破性技术源，为企业技术改造、产品开发等提供突破性服务。有了河南省的技术市场，将降低企业技术创新的门槛，减少技术创新风险和技术创新的交易费用。还有，政府牵头大量培育中介服务机构。中介机构的出现可以促进企业间的网络联系，形成产学研相结合的纽带，这是突破带动型技术创新系统中的黏合剂。中介为技术创新主体提供优质的咨询服务，有效地支持企业技术创新。事实证明，省内的中介机构的专业化程度越高，活动能量越大，组织形式越先进，它们所能够集聚的信息、技术、投资、管理等各方面人才越丰富，对企业技术创新越有利。最后，政府还要保证社会服务功能的完善，包括河南省区域内的金融服务、专利管理服务、技术评估中心、生产力促进中心、信息咨询服务、技术产权交易服务等。这些看起来与企业技术创新联系不大的问题，其实都涉及突破带动型高新技术产业发展问题，如科研成果转化、资金支持、成果评定、专利申报以及专利的实施等。因此，河南省构建突破带动型技术创新体系要综合考虑技术、制度及环境等多方面的因素，以期为河南省经济发展注入永久的动力源。

四、建人才工程，提升突破带动型技术创新能力

河南省突破带动型高新技术产业发展最为关键的是要建设人才高地。河南省拥有国家管理的高等院校少，高等教育提升空间相对较大，自我培养的人才也相对较少，因此，河南省高等教育与高中教育不匹配现象非常明显。优秀的青年高中生不能返回河南省创业，不仅是河南省突破带动型高新技术产业发展滞后的原因，也是河南省高等教育长期不能快速发展的因素。

党的十九大提出了均衡发展观念，是河南省构建人才建设体系的良机。因此，激活人才要素，建设国内一流人才集聚高地是河南省突破带动型高新技术产业发展的关键。人才是能够支撑突破带动型产业创新发展的重要资源。近些年来，河南省虽说高度重视人才队伍建设，人才的数量和质量也有了大幅提升，但是与沿海发达省份相比，河南省人才队伍仍然呈现出总量与人口基数不匹配、结构性短缺等不良特点，尤其是缺乏高层次技术人才、产业领军人才和创新创业带动人才等。

河南省应该加大具有突破带动型技术能力的人才引进和培养的力度，尽快构建一流人才成长和工作的环境，使海内外优秀的人才大量会聚河南省。在河南省内还需要激发人才的活力和成长的动力。目前郑州市、洛阳市和新乡市是河南省创新资源最为集中的地区。这些地区的创新体系最为

完备，创新成果也最为显著。这三个城市已经集聚了河南省53%的国家高新技术企业、45%的科技型中小企业以及47.6%的科技人才资源。对此，河南省政府要发挥这些人才优势，抓住中央深化人才体制机制改革的机遇，加快破除束缚河南省人才创新创业的落后观念和制度障碍，尽快为人才"松绑"，要让真正的人才"名利双收"，让人才创新创业的活力充分迸发出来。此外，还要进一步鼓励招才引智。目前河南省在高端装备制造业、电子信息产业、新材料产业、新能源产业、生物医药产业，已经具有了一定的突破带动能力。政府要做的就是突出"高精尖缺"导向，大力引进能够站在科技前沿和产业高端，并拥有自主创新成果的产业领军人才和团队，让他们为突破带动型高新技术产业发展提供智力支撑。再者就是尽快建设"人才特区"。目前郑州市已经提出了"1125"聚才工程，洛阳也推出了"河洛英才"计划，新乡市还相应出台了人才集聚政策。值得注意的是，这些人才引进政策要及时配套相关措施，例如，人才之间合作研究机制、人才交流机制等，让人才充分发挥"才"的作用。政府要动态认识人才的作用，迅速在河南省构建一流人才发展环境，大量会聚国内外人才，形成丰富的智力资源。

突破带动型高新技术产业发展必须要发挥人才作用，利用技术人才促进产业聚势蝶变，同时鼓励人才不断创新，推动传统产业转型升级。近年来，河南省的科技创新能力也在持续增强，国家层级的研发中心数量有所增加，但河南省的创新能力和投入水平在全国仍处于中等靠后的水平。为此，河南省利用人才的重点是要瞄准适合河南省经济发展禀赋产业的关键技术领域，重点给予创新投入，加快形成河南省禀赋特征的产业竞争优势。例如，河南省的高端装备制造业、电子信息产业、生物医药制造、新能源发展、新能源汽车研发等产业领域，都是适合河南省经济社会发展禀赋的产业。河南省要围绕自身的资源禀赋条件，部署相关的产业链和创新链，更加突出地强调原始创新、材料创新、集成创新。这些产业可以依据河南省禀赋条件进行全链条的设计，提升产业创新发展效率，推动突破带动型产业成群成链发展。河南省要保证这些产业始终具有技术领先地位。

此外，河南省在基因检测、增材制造、航空航天、先进机器人等产业领域基本具有了突破发展的能力。河南省一方面要关注这些产业技术变革的趋势，关注这些领域的技术对经济模式的颠覆能力；另一方面也要加大研发投入，推动这些领域的重大科技攻关，抢占发展先机和未来竞争制高点。

河南省要积极发挥创新平台作用。要依托河南省的骨干龙头企业，增加一批重点实验室、工程实验室、工程（技术）研究中心、国际联合研究中心（实验室）、企业技术中心等创新平台。这是河南省突破带动型高新技术产业发展的基础。对此，可以由政府出面协调，依托高校、科研院所等，加快建设一批新型研发机构、产业孵化器、科技园区等创新平台。同时还要培育一批基于互联网的未来突破型企业。

互联网背景下制造业的竞争，越来越取决于行业龙头企业对整个产业链的掌控能力。河南省的"互联网+"在制造业中已经有一定的应用，要培育发展一批互联网创新型企业，重视基于互联网的个性化定制、众包设计、云制造等新型制造模式的培育和发展，尽快实现由单一生产向研发、设计、生产、营销、物流、售后等一体化服务的转变，进一步加快开放创新，汇聚发展强大合力。

目前，河南省企业的开放式创新还处于起步阶段，急需深度融入全球创新网络中去，进一步提高利用省内外创新资源的能力，借助外来资源努力缩小与外界的创新差距，从而带动全省经济发展走上创新驱动、内生经济增长的轨道。

因此，河南省要加强产业协同创新联盟的建设。支持具有技术突破能力的企业与高校、科研院所等，在高端装备制造业、电子信息制造业、生物医药制造、新能源汽车等重点产业领域的合作研究，尽快构建好"政、产、学、研"各部门都能参与的突破带动型产业协同创新联盟。此外，河南省要深化对外科技战略合作，引进世界一流大学、科研院所，甚至是全球500强、国内100强研发中心落户河南省，或者建立研发的分支机构和成果转化基地。例如，促成基因检测、航空航天、先进机器人等具有突破能力的产业与河南省合作研发。再者，完善开放合作政策。利用"一带一路"倡议，加强与"一带一路"沿线国家在科技教育创新、文化传承、经贸合作等领域的联系。制定开放合作的政策和具体措施，积极探索外资研发机构进入河南省创新体系的模式，深入研究并构建吸引境外优质创新资源的新渠道、新机制，为高水平国际科技基地进入提供良好环境。

通过人才工程强化双创，提升突破带动技术质量。双创是形成突破带动型高新技术产业的孵化器，利用双创引领构建良好创新创业生态，促进突破带动型高新技术产业发展。国家提出的双创措施是引领支撑突破带动型技术创新的动力，河南省要利用时机搭好双创支撑平台，构建良好的创新和创业生态。

首先，要加快建设河南省双创中心。将郑州、洛阳、新乡、开封这些创新和创业中心进行整合，布局在高校集中的中心城市周边，充分利用高等院校、科研院所和科技园区相对集中的优势，形成一批成本比较低，开展工作便利，同时具有开放性质的创客空间或者是创业咖啡店、创新工场，也可以说星创天地等场所，作为河南省形成突破带动型高新技术产业的孵化器。河南省尤其需要关注针对中小微企业的众创、众包、众扶、众筹等领域的服务，借鉴沿海地区一些有效的做法，可以考虑建设专门支持郑州、洛阳、新乡和开封区域的科技银行，推动这些城区的突破带动型技术创新。同时，引导社会资本进入突破带动型高新技术产业研究的领域，与企业进行资本融合，形成强大的研究资金，为具有突破带动能力的中小微企业发展提供充分的融资支持。当然，政府所投资的研发资金是非常重要的，是突破带动型高新技术产业研究的启动资金。河南省的社会资本是很雄厚的，要积极设立更多产业发展基金，吸引社会资本参与到河南省发展突破带动型高新技术产业的资金池中，形成一批突破带动型高新技术产业发展的项目库。

其次，河南省要建设一流服务环境。河南省在支持双创中心的创客们尽情发挥创意的同时，要尽快培育一批能够支撑突破带动型高新技术发展的服务机构。例如，培育第三方双创服务企业，主要为创客们提供创业导师，提供良好的创客场所，甚至是提供政策咨询、财务税务以及知识产权等服务，在创客努力发挥创意的同时能够让他们享受到商业管理专业知识的服务。不仅如此，还要解决好双创人才集聚区域的住房、教育、医疗等公共服务基础设施建设等，充分引领并发挥创客技术的溢出效应，引导突破带动型企业壮大发展。对此，河南省可以参考上海张江地区国家级自主创新示范区的做法。由政府牵头对具有突破带动能力的重点产业实施技术攻关，搭建科技创新平台，让科研人员创新创业具备良好条件，保证科技人员的科技成果转化收益，以此吸引产学研协同创新，严格知识产权保护等。政府对管理体制、财税体制、投融资机制、人才体制机制等进行托底构建，在一定区域先行先试，形成具有突破性、针对性的技术创新优先的政策，力争把河南省双创中心建设成为产业技术创新高度密集区、对外开放前沿区、一流人才集聚地。

目前，河南省可以利用聚集方式把科技型创新企业集中在大学城区，形成一个高等院校集中的创新城，以此打造出一个海外高层次人才创新基地、科技成果展示和交易中心。可以考虑将清华大学、华中科技大学、西安交大等名校的部分科研实验引进到河南省。同时，河南省依靠自身力量，每年要建设一批产业技术研究院；对已经形成科研能力的产业技术研究院，省政府每年要给予足够的资金支持。为促进突破带动型企业的生成，每年还可以认定一批高新技术企业。河南省最关键的是要在装备电子制造、食品生产加工、纺织和化工制药领域实施突破带动引领。郑州市实施的北斗导航、物联网、地铁相关的产业，难以在河南省形成突破带动优势，因为河南省不具备这些产业的核心技术，但可以利用北斗的核心技术，与解放军信息工程大学、航天九院等合作研发，形成应用基地；还可以依托汉威、新开普、新天科技等科技企业打造智慧城市，形成河南省物联网产业基地；依托盾构国家重点实验室、中铁设计院、辉煌、思维等，打造装备制造业集群，逐渐培养未来的突破带动型高新技术产业。

参考文献

[1] SOLOW R M. Technical Change and the Aggregate Production Function [J]. Review of Economics and Statistics, 1957, 39 (3): 312-320.

[2] PING-HUANG HSIEH, MISHRA C S, GOBELI D H. The Return on R&D Versus Capital Expenditures in Pharmaceutical and Chemical Industries [J]. IEEE Transactions on Engineering Management, 2003, 50 (2): 141-150.

[3] BURGELMAN R. Strategic Management of Technology and Innovation [M]. New York: Mc Graw-Hill, 2004: 121-156.

[4] PRAHALAD C K, HAMEL G. The Core Competence of the Corporation [J]. Harvard Business Review, 1990, 68 (3): 275-292.

[5] SALTON, GERARD, BUCKLEY, et al. Improving Retrieval Performance by Relevance Feedback [J]. Journal of the Association for Information Science & Technology, 1990, 41 (4): 288-297.

[6] LEONARD D A. Core Capabilities and Core Rigidities: A Paradox in Managing New Product Development [J]. Strategic Management Journal, 1992, 13 (S1): 111-125.

[7] GUAN J, MA N. Innovative Capability and Export Performance of Chinese Firms [J]. Technovation, 2003, 23 (9): 737-747.

[8] GUAN J C, YAM R C M, MOK C K, et al. A Study of the Relationship between Competitiveness and Technological Innovation Capability Based on DEA Models [J]. European Journal of Operational Research, 2006, 170 (3): 971-986.

[9] CHEN K H, KOU M T. Staged Efficiency and Its Determinants of Regional Innovation Systems: A Two-Step Analytical Procedure [J]. The Annals of Regional Science, 2014, 52 (2): 627-657.

[10] SEBASTIÁN LOZANO, ESTER GUTIÉRREZ, PLÁCIDO MORENO. Network DEA Approach to Airports Performance Assessment Considering Undesirable Outputs [J]. Applied Mathematical Modelling, 2013, 37 (4): 1665-1676.

[11] GUAN J C, CHEN K H. Measuring the Innovation Production Process: A Cross-Region Empirical Study of China's High-Tech Innovations [J]. Technical Innovation, 2010, 7 (2): 149-157.

[12] REDDY P. New Trends in Globalization of Corporate R&D and Implications for Innovation Capability in Host Countries: A Survey from India [J]. World Development, 1997, 25 (25): 1821-1837.

[13] LEE V H, OOI K B, CHONG Y L, et al. Creating Technological Innovation via Green Supply Chain Management: an Empirical Analysis [J]. Expert Systems with Applications an International Journal, 2014, 41 (16): 6983-6994.

[14] JASINSKAS E., SVAGZDIENE B, SIMANAVICIUS A. The Influence of Knowledge Management on the Competitive Ability of Lithuanian Enterprises [J]. Procedia-Social and Behavioral Sciences, 2015 (191): 2469-2475.

[15] BATTESE G E, COELLI T J. A Model for Technical Inefficiency Effects in a Stochastic Frontier Production Function for Panel Data [J]. Empirical Economics, 1995, 20 (2): 325-332.

[16] GALRAITH, KENNETH. The Affluent Society [M]. Boston: Houghton Mifflin, 1958.

[17] GORDON, SCOTT. The Close of the Galbraithian System [J]. Journal of Political Economy, 1968 (7): 635-644.

[18] SCHUMPTER, JOSEPH A. Capitalism, Socialism, and Democracy [M]. 3rded. New York: Harper, 1950.

[19] NURKSE R. Patterns of Trade and Development [M]. Stockholm: Almqvist and Wicksell, 1959.

[20] WENGEL J, SHAPIRA P. Machine Tools: The Remking of a Traditional Sectoral Innovation System [A] // MALERBA F. Sectoral Systems of Innovation: Concepts, Issues and Analyses of Six Major Sectors in Europe [M]. Cambridge University Press, 2004 (4): 243-286.

[21] SIMAR, LÉOPOLD, WILSON P W. Sensitivity Analysis of

Efficiency Scores: How to Bootstrap in Nonparametric Frontier Models [J]. Management Science, 1998, 44 (1): 49-61.

[22] SIMAR, LÉOPOLD, WILSON P W. A General Methodology for Bootstrapping in Non-parametric Frontier Models [J]. Journal of Applied Statistics, 2000, 27 (6): 779-802.

[23] GRILICHES Z. Issues in Assessing the Contribution of Research and Development to Productivity Growth [J]. The Bell Journal of Economics, 1979, 10 (1): 92-116.

[24] 任鸿鑫. 中国高新技术产业对经济增长贡献的分析 [J]. 商场现代化, 2017 (1): 230.

[25] 黎娟娟. 对林毅夫比较优势战略的再思考 [J]. 改革与战略, 2010 (1): 22-26.

[26] 朱富强. 现代发展经济学如何发展: 兼论林毅夫的"比较优势战略"[J]. 社会科学战线, 2016 (31): 21-28.

[27] 易明, 彭甲超, 俞艳霞. 我国高新技术产业技术创新效率评价及提升对策研究 [J]. 宏观经济研究, 2017 (11): 60-68.

[28] 刘满凤, 李圣宏. 基于三阶段 DEA 模型的我国高新技术开发区创新效率研究 [J]. 管理评论, 2016 (1): 42-52.

[29] 蔡晓慧, 茹玉骢. 地方政府基础设施投资会抑制企业技术创新吗?——基于中国制造业企业数据的经验研究 [J]. 管理世界, 2016 (11): 32-52.

[30] 周婉怡, 王珍义, 苏丽. R&D 投入与中小高新技术公司价值的相关性分析 [J]. 财会月刊, 2011 (9): 35-38.

[31] 赵修渝, 郭春丽, 黄仕川. 人力资本、科技投入与高新技术产业发展——基于省际面板数据的实证分析 [J]. 中国科技论坛, 2010 (7): 41-46.

[32] 屠文娟, 谢金明. R&D 投入、科技成果产出和高新技术产业增长关系实证研究——以江苏为例 [J]. 江苏商论, 2014 (8): 52-56.

[33] 韩鹏, 陈玲. 高新技术企业 R&D 税收激励政策现状、问题与对策 [J]. 河南理工大学学报(社会科学版), 2012 (2): 178-184.

[34] 蔡翔, 崔晓兰, 熊静, 等. 我国地区 R&D 效率及其影响因素探

究——基于"科研产出—成果转化"视角［J］. 软科学，2013（3）：80-84.

［35］王雷，党兴华. R&D 经费支出、风险投资与高新技术产业发展——基于典型相关分析的中国数据实证研究［J］. 研究与发展管理，2008（4）：14-19.

［36］单春霞. 基于 DEA-Malmquist 指数方法的高新技术产业 R&D 绩效评价［J］. 决策参考，2011（2）：70-74.

［37］金颖. 基于行业差异的 R&D 持续投入与公司绩效的实证研究［J］. 山东社会科学，2011（10）：157-160.

［38］宁连举，李萌. 基于因子分析法构建大中型工业企业技术创新能力评价模型［J］. 科研管理，2011，32（3）：51-58.

［39］张明喜. 我国高新技术产业开发区 R&D 投入的贡献研究——基于 Panel Data 的经验分析［J］. 研究与发展管理，2010（1）：114-120.

［40］原毅军，陈喆. 环境规制、绿色技术创新与中国制造业转型升级［J］. 科学学研究，2019（10）：1902-1911.

［41］张济建，李香春. R&D 投入对高新技术企业业绩的影响［J］. 江苏大学学报（社会科学版），2009（2）：73-78.

［42］罗大千. R&D 投入对我国高新技术产业影响的实证分析——以国家级高新技术产业园区为例［J］. 西南农业大学学报（社会科学版），2009（1）：39-43.

［43］孙道军，王栋. 高新技术产业集群下区域 R&D 投入与创新产出的实证研究［J］. 现代管理科学，2010（6）：69-71.

［44］张同斌，高铁梅. 财税政策激励、高新技术产业发展与产业结构调整［J］. 经济研究，2012（5）：58-70.

［45］陈四辉，王亚新. 我国高新技术产业省区差异与投入绩效实证研究［J］. 经济地理，2015，35（2）：120-126.

［46］胡求光，李洪英. R&D 对技术效率的影响机制及其区域差异研究——基于长三角、珠三角和环渤海三大经济区的 SFA 经验分析［J］. 经济地理，2011，31（1）：26-31.

［47］曹贤忠，曾刚，邹琳. 长三角城市群 R&D 资源投入产出效率分析及空间分异［J］. 经济地理，2015，35（1）：104-111.

［48］杨静，贺清云. 基于数理分析的湖南省区域高新技术能力评价

[J]. 湖南师范大学自然科学学报, 2014, 37 (1): 14-19.

[49] 远德玉, 董中保, 常向东. 企业技术创新能力的综合评价和动态分析方法 [J]. 科学管理研究, 1994 (2): 50-52.

[50] 傅家骥. 技术创新学 [M]. 北京: 清华大学出版社, 1998.

[51] 鞠晓峰, 孔凡生. 技术创新与经济竞争力 [J]. 数量经济技术经济研究, 2001, 18 (3): 37-39.

[52] 许庆瑞, 郑刚, 陈劲. 全面创新管理: 创新管理新范式初探——理论溯源与框架 [J]. 管理学报, 2006, 3 (2): 135-142.

[53] 杨东奇, 杜军. 基于因子分析的黑龙江省装备制造业技术创新能力评价研究 [J]. 科技管理研究, 2009, 29 (12): 175-177.

[54] 陈力田. 企业技术创新能力演化研究述评与展望: 共演和协同视角的整合 [J]. 管理评论, 2014, 24 (11): 76-87.

[55] 刘昌年, 马志强, 张银银. 全球价值链下中小企业技术创新能力影响因素研究——基于文献分析视角 [J]. 科技进步与对策, 2015, 32 (4): 57-61.

[56] 罗洪云, 张庆普. 知识管理视角下新创科技型小企业突破性技术创新能力评价指标体系构建及测度 [J]. 运筹与管理, 2016, 25 (1): 175-184.

[57] 李晓莉, 于渤. 面向技术跨越的后发企业技术创新战略与技术创新能力动态演化仿真研究 [J]. 科学学与科学技术管理, 2017, 38 (11): 83-100.

[58] 陶长琪, 周璇. 要素集聚下技术创新与产业结构优化升级的非线性和溢出效应研究 [J]. 当代财经, 2016 (1): 83-94.

[59] 陈伟, 张长孝, 李传云, 等. 基于DEA-Malmquist指数的高新技术产业技术创新效率评价研究 [J]. 科技管理研究, 2017 (23): 79-84.

[60] 扈瑞鹏, 马玉琪, 赵彦云. 高新技术产业创新效率及影响因素的实证研究——以中关村科技园为例 [J]. 现代管理科学, 2016 (10): 21-23.

[61] 陈劲, 赵闯, 贾筱, 等. 重构企业技术创新能力评价体系: 从知识管理到价值创造 [J]. 技术经济, 2017, 36 (9): 1-8, 30.

[62] 孙丽艳, 苗成林. 战略性新兴产业技术创新能力评价研究 [J].

技术经济与管理研究，2016，12（12）：112-116.

［63］梁晓捷，王兵．基于专利信息的国内外钢铁产业技术创新能力评价［J］．管理学报，2017，14（3）：382-388.

［64］肖永红，张新伟，王其文．基于层次分析法的我国高新区创新能力评价研究［J］．经济问题，2012（1）：31-34.

［65］任淑荣．基于熵值法的企业技术创新能力区域差异研究［J］．统计与决策，2014（16）：178-181.

［66］潘雄锋，刘清，彭晓雪．基于全局熵值法模型的我国区域创新能力动态评价与分析［J］．运筹与管理，2015，24（4）：155-162.

［67］赵丹，孙冰，易英欣，等．基于知识流动的黑龙江省装备制造业自主创新能力评价研究［J］．科技进步与对策，2015，32（22）：115-119.

［68］谷炜，杜秀亭，卫李蓉．基于因子分析法的中国制造业技术创新能力评价研究［J］．科学管理研究，2015，33（1）：84-87.

［69］唐未兵，傅元海，等．技术创新、技术引进与经济增长方式转变［J］．经济研究，2014（7）：31-43.

［70］汪志波．基于AHP-灰色关联度模型的企业技术创新能力评价［J］．统计与决策，2013（4）：51-53.

［71］李新功．政府RD、金融信贷与企业不同阶段技术创新［J］．管理评论，2019（10）：21-29.

［72］范允奇，周方召．我国高技术产业技术创新效率影响因素及区域联动效应研究［J］．科技管理研究，2014（21）：1-4.

［73］吴延兵．不同所有制企业技术创新能力考察［J］．产业经济研究，2014（2）：53-64.

［74］李冬梅．产学研合作与实现自主创新的相关性及影响因素研究［J］．统计与决策，2009（21）：21-29.

［75］刘善庆，叶小兰，陈文华．基于AHP的特色产业集群竞争力分析——以赣、粤、闽陶瓷特色产业集群为例［J］．中国软科学，2005（8）：141-146.

［76］吴永林，高洪深，林晓言．企业技术创新能力的多级模糊综合评价［J］．数量经济技术经济研究，2002，19（3）：53-56.

［77］夏恩君，邓倩，张明．开放式创新社区网络的模糊综合评价

[J]. 技术经济, 2014, 33 (10): 8-14.

[78] 孙凯, 鞠晓峰. 基于改进 DEA 模型的工业企业技术创新能力评价 [J]. 系统管理学报, 2008, 17 (2): 134-137.

[79] 石薛桥, 齐晓秀. 山西上市公司技术创新能力评价——基于改进熵权 TOPSIS 法 [J]. 经济问题, 2016 (9): 112-115.

[80] 吕一博, 苏敬勤. 基于创新过程的中小企业创新能力评价研究 [J]. 管理学报, 2009, 6 (3): 331.

[81] 夏维力, 吕晓强. 基于 BP 神经网络的企业技术创新能力评价及应用研究 [J]. 研究与发展管理, 2005, 17 (1): 50-54.

[82] 杜娟, 霍佳震. 基于数据包络分析的中国城市创新能力评价 [J]. 中国管理科学, 2014, 22 (6): 85-93.

[83] 王丹. 基于信息熵和 DEA 的企业技术创新能力评价方法 [J]. 东北大学学报 (自然科学版), 2010, 31 (5): 741-745.

[84] 叶威, 王作东, 刘燕. 我国高新技术产业相关概念的界定和比较 [J]. 中国高新技术企业, 2009 (11): 1-4.

[85] 杨凌, 何可, 赵翔宇. 郑州高新区绘就创新发展蓝图 [N]. 河南省日报, 2016-09-02 (2).

[86] 谢德禄, 吴安. 用高新技术推进制造业的改造提升 [J]. 改革, 2003 (5): 43-49.

[87] 邵平桢. 改造提升我国传统农业的新路径 [J]. 农村经济, 2012 (11): 96-98.

[88] 李寿德. 传统产业高技术改造的本质与实现的方式探析 [J]. 科研管理, 2002 (5): 50-55.

[89] 霍向梅, 綦良群. 高新技术产业对传统装备制造业推动作用评价指标体系构建 [J]. 哈尔滨理工大学学报, 2007 (2): 105-109.

[90] 杨水旸. 中国高新技术企业评价指标体系新探 [J]. 中国科技论坛, 2008 (12): 53-56.

[91] 钱纳里. 工业化和经济增长的比较研究 [M]. 上海: 三联书店, 1995: 70-72.

[92] 罗斯托. 经济增长的阶段 [M]. 北京: 中国社会科学出版社, 2001: 15-18.

[93] 官建成，陈凯华．我国高技术产业技术创新效率的测度［J］．数量经济技术经济研究，2009（10）：19-33．

[94] 刘秉镰，李锡庆．高技术产业研发效率研究——基于非合意产出 SBM-DEA 模型［J］．经济与管理研究，2017（7）：105-110．

[95] 叶锐，杨建飞，常云昆．中国省际高技术产业效率测度与分解——基于共享投入关联 DEA 模型［J］．数量经济技术经济研究，2012（7）：3-17．

[96] 刘伟．考虑环境因素的高新技术产业技术创新效率分析——基于 2000—2007 年和 2008—2014 年两个时段的比较［J］．科研管理，2016（11）：18-23．

[97] 刘智慧，马占新．基于多种测度方法的中国省际高技术产业创新效率分析［J］．数学的实践与认识，2019（22）：79-91．

[98] 李作志，苏敬勤，刘小燕．中国高技术产业技术创新效率研究［J］．科研管理，2019（12）：31-41．

[99] 刘凤朝，张娜，赵良仕．东北三省高技术制造产业创新效率评价研究——基于两阶段网络 DEA 模型的分析［J］．管理评论，2020（4）：90-103．

[100] 朱有为，徐康宁．中国高技术产业研发效率的实证研究［J］．中国工业经济，2006（11）：38-45．

[101] 刘志迎，叶蓁，孟令杰．我国高技术产业技术效率的实证分析［J］．中国软科学，2007（5）：133-137．

[102] 易明，彭甲超，吴超．基于 SFA 方法的中国高新技术产业创新效率研究［J］．科研管理，2019（11）：22-31．

[103] 段文斌，尹向飞．中国全要素生产率研究评述［J］．南开经济研究，2009（2）：130-140．

[104] 陈星星．非期望产出下我国能源消耗产出效率差异研究［J］．中国管理科学，2019（8）：191-198．

[105] 马苏，高良谋，赵光辉．基于 Bootstrap-DEA 模型的企业生命周期划分及其效率研究［J］．中国软科学，2019（11）：176-182．

[106] 赵玉林，张倩男．对经济增长有突破带动作用的高技术产业领域选择研究［J］．科学学与科学技术管理，2006（10）：60-66．

[107] 谢锐, 王菊花, 王振国. 全球价值链背景下中国产业国际竞争力动态变迁及国际比较 [J]. 世界经济研究, 2017 (11): 100-111.

[108] 陈宇峰, 朱荣军. 中国区域 R&D 资本存量的再估算: 1998—2012 [J]. 科学学研究, 2016 (1): 69-80.

[109] 张军, 吴桂英, 张吉鹏. 中国省际物质资本存量估算: 1952—2000 [J]. 经济研究, 2004 (10): 35-44.

[110] 吴延兵. R&D 与生产率——基于中国制造业的实证研究 [J]. 经济研究, 2006 (11): 60-71.

[111] 韩兆洲, 程学伟. 中国省域 R&D 投入及创新效率测度分析 [J]. 数量经济技术经济研究, 2020 (5): 98-117.

[112] 史志鹏. 中国宇通善创新者行久远 [N]. 人民日报, 2020-10-30.

[113] 卢荻, 虞义华. 融资约束、营运资本管理与企业创新可持续性 [J]. 经济研究, 2013 (1): 4-16.

[114] 赵文哲, 杨其静, 周业安. 不平等厌恶性、财政竞争和地方政府财政赤字膨胀关系研究 [J]. 管理世界, 2010 (1): 44-53.

重要术语索引表

C
产业政策 …………… 007
产业创新 …………… 001
产业结构 …………… 001
产业名录 …………… 003

D
地方财政 …………… 033

G
高新技术产业 ……… 001
高技术企业 ………… 029
国家战略 …………… 001

K
科技教育 …………… 237
客车技术 …………… 163

N
内部创新 …………… 153
内陆地区 …………… 008

R
人员素质 …………… 016

人力资本 …………… 007

S
生产能力 …………… 017
社会观念 …………… 233
实证分析 …………… 078

T
突破带动 …………… 002
投入要素 …………… 007

W
外部引进 …………… 233

Y
要素禀赋 …………… 004
沿海地区 …………… 007
因子分析 …………… 023

Z
政府支持 …………… 010
政策支持 …………… 011
甄别高新技术 ……… 144